Rechnungswesen und Unternehmensüberwachung

Reihe herausgegeben von

Hans-Joachim Böcking, Lst für BWL, insbesondere Wirtschaftsprüfung und Corporate Governance, Goethe-Universität Frankfurt am Main, Frankfurt, Deutschland

Michael Hommel, Lst für BWL, insbesondere Wirtschaftsprüfung und Rechnungslegung, Goethe-Universität Frankfurt am Main, Frankfurt, Deutschland

Jens Wüstemann, Lst für Allgemeine Betriebswirtschaftslehre und Wirtschaftsprüfung, Universität Mannheim, Mannheim, Deutschland

Die Schriftenreihe präsentiert Ergebnisse der betriebswirtschaftlichen Forschung zu den Themengebieten Financial Accounting, Business Reporting, Business Audit, Business Valuation und Corporate Governance. Die Beiträge dieser Reihe verfolgen das Ziel, Vorgaben der Gesetzgebung, der nationalen und internationalen Standardsetter sowie Empfehlungen der Wirtschaftspraxis mittels des Instrumentariums der betriebswirtschaftlichen Theorie zu beschreiben, zu analysieren und insbesondere vor dem Hintergrund der Anforderungen des Kapitalmarktes weiterzuentwickeln.

Professor Dr. Hans-Joachim Böcking, Frankfurt
Professor Dr. Michael Hommel, Frankfurt
Professor Dr. Jens Wüstemann, Mannheim

Weitere Bände in der Reihe https://link.springer.com/bookseries/12218

Annekatrin Jendreck

Die Rolle von Unternehmen im IFRS-Standardsetzungsprozess

Analyse anhand ausgewählter Regelungen zur Umsatzerfassung aus Mehrkomponentengeschäften nach IFRS 15

Annekatrin Jendreck
Berlin, Deutschland

Dissertation Europa-Universität Viadrina Frankfurt (Oder), 2020

ISSN 2627-6380   ISSN 2627-6399   (electronic)
Rechnungswesen und Unternehmensüberwachung
ISBN 978-3-658-36128-0   ISBN 978-3-658-36129-7   (eBook)
https://doi.org/10.1007/978-3-658-36129-7

Die Deutsche Nationalbibliothek verzeichnet diese Publikation in der Deutschen Nationalbibliografie; detaillierte bibliografische Daten sind im Internet über http://dnb.d-nb.de abrufbar.

Planung/Lektorat: Marija Kojic
Springer Gabler ist ein Imprint der eingetragenen Gesellschaft Springer Fachmedien Wiesbaden GmbH und ist ein Teil von Springer Nature.
Die Anschrift der Gesellschaft ist: Abraham-Lincoln-Str. 46, 65189 Wiesbaden, Germany

Geleitwort

Die Entwicklung des neuen IFRS-Standards zur Umsatzerfassung IFRS 15 *Erlöse aus Verträgen mit Kunden* war ein langwieriger und komplexer Prozess, nicht zuletzt aufgrund gravierender Interessenkonflikte zwischen Standardsetzer und Bilanzierenden. Es ist nun einmal im Standardsetzungsprozess der IFRS angelegt, dass dem breiten Adressatenkreis, darunter die bilanzierenden Unternehmen, zur „Demokratisierung" der Normermittlung und Erlangung der notwendigen Legitimation der Standards den Anwendern ein gewisser Einfluss gewährt wird und Kompromisse geschlossen werden müssen, die von einer zweck- und systemkonformen Lösung im Zweifelsfall abweichen. Gerade im Bereich der Umsatzerfassung aus Mehrkomponentenverträgen, die in bestimmten Branchen, wie der Telekommunikations- und Softwareindustrie, bei der Vertragsgestaltung eine große Rolle spielen, waren weitreichende Lobbyingbemühungen seitens der betroffenen Unternehmen während des Standardsetzungsprozesses zu erwarten. Ursächlich hierfür ist, dass eine Änderung der Bilanzierung nicht nur erhebliche Kosten verursacht, sondern – zumindest kurzfristig – auch wesentlichen Einfluss auf den ausgewiesenen Unternehmenserfolg hat. Der Standardsetzer wird in solchen Fällen vor die schwierige Aufgabe gestellt, auszutarieren, wie viel den Unternehmen entgegengekommen werden kann, ohne Legitimität einzubüßen.

Genau an dieser Stelle setzt die Verfasserin an: Sie ergründet sorgfältig die Entstehung von Bilanzierungsregeln im IFRS-Standardsetzungsprozess am Beispiel des IFRS 15, konkret den diskursiven Prozess bzw. die Wechselwirkungen zwischen dem am konzeptionellen Ideal orientierten Gestaltungswillen des privaten Standardsetzers IASB sowie der an praktischer Anwendbarkeit ausgerichteten Einflussnahme seitens der Unternehmen. Dabei orientiert sich die Verfasserin aber nicht strikt an den in der deutschen Literatur bestehenden Strukturen, die die IFRS in die Denkwelt der handelsrechtlichen Grundsätze ordnungsmäßiger Buchführung (GoB) einordnen, sondern führt diese in systematischer Weise zu einem neuen übergreifenden Ansatz zusammen. Gleichzeitig leistet die Verfasserin einen Beitrag zur internationalen Lobbying-Literatur, indem sie die Einflussnahme einer spezifischen IFRS-Adressatengruppe, der Unternehmen, auf den Standardsetzungsprozess untersucht. Innovativ ist dabei, dass nicht, wie in vielen vorliegenden Lobbying-Studien, der Erfolg der Einflussnahme im Vordergrund steht, sondern der diskursive Prozess an sich, der neben inhaltlichen Argumenten vor allem auch die verwandte Rhetorik beleuchtet und durch Verknüpfung der beiden Komponenten sog. „story-lines" in den Argumenten identifiziert und analysiert. Indem sie in der Theorie und methodisch unterschiedlichste Betrachtungsweisen wählt und diese in geeigneter Weise miteinander verbindet, gelingt es der Verfasserin, einen eigenen völlig neuen Ansatz zu schaffen, der als Maßstab für zukünftige Forschungsbeiträge auf diesem Gebiet taugt. Die vorliegende Arbeit ist darüber hinaus für Standardsetzer und bilanzierende Unternehmen gleichermaßen relevant und wird hoffentlich die verdiente weite Verbreitung finden.

Prof. Dr. Sonja Wüstemann

Vorwort

Diese Arbeit entstand während meiner Tätigkeit als wissenschaftliche Mitarbeite-rin am Lehrstuhl für Betriebswirtschaftslehre, insbesondere Rechnungslegung und Controlling an der Europa-Universität Viadrina Frankfurt (Oder). Sie wurde von der Wirtschaftswissenschaftlichen Fakultät im Dezember 2020 in unwesentlich veränderter Form als Dissertation angenommen.

Mein größter Dank gilt meiner Doktormutter, Frau Professor Dr. Sonja Wüste-mann, die mir die Promotion an ihrem Lehrstuhl ermöglichte und mich stets gefördert hat. Für die Betreuung und die Offenheit gegenüber der thematischen Ausrichtung meiner Dissertation sowie insbesondere für das in mich gesetzte Vertrauen empfinde ich große Dankbarkeit.

Frau Professor Dr. Christina Elschner danke ich vielmals für die rasche Erstellung des kenntnisreichen Zweitgutachtens.

Für die kollegiale Zusammenarbeit und den konstruktiven Austausch bin ich allen Mitarbeitenden am Lehrstuhl überaus dankbar. Mein Dank gilt besonders Dr. Annemarie Conrath-Hargreaves für ihre fachlichen Anregungen und den persönlichen Ansporn sowie Jana Müller für die unterstützende und freundschaft-liche Wegbegleitung in allen Phasen der Promotion und darüber hinaus. Ich danke ganz herzlich Elvira Fleischer für ihre unermüdliche Hilfsbereitschaft in allen Angelegenheiten, Tim Schwertner für seine Unterstützung selbst bei den kleintei-ligsten Aufgaben und Aileen Schubert für ihre gewissenhafte Durchsicht meiner Arbeit.

Persönlich möchte ich mich bei meiner Familie und meinen Freunden für ihren Rückhalt und ihren Zuspruch bedanken. Vor allem meinem Lebensgefährten gilt mein tiefster Dank, er war meine Stütze und Antrieb zugleich.

Meinen Eltern danke ich von Herzen dafür, dass sie mir diesen Lebensweg ermöglicht und mich stets bedingungslos unterstützt haben.

Annekatrin Jendreck

Inhaltsverzeichnis

Abkürzungsverzeichnis

a. A.	andere Ansicht
AICPA	American Institute of Certified Public Accountants
Art.	Artikel
ASC	Accounting Standards Codification
ASU	Accounting Standards Update
BaFin	Bundesanstalt für Finanzdienstleistungsaufsicht
BB	BetriebsBerater (Zeitschrift)
BC	Basis for Conclusions
BeckRS	Beck-Rechtsprechung
BFuP	Betriebswirtschaftliche Forschung und Praxis (Zeitschrift)
CF	Conceptual Framework
CL	Clarifications
DB	Der Betrieb (Zeitschrift)
DP	Discussion Paper
DRSC	Deutsches Rechnungslegungs Standard Committee
DStR	Deutsches Steuerrecht (Zeitschrift)
DStZ	Deutsche Steuer-Zeitung
ED	Exposure Draft
EFRAG	European Financial Reporting Advisory Group
EITF	Emerging Issues Task Force
ESMA	European Securities and Markets Authory
EuGH	Europäischer Gerichtshof
FASB	Financial Accounting Standards Board
GoB	Grundsätze ordnungsgemäßer Buchführung
HGB	Handelsgesetzbuch
IAS	International Accounting Standards

IASB	International Accounting Standards Board
IASC	International Accounting Standards Committee
IDW	Institut der Wirtschaftsprüfer
IFRIC	International Financial Reporting Interpretations Committee
IFRS	International Financial Reporting Standards
IRZ	Zeitschrift für Internationale Rechnungslegung
i. V. m.	in Verbindung mit
KoR	Kapitalmarktorientierte Rechnungslegung (Zeitschrift)
NZG	Neue Zeitschrift für Gesellschaftsrecht
OLG	Oberlandesgericht
Re-ED	Revised Exposure Draft
Rz.	Randziffer
SEC	United States Securities and Exchange Commission
SOP	Statement of Position
StuW	Steuern und Wirtschaft (Zeitschrift)
TRG	Transition Resource Groups
US-GAAP	United States Generally Accepted Accounting Principles
WPg	Die Wirtschaftsprüfung (Zeitschrift)
ZfB	Zeitschrift für Betriebswirtschaft
ZfbF	Schmalenbachs Zeitschrift für betriebswirtschaftliche Forschung

Abbildungsverzeichnis

Tabellenverzeichnis

Problemstellung

1

Die Standardsetzung der International Financial Reporting Standards (IFRS) ist durch einen stetigen Wandel gekennzeichnet,[1] der sich unlängst in der Veröffentlichung neuer Rechnungslegungsregeln, etwa zur Bilanzierung von Umsatzerlösen in IFRS 15 *Erlöse aus Verträgen mit Kunden* in 2014, zur Leasingbilanzierung in IFRS 16 *Leasingverhältnisse* in 2016 und zur bilanziellen Erfassung von Versicherungsprodukten in IFRS 17 *Versicherungsverträge* in 2017, sowie in verschiedenen aktuellen Standardsetzungsaktivitäten, wie bspw. dem Primary-Financial-Statements-Projekt[2], widerspiegelt. Die IFRS werden vom International Accounting Standards Board (IASB) im Rahmen eines öffentlichen Standardsetzungsverfahrens, dem sog. Due Process, als „single set of high-quality [...] standards" entwickelt.[3] Die Ermittlung von Rechnungslegungsvorschriften ist demnach originär eine technische Aufgabe, die mit einer Wahl zwischen Bilanzierungsalternativen einhergeht.[4] Die Standardsetzung stellt zugleich eine Regulierung der Rechnungslegung dar; sie hat als solche ökonomische Konsequenzen und ist insofern auch politisch motiviert.[5] Die IFRS sind daher nicht nur technische Standards, sondern vielmehr das Ergebnis eines politischen Prozesses, der verschiedenen Interessen unterliegt.[6]

---

[1] Vgl. Wüstemann (2014), S. I; Ballwieser (2018), S. 7.

[2] Vgl. etwa zum Überblick und aktuellen Stand des Projekts Bach/Berger (2020), S. 619–623.

[3] Vgl. Due Process Handbook, Rz. 1.1–1.7 (auch Zitat, Rz. 1.1).

[4] Vgl. Joyce u. a. (1982), S. 654.

[5] Vgl. Fogarty u. a. (1994), S. 25.

[6] Vgl. etwa Solomons (1983), S. 112 f.; Walker/Robinson (1993), S. 4 f.; Zeff (2002), S. 43–46; Botzem (2010), S. 20–23; Pelger (2016), S. 54.

© Der/die Autor(en) 2022   1
A. Jendreck, *Die Rolle von Unternehmen im IFRS-Standardsetzungsprozess*,
Rechnungswesen und Unternehmensüberwachung,
https://doi.org/10.1007/978-3-658-36129-7_1

Die Einflussnahme von unterschiedlichen Interessengruppen auf den Standardsetzungsprozess erlangt vor dem Hintergrund der privatrechtlichen Organisation
des IASB besondere Bedeutung.[7] Während für Interessengruppen ein hoher
Anreiz zur Teilnahme am Due Process besteht, um die Ausgestaltung der
Rechnungslegungsvorschriften zugunsten eigener Vorteile zu beeinflussen,[8] ist
das IASB für die Sicherstellung seiner Standardsetzungskompetenz auf die
Akzeptanz der Standards angewiesen, was zwar den Einbezug der Interessen-
gruppen erfordert, gleichzeitig jedoch eine Abwägung der Interessen aller von
der Standardsetzung Betroffenen, mithin auch nicht am Standardsetzungsprozess
Beteiligter, verlangt.[9] Hinzu kommt, dass nicht nur externe Interessengruppen
Einfluss auf die Standardsetzung ausüben, sondern auch etwa einzelne Board-
Mitglieder aufgrund ihrer Herkunft sowie anderer Charakteristika sowie der
Technical Staff im Zuge der Vorbereitung der Diskussionsgrundlage für die Stan-
dardsetzungstreffen die Ausgestaltung der Regelungsvorschriften beeinflussen
können.[10] Die Entwicklung von Rechnungslegungsstandards wird demnach von
der Einflussnahme verschiedener am Standardsetzungsprozess beteiligter Akteure
und von der Reaktion bzw. dem Umgang des Standardsetzers mit diesen Einflüssen geprägt.[11] Die Standardsetzung stellt insofern einen „interactive process of
meaning making" dar.[12]

Das Lobbying verschiedener externer Interessengruppen ebenso wie der Einfluss der Standardsetzungsbefugten auf interner Ebene zeigte sich besonders im
Standardsetzungsprozess von IFRS 15. Die Entwicklung von IFRS 15 stellte ein
gemeinsames Standardsetzungsprojekt zwischen dem IASB und dem Financial
Accounting Standards Board (FASB), ein sog. Konvergenzprojekt, dar.[13] Das Ziel
war es, den Regelungsumfang der US-Generally Accepted Accounting Principles
(US-GAAP) zu reduzieren und die bilanztheoretischen Inkonsistenzen zwischen
den alten International Accounting Standards (IAS) IAS 18 *Erlöserfassung* und
IAS 11 *Fertigungsaufträge* zu beseitigen sowie die faktische Regelungslücke in

---

[7] Vgl. Wüstemann/Kierzek (2007a), S. 34–37.

[8] Vgl. etwa Watts/Zimmerman (1978), S. 118–121; Sutton (1984), S. 82–88.

[9] Vgl. etwa Richardson (2008), S. 682–684; Pelger/Spieß (2016), S. 67–70.

[10] Vgl. Pelger (2016), S. 56–68; Morley (2016), S. 235–242; Baudot (2018), S. 678–686.

[11] Vgl. Baudot (2018), S. 661.

[12] Vgl. Cortese u. a. (2010), S. 77–80 (auch Zitat, S. 78), bezugnehmend auf Fairclough
(2003), S. 10–12.

[13] Vgl. etwa zum Überblick und zur Entwicklung der Konvergenzprojekte Barckow (2011),
S. I.

Bezug auf die Bilanzierung von Mehrkomponentengeschäften zu schließen.[14] Die gemeinsame Entwicklung von IFRS 15 war dabei von zahlreichen Kontroversen sowohl zwischen dem IASB und FASB als auch zwischen den Standardsetzern und der Bilanzierungspraxis geprägt. So bestanden etwa zwischen den Board-Mitgliedern bereits am Anfang des Standardsetzungsprojekts unterschiedliche Ansichten über die Ausrichtung des Umsatzerfassungsmodells im Hinblick auf die Bewertung vertraglicher Ansprüche und Verpflichtungen zum beizulegenden Zeitwert, dem sog. Fair-Value-Ansatz[15]. Der Fair-Value-Ansatz wurde vom IASB und FASB intensiv diskutiert, aber letztlich zugunsten eines transaktionspreis-basierten Ansatzes abgelehnt,[16] was nicht zuletzt auch auf die unterschiedliche Vorgeschichte und die Erfahrungen der Board-Mitglieder zurückgeführt werden kann.[17] Weitere Konflikte äußerten sich auch in Bezug auf die Anknüpfung der Umsatzerfassung an die Änderung der Vermögenslage, dem sog. Asset-Liability-Ansatz.[18] So wurde die Umsatzerfassung im Sinne der vertragsbasierten Ausgestaltung des Standards an das Kriterium des Kontrollübergangs gebunden; die Konkretisierung des kontinuierlichen Kontrollübergangs erfolgte – unter selbst zwischen den Board-Mitgliedern abweichenden Ansichten –[19] indes vor dem Hintergrund zahlreicher Kritik aus der Bilanzierungspraxis durch ein aus bilanztheoretischer Sicht den Kontrollübergang fingierendes Hilfskriterium.[20]

Auch bei den Regelungen zur Bilanzierung von Mehrkomponentengeschäften waren aufgrund der einerseits in den IFRS faktisch bestehenden Regelungslücke und der andererseits hohen Praxisrelevanz der Regelungsvorschriften Auseinandersetzungen zwischen verschiedenen Interessengruppen erwartbar. Mehrkomponentengeschäfte kennzeichnen sich durch Transaktionen, die ein Konglomerat aus einer Haupt- und mehreren Nebenleistungen umfassen, wie etwa ein Lieferungs- und Leistungsbündel bestehend aus dem Verkauf einer Software, der Implementierung dieser und etwaiger Wartungsleistungen.[21] Für die Bilanzierung von

---

[14] Vgl. IFRS 15.BC1–BC3; zu den Inkonsistenzen der Umsatzerfassung nach alten IAS-Standards Wüstemann/Kierzek (2005a), S. 76–83.

[15] Vgl. etwa Wüstemann/Kierzek (2005b), S. 431–433.

[16] Vgl. IFRS 15.BC25.

[17] Vgl. Baudot (2018), S. 678–686; Biondi u. a. (2014), S. 17–19.

[18] Vgl. Biondi u. a. (2014), S. 15–27.

[19] Vgl. Re-ED BC (2011), AV4–AV10.

[20] Vgl. Wagenhofer (2014), S. 366–368; Wüstemann/Wüstemann (2014), S. 933–935.

[21] Vgl. Küting u. a. (2001), S. 305 f.

Mehrkomponentengeschäften wurde von IFRS-Anwendern häufig auf die Regelungen anderer Standardsetzer, insbesondere die US-GAAP, zurückgegriffen.[22] So erfolgte etwa bei vielen Unternehmen der Telekommunikationsbranche die Umsatzerfassung aus dem Verkauf vergünstigter Mobilfunktelefone in Zusammenhang mit anderen Dienstleistungen unter Anwendung der in den US-GAAP verankerten Contingent-Revenue-Cap-Methode in Höhe des Betrags, der rechtlich in jedem Fall durchsetzbar, mithin nicht bedingt ist.[23] Vor dem Hintergrund der etablierten Bilanzierungspraxis sowie der Bedeutung der Regelungen angesichts des Umfangs der betroffenen Transaktionen ist die Entwicklung der zur Bilanzierung von Mehrkomponentengeschäften relevanten Regelungen des IFRS 15 besonders geeignet, um den Einfluss von Interessengruppen, insbesondere Unternehmen, zu analysieren.

Die Relevanz des Due Process wird in diesen Zusammenhang überaus deutlich, da er die prozedurale Basis für die Auseinandersetzung zwischen den am Standardsetzungsprozess Beteiligten sicherstellt.[24] Die Inhalte sowie Ausgestaltungsmöglichkeiten der Regelungsvorschriften sind insofern nicht objektiv gegeben, sondern werden diskursiv konzeptualisiert und konstruiert;[25] Positionen bilden sich demnach „in diskursiven Kontexten [...], die sie zugleich ermöglichen und einschränken.“[26] Die IFRS-Standardsetzung wird daher als diskursiver Prozess betrachtet, der als solcher eine „black box" sozialer Interaktion darstellt.[27] Dies begründet einen interdisziplinären Ansatz, der die Einbindung etwa von in der Politikwissenschaft etablierten Ansätzen, wie bspw. der politikwissenschaftlichen Diskursforschung, rechtfertigt.[28] So zielt ein konstruktivistischer Ansatz auf „das kognitive Konstruieren der Welt, d. h. auf menschliche Individuen, [...] die als bewusst wahrnehmende Wesen die Wirklichkeit konstruieren, ohne sie – wie etwa in empiristischer [...] Tradition – 'objektiv' zu entdecken", und stellt insofern einen erkenntnistheoretischen Ansatz dar.[29]

Dem erkenntnistheoretisch-konstruktivistischen Forschungsansatz folgend bezweckt die Dissertation einen verstehend-erklärenden Beitrag in der Forschung

---

[22] Vgl. Fürwentsches (2010), S. 134–136, 182 f.

[23] Vgl. Bender (2005), S. 121.

[24] Vgl. Richardson (2008), S. 682–684.

[25] Vgl. Walters/Young (2008), S. 828.

[26] Diez (1999), S. 13.

[27] Vgl. Cortese/Irvine (2010), S. 88 f. (auch Zitat, S. 89).

[28] Vgl. etwa zur Policy-Forschung Schneider/Janning (2006), S. 15–47; zu den Potenzialen einer konstruktivistisch-diskursiven Forschungsperspektive Kurze (2018), S. 19–24.

[29] Vgl. Fülbier/Weller (2008), S. 370 (auch Zitat).

zum Entstehungsprozess von Rechnungslegungsvorschriften zu leisten. Anhand einzelner zur Bilanzierung von Mehrkomponentengeschäften ausgewählten Regelungen des IFRS 15 wird das Zustandekommen von Regelungsvorschriften im Rahmen des durchgeführten Standardsetzungsprozesses nachvollzogen. Das Ziel ist folglich nicht die Ausarbeitung einer zweckgerechten Gestaltung des Due Process, sondern ein besseres Verständnis über den bestehenden Normermittlungsprozess und das daraus resultierende Standardsetzungsergebnis zu erlangen. Die Standardsetzung wird dabei als interaktiver Prozess der Sinnbildung verstanden, an dem unterschiedliche Akteure beteiligt sind. Vor diesem Hintergrund ergibt sich folgende zentrale Forschungsfrage:

Wie werden Rechnungslegungsvorschriften im Due Process konstituiert?

Der Fokus wird dabei auf den Einfluss von Unternehmen gelegt, konkret auf die Frage, wie die Entwicklung von Regelungsvorschriften durch die Unternehmen als am Standardsetzungsprozess Beteiligte beeinflusst wird. Rechnungslegungsstandards sind für Unternehmen von besonderer Bedeutung, weil sie die Vermögens- und Ertragsermittlung bestimmen, mithin Auswirkungen auf den Kapitalmarkt haben.[30] Als Anwender der Rechnungslegungsvorschriften sind sie zudem unmittelbar von der Entwicklung neuer sowie der Überarbeitung bestehender Standards betroffen, was einen hohen Anreiz zur Teilnahme am Standardsetzungsprozess darstellt.[31] Da es sich bei der Entwicklung von IFRS 15 – im Vergleich zu anderen bilanzierungsspezifischen Standardsetzungsprojekten, wie bspw. IFRS 2 *Anteilsbasierte Vergütung* –[32] um Regelungsvorschriften zur Umsatzrealisierung handelt, die Unternehmen unabhängig von den Unternehmenscharakteristika oder dem Geschäftsmodell betreffen, konnte von einer hohen Beteiligung von Unternehmen am Standardsetzungsprozess ausgegangen werden.

Die Analyse der Standardsetzung als diskursiver Prozess erfolgt im Gegensatz zu anderen Literaturbeiträgen zum Lobbying, in denen z. B. die Charakteristika der am Standardsetzungsprozess Beteiligten in Form von Beteiligungsanalysen untersucht werden,[33] durch ein qualitativ-inhaltsanalytisches Vorgehen.[34] Hierfür werden die abgegebenen Unternehmensstellungnahmen sowie die

---

[30] Vgl. Solomons (1983), S. 107 f.; Leuz (2010), S. 230–233.

[31] Vgl. Watts/Zimmerman (1978), S. 118–121.

[32] Vgl. etwa Giner/Arce (2012), S. 658–660.

[33] Vgl. etwa folgende insgesamt Jorissen u. a. (2012); Jorissen u. a. (2013).

[34] Vgl. etwa zur qualitativen Inhaltsanalyse im Rahmen der Rechnungslegungsstandardsetzungsforschung O'Keefe/Soloman (1985), S. 72 f.; Yen u. a. (2007), S. 61 f.

Standardentwürfe zu IFRS 15 auf ihren Inhalt sowie die eingesetzte Rhetorik der Unternehmen und Standardsetzer analysiert. Besonders die von Unternehmen eingesetzte Rhetorik stellt dabei einen in der Analyse von Rechnungslegungsstandardsetzungsprozessen bislang wenig beachteten Aspekt dar.[35] Die Analyse unterliegt vor dem Hintergrund der gewählten Methodik sowie dem Fokus auf Unternehmensstellungnahmen indes einzelnen Einschränkungen; anstelle statistisch verallgemeinerbarer Resultate handelt es sich vielmehr um indizielle Ergebnisse, die einen erkenntnistheoretischen Mehrwert leisten.

Für die Beantwortung der Forschungsfrage wird im ersten Teil der Dissertation der Standardsetzungsprozess als rekursiver Prozess theoretisch untersucht. Als Erklärungsansätze für die Entwicklung von Rechnungslegungsvorschriften werden zunächst die deduktive und induktive Normermittlungstheorie herangezogen und in Zusammenhang mit der Rolle des Rahmenkonzepts sowie der dort festgelegten Zwecksetzung und qualitativen Anforderungen gesetzt. Anschließend wird der Due Process unter Zuhilfenahme der hermeneutischen Methode als diskursiver Normermittlungsprozess betrachtet, um das rekursive Verhältnis zwischen Standardsetzung und Standardanwendung zu untersuchen. In diesem Zusammenhang werden auch die formalen Verfahrensanforderungen des Due Process erläutert und die Partizipationsmöglichkeiten für Interessengruppen ebenso wie die Rechtfertigungsmöglichkeiten des IASB aufgezeigt.

Aufbauend auf dieser theoretischen Auseinandersetzung werden im zweiten Teil der Dissertation mithilfe einer qualitativen Inhaltsanalyse die vom IASB in den einzelnen Standardentwürfen und die von den Unternehmen in den abgegebenen Stellungnahmen adressierten Bilanzierungsalternativen sowie die eingesetzte Rhetorik anhand ausgewählter Regelungen des IFRS 15 untersucht. Im Sinne der argumentativen Diskursanalyse erfolgt auf dieser Basis die Identifizierung sog. story-lines, um sich den diskursiven Strukturen des Standardsetzungsprozesses zu nähern. Unter Einbezug der Ergebnisse der theoretischen Betrachtung werden die Analyseresultate vor dem Hintergrund der Forschungsfrage, wie Rechnungslegungsvorschriften entstehen und ihre Bedeutung erlangen, und den Implikationen für die diskursive Auseinandersetzung zwischen dem IASB und den Unternehmen diskutiert. Hierdurch können Einblicke in den wechselseitigen Einfluss des IASB und der Unternehmen auf die Regelungsgestaltung sowie einerseits die Rolle des Rahmenkonzepts bzw. übergeordneter Rechnungslegungsprinzipien und andererseits der Beachtung von Praktikabilitätserwägungen im Standardsetzungsprozess gewonnen werden. Die Dissertation schließt mit einer Zusammenfassung der wesentlichen Ergebnisse in Thesenform.

---

[35] Vgl. zum Mehrwert einer rhetorischen Analyse Young (2003), S. 623–625.

Standardsetzung als rekursiver Prozess 2

2.1 Normermittlung unter Zuhilfenahme der Deduktion und Induktion als Erklärungsansätze

2.1.1 Deduktive Normermittlung

2.1.1.1 Normativer Charakter von Rechnungslegungsvorschriften

Zur Beurteilung des Einflusses der Rechnungslegungspraxis auf die Entstehung von Rechnungslegungsvorschriften bedarf es zunächst einer Auseinandersetzung mit der Rechtsnatur von Bilanzierungsnormen sowie der Frage nach der Normermittlung. Rechtsnormen umfassen neben den im Rahmen eines Gesetzgebungsverfahrens kodifizierten Normen auch Richter- und Gewohnheitsrecht.[1] Während als Richterrecht die in ständiger Rechtsprechung entwickelten Normen gelten, sind die durch dauerhafte und allgemeine Anwendung der im Rechtsverkehr verbindlich anerkannten Normen unter dem Gewohnheitsrecht zu subsumieren.[2] Von Rechtsnormen zu unterscheiden sind hingegen fachtechnische Normen, die von – meist privatrechtlichen – Sachverständigengremien bzw. Standardisierungsausschüssen entwickelt werden.[3] Derartige Fachnormen entfalten lediglich freiwilligen Anwendungscharakter, sofern sie nicht durch den Gesetzgeber oder Gerichte anerkannt werden.[4] Die Qualifikation von Rechnungslegungsvorschriften als Rechts- oder Fachnormen bestimmt sich folglich nach

---

[1] Vgl. Preißler (2005), S. 25–27; zum Rechtsnormcharakter von Rechnungslegungsnormen Döllerer (1959), S. 1217 f.; Beisse (1990), S. 499 f.; Berndt (2005), S. 78.

[2] Vgl. Vogel (1998), S. 39, 83–91.

[3] Vgl. zum Fachnormcharakter von Rechnungslegungsvorschriften Biener (1996), S. 62–66; Botzem/Hofmann (2009), S. 231–234.

[4] Vgl. Wüstemann (1999), S. 95.

© Der/die Autor(en) 2022
A. Jendreck, *Die Rolle von Unternehmen im IFRS-Standardsetzungsprozess*,
Rechnungswesen und Unternehmensüberwachung,
https://doi.org/10.1007/978-3-658-36129-7_2

der jeweiligen Rechtsquelle.[5] Im Rahmen der Normermittlung werden einzelne Rechnungslegungsvorschriften entsprechend vom Gesetzgeber, der Rechtsprechung, dem Rechtsverkehr und/oder einem Fachgremium konkretisiert.[6] „Die Konkretisierung besteht darin, daß die Normen im Hinblick auf die Eigenart und Erfordernisse der zu beurteilenden Fallgestaltungen anwendbar gemacht werden."[7] Rechnungslegungsvorschriften weisen somit normativen Charakter auf, da die Festlegung des Regelungsinhalts immer ein vom Normsetzer vorzunehmendes Werturteil verlangt.[8] Im Standardsetzungsprozess der IFRS obliegt diese Wertungskompetenz grundsätzlich dem IASB.[9] Zwar erlangen die IFRS aufgrund des Endorsement-Prozesses innerhalb der EU Rechtsnormcharakter und können somit de jure vom europäischen Gesetzgeber sowie letztlich durch den Europäischen Gerichtshof (EuGH) konkretisiert werden.[10] Materiell werden sie jedoch vom IASB erstellt[11] und fast gänzlich ohne Änderungen im Endorsement-Prozess übernommen, weshalb sie originär als Fachnormen einzustufen sind[12]. Inwieweit das IASB der ihm übertragenen normativen Aufgabe im Standardsetzungsprozess nachkommt, wird dabei wesentlich von der Art der Normermittlung beeinflusst.

2.1.1.2 Deduktion systemkohärenter Bilanzierungsnormen

2.1.1.2.1 Ableitung von Rechnungslegungsvorschriften aus übergeordneten Rechnungslegungszwecken

Die Normermittlung kann deduktiv oder induktiv erfolgen:[13] Während der induktive Ansatz[14] auf die Generalisierbarkeit eines Ergebnisses auf Basis von Einzeltatsachen – häufig empirischer Beobachtungen – abzielt, ist unter dem deduktiven Ansatz die Ableitung einzelner, spezieller sich aus allgemeingültigen

---

[5] Vgl. Kruse (1978), S. 17; zur Diskussion der Rechtsquellenqualität der IFRS Müller (2015), S. 747–757.

[6] Vgl. Biener (1996), S. 59–66.

[7] Beisse (1990), S. 502 f.

[8] Vgl. Moxter (1976), S. 90; Wüstemann/Kierzek (2007b), S. 361; Fülbier u. a. (2009), S. 460; Schmitz (2012), S. 152.

[9] Vgl. Kirchhof (2008), S. 176 f.

[10] Vgl. IAS-Verordnung, Artikel 3; Schön (2004), S. 764; Wojcik (2008), S. 252; Najderek (2009), S. 98 f.

[11] Vgl. Euler (2002), S. 876.

[12] Vgl. Najderek (2009), S. 99.

[13] Vgl. Wüstemann (2002), S. 99–119.

[14] Vgl. Abschnitt 2.1.2.

Fakten, Theorien oder Annahmen ergebender Schlussfolgerungen zu verstehen.[15] Sofern als Deduktionsbasis ein bestimmtes Ziel als Annahme zugrunde gelegt wird, handelt es sich um einen normativen Ansatz, da der festgelegte Zweck selbst eine Wertprämisse darstellt.[16] Rechnungslegungsvorschriften werden unter einem deduktiven Ansatz demzufolge durch „Nachdenken" über sachgerechte Bilanzierungslösungen ermittelt, die anhand der gesetzten Rechnungslegungs- zwecke abzuleiten sind.[17] Der Rechnungslegungszweck selbst muss wiederum jedoch „von außen normativ vorgegeben werden".[18] Im Rahmen der Normermitt- lung erfolgt dann eine den Rechnungslegungszweck konkretisierende Normierung allgemeiner Grundsätze und Rechnungslegungsprinzipien bzw. qualitativer Anfor- derungen, etwa der Objektivierung und wirtschaftlichen Betrachtungsweise,[19] der Relevanz und der glaubwürdigen Darstellung,[20] sowie der ihnen folgen- den Einzelvorschriften,[21] die sich zu „einem kohärenten Ganzen fügen"[22]. Ein derartiges zweckkohärentes, auf allgemeinen Prinzipien basierendes Rechnungs- legungssystem erfordert nicht notwendigerweise umfangreiche Einzelnormen, da Bilanzierungssachverhalte durch Abwägung allgemeiner Rechnungslegungs- prinzipien konkretisiert werden können.[23] Das IASB strebt eine deduktive Standardsetzung mithilfe des Rahmenkonzepts an, das im Gegensatz zu einer rein prinzipienbasierten Rechnungslegung eine subsidiäre Funktion gegenüber den Einzelstandards einnimmt.[24]

2.1.1.2.2 Rahmenkonzept als Grundlage deduktiver Standardsetzung
2.1.1.2.2.1 Entwicklung eines Rahmenkonzepts für die Standardsetzung
Die Bedeutung eines Rahmenkonzepts für die internationale Rechnungslegung hat ihren Ursprung in der bilanztheoretischen Forschung, die sich bei der

---

[15] Vgl. Ijiri (1975), S. 5 f.

[16] Vgl. Ijiri (1975), S. 6; Schmitz (2012), S. 151–154.

[17] Vgl. Döllerer (1959), S. 1220 (auch Zitat); zur Abgrenzung der formallogischen Ableitung von der Deduktion aus dem Normsystem Beisse (1994), S. 13 f., 19 f.

[18] Vgl. Schmitz (2012), S. 154 (auch Zitat).

[19] Vgl. grundlegend Euler (1997), S. 181 f.; Moxter (2003), S. 15–17.

[20] Vgl. Christensen (2010), S. 293 f.

[21] Vgl. Moxter (1976), S. 90 f.; Hendriksen/van Breda (1992), S. 15 f.; Berndt (2005), S. 79; Wüstemann/Kierzek (2007b), S. 360–362.

[22] Berndt (2005), S. 82.

[23] Vgl. Beisse (1997), S. 403; Euler (1997), S. 184 f.

[24] Vgl. Preface (2019), Rz. 3 (a); zur Unterscheidung zwischen prinzipien- und regelba- sierten Rechnungslegungsstandards Schipper (2003), S. 62–71; Preißler (2005), S. 17–22; Benston u. a. (2006), S. 167–171.

Formulierung von Rechnungslegungsprinzipien von einer anfänglich deskriptiven Aufgabe zu einem normativen Ansatz entwickelte.[25] Im Zuge der US-
amerikanischen Rechnungslegungsregulierung, die in ihren Grundzügen durch
eine deskriptive Kodifizierung der allgemeinen Bilanzierungspraxis geprägt war,
erfolgte dieser normativ-theoretische Wandel durch die jahrelange Entwicklung
und Überarbeitung einer konzeptionellen Grundlage, die 1973 mit dem sog.
Trueblood-Committee-Report in Form grundlegender Rechnungslegungsziele[26]
und qualitativer Anforderungen normiert wurde.[27] Das zeitgleich gegründete
FASB nutzte dies als Ausgangsbasis für die Entwicklung eines Rahmenkonzepts, das die Rechnungslegungsziele und qualitativen Anforderungen sowie
Definitions-, Ansatz- und Bewertungsprinzipien von Bilanzposten konkretisierte
und damit einen normativen Maßstab für die künftige Standardsetzung fest-
legte.[28] Obwohl das International Accounting Standards Committee (IASC) als
Vorgängerorganisation des IASB zur gleichen Zeit gegründet wurde, erfolgte
die Entwicklung der International Accounting Standards (IAS) in einer ersten
deskriptiven Phase zunächst ohne konzeptionelle Basis durch Zusammentra-
gen und Bearbeiten verschiedener nationaler Bilanzierungspraktiken.[29] Um die
Unschärfen und zahlreichen Wahlrechte dieser „additiv entwickelten Standards"[30]
zu reduzieren und die Vergleichbarkeit der auf Grundlage von IAS erstellten
Jahresabschlüsse zu erhöhen, wurden die einzelnen Standards überarbeitet und
inhaltlich präzisiert.[31] Im Zuge dessen wurde 1989 das erste Rahmenkonzept veröffentlicht,[32] das sich im Wesentlichen an den Inhalten des US-amerikanischen
Rahmenkonzepts orientierte und die normative Grundlage für die weitere Standardsetzung bildete.[33]

---

[25] Vgl. Chatfield (1977), S. 232–250; für einen detaillierten Überblick zur Entwicklung der
Bilanzrechtsforschung Schmitz (2012), S. 9–126; Previts/Flesher (2015), S. 39–55.

[26] Vgl. zur Entwicklung und Bedeutung des Trueblood-Committees für die Ausrichtung auf
die Entscheidungsnützlichkeit insgesamt Zeff (2016).

[27] Vgl. insgesamt AICPA (1973); Zeff (1999), S. 90–101; Foster/Johnson (2001), S. 2 f.

[28] Vgl. Gore (1992), S. 33 f.; Storey (2003), S. 33–64; Zeff (1999), S. 101–119; Fos-
ter/Johnson (2001), S. 1.

[29] Vgl. Thorell/Whittington (1994), S. 224; zum Überblick der ersten Standards Camffer-
man/Zeff (2007), S. 90–143.

[30] Botzem (2010), S. 81.

[31] Vgl. Thorell/Whittington (1994), S. 224; Camfferman/Zeff (2007), S. 264–286.

[32] Vgl. Framework (1989), Vorwort.

[33] Vgl. Gore (1992), S. 126 f.; Ballwieser (2014), S. 453.

Zur Verbesserung und Klarstellung bestehender sowie Angleichung nicht übereinstimmender Prinzipien begannen das IASB und FASB im Oktober 2004 mit der Entwicklung eines gemeinsamen Rahmenkonzepts.[34] Die Zusammenarbeit endete jedoch 2010 mit der Veröffentlichung der gemeinsam überarbeiteten Ziel- und Zwecksetzung sowie qualitativen Anforderungen.[35] Aufgrund der zwischen den Boards divergierenden Ansichten zu den Definitions-, Ansatz- und Bewertungs- sowie Darstellungs- und Offenlegungsprinzipien arbeiteten beide Standardsetzer getrennt voneinander an den weiteren Rahmenkonzeptkapiteln.[36] Die eigenständige Weiterentwicklung führte teilweise jedoch auch zu Änderungen an den 2010 veröffentlichen Zwecken und qualitativen Anforderungen,[37] wodurch die ursprünglich angestrebte Konvergenz zwischen dem vom IASB in 2018 veröffentlichten finalen Rahmenkonzept und dem bislang noch nicht finalisierten US-amerikanischen Rahmenkonzept voraussichtlich nur begrenzt erreicht wird.

2.1.1.2.2.2 Bedeutung des Rahmenkonzepts für die IFRS-Standardsetzung

Trotz der zum Teil unterschiedlichen Ausgestaltung einzelner Rahmenkonzeptprinzipien ist in beiden Rahmenkonzepten dessen normative Funktion für die Standardsetzung explizit verankert.[38] Zwar ist das Rahmenkonzept selbst kein IFRS-Standard und somit bei der Bilanzierung von Geschäftsvorfällen den Einzelstandards nachgelagert,[39] es erlangt über den nach IAS 1.15 erforderlichen Einbezug bei der Ermittlung eines den tatsächlichen Verhältnissen entsprechenden Bilds und der nach IAS 8.11 geforderten Berücksichtigung bei Regelungslücken jedoch auch bei der Standardanwendung Gültigkeit.[40] Als Rechnungslegungszweck und Grundprinzipien festlegender Maßstab soll es dem Standardsetzer demnach bei der Entwicklung und Überarbeitung von Regelungsvorschriften auf Einzelstandardebene dienen sowie von Anwendern und anderen Adressaten als Interpretationshilfe und zur Schließung von Regelungslücken herangezogen werden.[41] Das Rahmenkonzept fungiert daher als Deduktionsbasis für die Ermittlung zweckadäquater Normen, um konsistente und nachvollziehbare Standards

---

[34] Vgl. IASB (2004), S. 4; für einen detaillierten Überblick über das gemeinsame Standardsetzungsprojekt Pelger (2016), S. 55–67.

[35] Vgl. CF (2018), BC0.3.

[36] Vgl. Erb/Pelger (2013), S. 518; Ballwieser (2014), S. 453 f.; Herz (2014), S. 101.

[37] Vgl. CF (2018), BC.0.9.

[38] Vgl. CF (2018), SP1.1 i. V. m. 1.11; FASB (2010), Einleitung.

[39] Vgl. CF (2018), SP1.2.

[40] Vgl. Pelger (2012), S. 65; Hoffmann/Detzen (2012), S. 54; Ruhnke/Nerlich (2004), S. 392.

[41] Vgl. CF (2018), SP1.1.

sicherzustellen.[42] Außerdem ermöglicht es dem IASB und FASB im Rahmen der Standardsetzung „standhaft und nachprüfbar eine Position [zu] vertreten"[43] und die vorgenommene Normkonkretisierung auf Einzelstandardebene sowie die dabei getroffenen Wertungsentscheidungen zu rechtfertigen.[44]

Die Bedeutung des Rahmenkonzepts für eine dem deduktiven Ansatz entsprechende konsistente Standardsetzung wird indes durch die jahrelange Rahmenkonzeptüberarbeitung bei gleichzeitiger Entwicklung neuer IFRS-Standards konterkariert.[45] Zwar erfolgte die Entwicklung neuer Standards unter Antizipation der neuen Rahmenkonzeptregelungen, jedoch war die formale Grundlage weiterhin das alte Rahmenkonzept, was zu terminologischen und konzeptionellen Unschärfen führte. Diese Inkonsistenzen wurden besonders bei den Konvergenzprojekten mit dem FASB, wie der Entwicklung von IFRS 15 und IFRS 16, aufgrund bestehender Abweichungen zwischen den jeweils alten Rahmenkonzepten noch verstärkt. Bspw. ist die Anforderung „reasonable" an zahlreichen Stellen in IFRS 15 normiert[46] und findet sich auch im Rahmenkonzept vereinzelt wieder[47], es stellt jedoch weder eine qualitative Anforderung dar, noch erfolgt eine Konkretisierung des Begriffs.

Zudem bestehen aufgrund der Rahmenkonzeptüberarbeitung Inkonsistenzen zwischen den alten IFRS-Standards und dem neuen Rahmenkonzept. So knüpfen verschiedene IFRS-Standards an die Prinzipien des alten Rahmenkonzepts an, wie bspw. die Anforderung der Verlässlichkeit als Ansatzkriterium in IAS 16.7 oder IAS 38.21 oder zur Schließung von Regelungslücken in IAS 8.10, ohne dass eine Anpassung an die veränderten Rahmenkonzeptprinzipien vorgenommen wurde.[48] Auch die Regelungen des IAS 37 *Rückstellungen, Eventualverbindlichkeiten und Eventualforderungen,* für die zunächst eine Überarbeitung begonnen, letztlich jedoch unter Antizipation der Rahmenkonzeptänderungen abgebrochen wurde,[49] weisen Inkonsistenzen zum neuen Rahmenkonzept auf.[50] Da die Überarbeitung

---

[42] Vgl. Ballwieser (2014), S. 452.

[43] Ballwieser (2005), S. 745.

[44] Vgl. zum Rahmenkonzept als Legitimationsbasis Hines (1989), S. 85–88; zur Charakterisierung des Rahmenkonzepts Dennis (2019), S. 2–12.

[45] Vgl. McGregor/Street (2007), S. 45.

[46] Vgl. etwa IFRS 15.44, IFRS 15.54, IFRS 15.67, IFRS 15.78.

[47] Vgl. CF (2018), 2.19, CF (2018), 2.36, CF (2018), 5.19.

[48] Vgl. zur Problematik des IAS 8.10 Hoffmann/Detzen (2012), S. 54.

[49] Vgl. Morley (2016), S. 226 f.

[50] Vgl. Erb/Pelger (2018a), S. 329.

dieser Standards vorerst weiterhin aussteht, scheint die angestrebte Funktion des Rahmenkonzepts als eine die Einzelstandards „verbindende Klammer" stark beeinträchtigt[51].

Auch die Bedeutung des Rahmenkonzepts als Rechtfertigungsgrundlage des IASB im Rahmen der Standardsetzung wird dadurch relativiert, dass die im Rahmenkonzept kodifizierten Zwecke und Prinzipien ebenfalls von den Rechnungslegungsadressaten verwendet werden, um ihre – teils auch vom IASB abweichenden – Ansichten und Interessen im Standardsetzungsprozess zu stützen.[52] Aufgrund unterschiedlicher Adressaten sowie des jeweiligen ökonomischem Umfelds können die Anforderungen an einzelne Rechnungslegungsvorschriften stark divergieren.[53] Inwieweit die festgelegten Zwecke und Prinzipien inhaltlich präzisiert sind oder Ermessensspielräume erlauben, ist jedoch wesentlich für die normative Gültigkeit des Rahmenkonzepts.

2.1.1.2.2.3 Rechnungslegungszwecke gemäß IFRS-Rahmenkonzept
2.1.1.2.2.3.1 Konkretisierung der Informationsfunktion durch die Entscheidungsnützlichkeit als Fundamentalzweck

Das vom IASB verfolgte Ziel der Entwicklung von Rechnungslegungsstandards zur Förderung der Transparenz, Rechenschaft und Effizienz von Finanzmärkten wird durch den Informationszweck konkretisiert.[54] Der Fokus auf die Informationsfunktion soll dabei unterschiedliche Informationsbedürfnisse erfüllen. Neben dem Zweck der Selbstinformation und Rechenschaft besteht das Erfordernis kapitalmarktorientierter Informationsvermittlung,[55] das im Rahmenkonzept durch den Fundamentalzweck der Entscheidungsnützlichkeit normiert ist.[56] Der Rechnungslegungszweck besteht demnach in der Vermittlung von Finanzinformationen über das berichtende Unternehmen, die nützlich für bestehende und potenzielle Investoren, Kreditgeber und andere Gläubiger sind, um Investitions- und Ressourcenallokationsentscheidungen treffen zu können.[57] Im Zuge der Rahmenkonzeptüberarbeitung (2010) wurde der Adressatenkreis auf die Kapitalgeber als

---

[51] Vgl. Ballwieser (2005), S. 744 (auch Zitat).

[52] Vgl. anhand des Rahmenkonzepts des FASB Storey (2003), S. 61 f.

[53] Vgl. Rost (1991), S. 80 f.; Homfeldt (2013), S. 81 f.

[54] Vgl. IFRS Constitution, Rz. 2 (a); CF (2018), SP1.5.

[55] Vgl. Pelger (2012), S. 59; ausführlich Sunder (1999), S. 23–29.

[56] Vgl. Wich (2009), S. 13.

[57] Vgl. CF (2018), 1.2.

primäre Nutzergruppe beschränkt.[58] Als entscheidungsnützlich gelten Informationen, die eine Einschätzung über die Ertragserwartung der Investition sowie den Zeitpunkt, die Höhe und die Unsicherheit der künftigen Nettomittelzuflüsse des Unternehmens ermöglichen.[59] Um die finanzielle Situation eines Unternehmens beurteilen zu können, bedarf es daher Informationen über die Ressourcen und Ansprüche gegen das Unternehmen und Änderungen dieser sowie solcher, die Auskunft darüber geben, inwieweit das Management seine Verantwortung für die Nutzung und den Einsatz der ihm anvertrauten Unternehmensressourcen erfüllt hat.[60]

Während die Entscheidungsnützlichkeit in IAS 1.9 allgemein durch die Nützlichkeit für wirtschaftliche Entscheidungen definiert wird,[61] konkretisiert das Rahmenkonzept die Funktion konkret im Sinne der Bewertungsnützlichkeit[62]. Informationen über die Vermögens-, Finanz- und Ertragslage sowie die Managementleistung sollen demnach als Grundlage für Investitionsentscheidungen dienen.[63] Die nutzerorientierte Ausrichtung vermag die Mehrdeutigkeit[64] darüber, welche Informationen als bewertungsnützlich gelten, indes nicht zu beschränken, da die Interessen von Eigen- und Fremdkapitalgebern als primäre Adressaten durchaus heterogen sind.[65] Obwohl das IASB auf die unterschiedlichen Informationsbedürfnisse der Nutzergruppe im Rahmenkonzept hinweist,[66] werden Entscheidungen im Standardsetzungsprozess häufig durch eine typisierte Entscheidungsnützlichkeit im Sinne der Nutzer[67] begründet. Hierdurch wird eine Objektivität der Entscheidungsnützlichkeit suggeriert, die jedoch adressatenunabhängig nicht besteht.[68] Vielmehr wird das Konzept der Entscheidungsnützlichkeit durch das IASB – und anderen Interessengruppen – nutzerorientiert plausibilisiert und dabei gleichsam subjektiv interpretiert.[69] Die Entscheidungsnützlichkeit für

---

[58] Vgl. CF (2018), 1.5; CF (2018), BC1.9–BC1.13.

[59] Vgl. CF (2018), 1.3.

[60] Vgl. CF (2018), 1.4.

[61] Vgl. ebenso Framework (1989), 14; CF (2018), BC1.27.

[62] Vgl. Pelger (2012), S. 61; Gassen u. a. (2008), S. 876 f.

[63] Vgl. CF (2018), 1.13–1.23.

[64] Vgl. CF (2018), BC2.7; Lee (2015), S. 117; zu den qualitativen Anforderungen an entscheidungsnützliche Informationen Abschnitt 2.1.1.2.2.4 und 2.1.1.2.2.5.

[65] Vgl. Homfeldt (2013), S. 87; Pelger (2012), S. 56–58; Young (2006), S. 589–595.

[66] Vgl. CF (2018), 1.8.

[67] Vgl. Young (2006), S. 593; Pelger (2012), S. 58; Stenka/Jaworska (2019), S. 3 f.

[68] Vgl. Ballwieser (2005), S. 733; Berndt (2005), S. 50 f.

[69] Vgl. Ballwieser (2005), S. 733; Botzem (2010), S. 176; Pelger (2012), S. 58.

den Nutzer als Deduktionsgrundlage für die Standardsetzung stellt daher zunächst keine restriktive Basis für Wertungsentscheidungen dar, da sich durch Referenz auf den Nutzen für Kapitalgeber verschiedene Rechnungslegungsvorschriften rechtfertigen lassen.[70]

2.1.1.2.2.3.2 Nachrangige Bedeutung der Rechenschaftsfunktion als Bestandteil entscheidungsnützlicher Informationen

Die Informationsvermittlung zum Zwecke der Entscheidungsnützlichkeit umfasst neben bewertungsnützlichen Informationen auch Informationen über die Managementleistung.[71] Das Management legt durch die bereitgestellten Informationen Rechenschaft über den Umgang mit den ihm anvertrauten Ressourcen ab, mithilfe derer die Kapitalgeber die Handlungen bewerten und Investitionsentscheidungen treffen können, sog. Stewardship-Funktion.[72] Im Gegensatz zum alten Rahmenkonzept (1989) und IAS 1.9, der die Stewardship-Funktion weiterhin als eigenständigen Zweck von Abschlüssen neben dem Ziel der Vermittlung entscheidungsnützlicher Informationen formuliert, wurde der Verweis auf die Rechenschaft im Zuge der Rahmenkonzeptüberarbeitung (2010) zwischenzeitlich gänzlich eliminiert, aufgrund der Forderung verschiedener Interessengruppen indes in 2018 wieder aufgenommen.[73] Trotz der stärkeren Betonung der Rechenschaft als Bestandteil der Ressourcenallokationsentscheidungen sowie der expliziten Verwendung des Stewardship-Begriffs stellt die Rechenschaftsfunktion im Rahmenkonzept keinen separaten Zweck neben der Entscheidungsnützlichkeit dar.[74]

Die Bestrebung des IASB, die Zwecke der Entscheidungsnützlichkeit und Rechenschaft zu vereinen, beruht auf ihrer gleichgerichteten Funktion, Informationsasymmetrien zwischen dem berichtenden Unternehmen und den Adressaten zu verringern.[75] So dient die Beurteilung der Rechenschaftserfüllung auch als Indikator für die Effektivität des Managements Renditen zu erzielen und somit als Entscheidungsgrundlage für künftige Investitionen.[76] Der Rechenschaftszweck erfüllt jedoch auch eine der Kontrolle und Anreizzwecken von

---

[70] Vgl. Pelger (2009), S. 159–162.

[71] Vgl. CF (2018), 1.4.

[72] Vgl. CF (2018), 1.20–1.22.

[73] Vgl. CF (2018), BC1.32–BC1.41; zur Diskussion der Stewardship-Verankerung im Zuge der Rahmenkonzeptüberarbeitung Lennard (2007), S. 52–66; Pelger (2016), S. 55–68.

[74] Vgl. CF (2018), BC.1.34 f.; Kirsch (2018), S. 618; Pelger (2020), S. 37.

[75] Vgl. Hettich (2006), S. 7–12; Coenenberg/Straub (2008), S. 22.

[76] Vgl. Zeff (2013), S. 313.

Prinzipal-Agenten-Beziehungen dienende Funktion, die auf Basis vergangenheits-
orientierter Informationen eine Verhaltenssteuerung ex ante ermöglicht.[77] Diese
„komplementären, aber nicht identischen Zwecke[.]" verlangen eine Wertungsentscheidung über das Verhältnis beider Zwecke zueinander,[78] da sich aus den
jeweiligen Zwecken unterschiedliche Anforderungen an die zu vermittelnden
Informationen ergeben.[79] „Die nachrangige Nennung von Rechenschaft gegenüber Entscheidungsunterstützung lässt sich [daher] als ein die Grenzen der
gleichzeitigen Erfüllung beider Zwecke deutlich machender Kompromiss verstehen"[80], der sich auch in den qualitativen Anforderungen des Rahmenkonzepts
widerspiegelt.[81]

2.1.1.2.2.4 Grundlegende qualitative Anforderungen des IFRS-Rahmenkonzepts

2.1.1.2.2.4.1 Anforderung der Relevanz als zweckadäquate Konkretisierung der Entscheidungsnützlichkeit

Der Zweck der Entscheidungsnützlichkeit wird durch die grundlegenden Anforderungen der Relevanz und der glaubwürdigen Darstellung sowie den weiterführenden Anforderungen der Vergleichbarkeit, Nachprüfbarkeit, Zeitnähe und
Verständlichkeit konkretisiert.[82] Informationen über wirtschaftliche Ereignisse,
die für Nutzer entscheidungsnützlich sein können, müssen dabei zunächst die
Anforderung der Relevanz und anschließend der glaubwürdigen Darstellung
erfüllen, erst hiernach sind die weiterführenden Anforderungen zu prüfen.[83] Das
IASB legt hierdurch eine Hierarchie mit der Relevanz als primäre Anforderung
fest.[84] „Mit der Implementierung eines Evaluierungsschemas für die Findung
von Bilanzierungslösungen bindet sich der Standardsetzer [jedoch] faktisch an

---

[77] Vgl. grundlegend zu den Unterschieden zwischen Entscheidungsnützlichkeit und Rechenschaft Watts (1977), S. 63; Gjesdal (1981), S. 209–211; Miller/Oldroyd (2018), S. 71–75.

[78] Vgl. Pelger (2009), S. 160 (auch Zitat).

[79] Vgl. Gjesdal (1981), S. 209–211; Whittington (2008), S. 144 f.; Coenenberg/Straub
(2008), S. 18–21.

[80] Ballwieser (2014), S. 470.

[81] Vgl. kritisch zur konzeptionellen Umsetzung Dehmel u. a. (2018), S. 1706 f.

[82] Vgl. CF (2018), 2.4.

[83] Vgl. CF (2018), 2.20 f.; CF (2018), BC2.9–2.11.

[84] Vgl. Whittington (2008), S. 146; Pelger (2012), S. 148 f.; Wawrzinek/Lübbig (2016), § 2,
Rz. 57.

dessen Anwendung."[85] Einer der Hauptzwecke des Standardsetzungsprozesses ist es daher die Ansichten der Nutzer über die Relevanz der auf Basis eines veröffentlichten Standardentwurfs vermittelten Informationen einzuholen.[86] Gleichzeitig ermöglicht die Vorgabe anderen Interessengruppen den Standardsetzungsprozess gezielter durch Verweis auf die jeweilige Anforderung und ihren Stellenwert zu beeinflussen,[87] insbesondere wenn die einzelnen Anforderungen einen Auslegungsspielraum eröffnen[88].

Die Anforderung der Relevanz ist definiert durch die Fähigkeit Entscheidungen von Nutzern beeinflussen zu können.[89] Relevante Informationen müssen demnach wertvoll für die Einschätzung zukünftiger Ergebnisse sein, mithin einen vorhersagenden Wert besitzen, sowie eine Beurteilung vergangener Einschätzungen ermöglichen und folglich auch einen bestätigenden Wert haben.[90] So können bspw. Angaben über Umsatzerlöse des aktuellen Geschäftsjahres sowohl vergangenheitsorientierte Informationen über vorherige Jahre als auch gleichzeitig Prognosen für kommende Jahre liefern.[91] Der vorhersagende Wert einer Informationen bezieht sich daher nicht auf die Vorhersagbarkeit im Sinne einer statistischen Genauigkeit einer Prognose, sondern vielmehr auf die Verwendbarkeit zur Einschätzung künftiger Ereignisse.[92] Aufgrund des primären Adressatenkreises der Kapitalgeber scheint besonders dieser auf den prospektiven Informationsgehalt gerichtete Aspekt der Relevanz sinnvoll, um eine Einschätzung der künftigen Nettozuflüsse und somit der Rentabilität einer möglichen Investition zu ermöglichen.[93] Die Festlegung der Relevanz als primäre Anforderung stellt folglich eine zweckadäquate Konkretisierung der Entscheidungsnützlichkeit dar, vermag den adressatenabhängigen Auslegungsspielraum jedoch nicht objektiv zu begrenzen.

---

[85] Hoffmann/Detzen (2012), S. 55.

[86] Vgl. CF (2018), BC2.14.

[87] Vgl. Hoffmann/Detzen (2012), S. 55.

[88] Vgl. Homfeldt (2013), S. 93.

[89] Vgl. CF (2018), 2.6.

[90] Vgl. CF (2018), 2.7–2.9.

[91] Vgl. CF (2018), 2.10.

[92] Vgl. CF (2018), BC2.17.

[93] Vgl. Coenenberg/Straub (2008), S. 20.

2.1.1.2.2.4.2 Objektivierungstendenz der Anforderung der glaubwürdigen Darstellung

2.1.1.2.2.4.2.1 Wirtschaftliche Betrachtungsweise

Um dem Objektivierungserfordernis entscheidungsnützlicher Informationen gerecht zu werden, besteht neben der Anforderung der Relevanz die zweite grundlegende Anforderung der glaubwürdigen Darstellung.[94] Die glaubwürdige Darstellung ersetzt – trotz zahlreicher Kritik verschiedener Interessengruppen – die im alten Rahmenkonzept (1989) und in einzelnen IFRS-Standards bestehende Anforderung der Verlässlichkeit, die als „effective filter" die Informationsvermittlung objektivierungsbedingt zugunsten der Nachprüfbarkeit von Informationen einschränkte.[95] Das Erfordernis der Nachprüfbarkeit ist nach Ansicht des IASB der glaubwürdigen Darstellung wirtschaftlicher Verhältnisse nachgelagert und nur ergänzend zu berücksichtigen.[96] Informationen sollen demnach nicht nur die rechtliche Form, sondern die wirtschaftliche Substanz relevanter Ereignisse abbilden.[97] Die rechtliche Anknüpfung der Vermögenswert- und Schuldendefinition an vertragliche sowie gesetzliche Rechte und Pflichten[98] wirkt im Sinne einer rechtlichen Betrachtungsweise zunächst objektivierend[99]. Diese Objektivierung wird jedoch insofern durch die wirtschaftliche Betrachtungsweise zurückgedrängt, als vertragliche Vereinbarungen ohne wirtschaftlichen Gehalt nicht zu berücksichtigen sind und potenzielle Vermögenswerte sowie Schulden auch durch faktische Verpflichtungen konkretisiert werden können.[100] Das IASB normiert im Rahmenkonzept keine von der zugrundeliegenden Rechtsstruktur losgelöste wirtschaftliche Betrachtungsweise[101], sondern verlangt nur dann eine Abweichung

---

[94] Vgl. CF (2018), 2.5; CF (2018), BC2.22.

[95] Vgl. CF (2018), 2.12; CF (2018), BC2.22–2.30 (auch Zitat, BC2.28); zur Bedeutung und zum Verhältnis von Verlässlichkeit, glaubwürdige Darstellung und Objektivierung Whittington (2008), S. 146–148; ebenso sowie zur Kritik der Interessengruppen im Zuge der Rahmenkonzeptüberarbeitung (2010) Erb/Pelger (2015a), S. 21–34.

[96] Vgl. CF (2018), 2.12; CF (2018), 2.23; CF (2018), BC2.22–2.30.

[97] Vgl. CF (2018), 2.12.

[98] Vgl. CF (2018), 4.7; CF (2018), 4.31; CF (2018), 4.59.

[99] Vgl. zur Objektivierungsfunktion der rechtlichen Betrachtungsweise Moxter (2003), S. 324 f.; Beisse (1984), S. 2.

[100] Vgl. CF (2018), 4.59–4.61; Schmidt (2018), S. 1.

[101] Vgl. zu unterschiedlichen Ausgestaltungsmöglichkeiten des Grundsatzes der wirtschaftlichen Betrachtungsweise Florstedt u. a. (2015), S. 376–384; Alexander u. a. (2018), S. 1963–1971.

von der Darstellung der rechtlichen Form, wenn eine Vereinbarung keine wirt-schaftliche Bedeutung hat, wie bspw. im Fall eines nicht bindenden Vertrags.[102] Im Einzelfall kann die Anforderung der glaubwürdigen Darstellung daher jedoch eine objektivierte Informationsvermittlung im Sinne der Rechtssicherheit durch eine subjektiv relevantere Abbildung des wirtschaftlichen Gehalts überlagern.

2.1.1.2.2.4.2.2 Vorsichtsprinzip

Die Anforderung der glaubwürdigen Darstellung wird zusätzlich durch die Eigen-schaften der Vollständigkeit, Neutralität und Freiheit von Fehlern konkretisiert.[103] Vollständigkeit erfordert die Vermittlung sowie Beschreibung und Erläuterung aller für den Adressaten erforderlichen Informationen, um das dargestellte Ereig-nis zu verstehen.[104] Für eine neutrale Darstellung müssen die Auswahl und Vermittlung von Informationen zudem ohne verzerrende Einflüsse und somit manipulationsfrei erfolgen.[105] Während das im alten Rahmenkonzept (1989) mit dem Neutralitätsgrundsatz gleichgestellte Vorsichtsprinzip zunächst aufgrund der Unvereinbarkeit mit der im Zuge der Rahmenkonzeptüberarbeitung (2010) veränderten Stellung der Anforderung der Neutralität abgeschafft wurde, löste das IASB bei der Finalisierung des Rahmenkonzepts in 2018 den Konflikt durch Konkretisierung des Vorsichtsprinzips als Bestandteil des Neutralitäts-grundsatzes.[106] Das Vorsichtsprinzip soll als ein der Neutralität untergeordnetes Kriterium diese stärken, indem es eine vorsichtige Ausübung von Entscheidungen unter Unsicherheit verlangt.[107] Das IASB normiert mit dieser sog. „cautious pru-dence" anstelle eines konservativen, risikoantizipierenden Vorsichtsprinzips ein mit dem Neutralitätsgrundsatz in Einklang stehendes Vorsichtsprinzip, das die Tendenz zu optimistischer oder zu negativer Managemententscheidungen und daraus resultierender Verzerrungen in Form von Über- oder Unterbewertungen verhindern soll.[108] Eine einseitig vorsichtige Bewertung von Vermögenswer-ten, Schulden und Erträgen im Sinne eines asymmetrischen Vorsichtsprinzips ist nach Ansicht des IASB nicht immer mit der Anforderung der Relevanz und

---

[102] Vgl. CF (2018), 4.60 f.

[103] Vgl. CF (2018), 2.13.

[104] Vgl. CF (2018), 2.14.

[105] Vgl. CF (2018), 2.15.

[106] Vgl. Pelger (2020), S. 38 f.

[107] Vgl. CF (2018), 2.16.

[108] Vgl. CF (2018), 2.16 f.; CF (2018), BC2.39 (auch Zitat); zum Unterschied zwischen „conservatism" und „prudence" Barker (2015), S. 516–521.

der glaubwürdigen Darstellung vereinbar.[109] Gleichzeitig können asymmetrisch vorsichtige Regelungen auf Einzelstandardebene, wie bspw. die unterschiedlichen Wahrscheinlichkeitsschwellen zum Ansatz von Eventualforderungen und -verbindlichkeiten nach IAS 37 oder die Einrechnung variabler Vergütungen nach IFRS 15, jedoch im Einzelfall aufgrund der Vermittlung relevanterer Informationen durch das IASB gerechtfertigt werden.[110] Den Widerspruch zwischen neutraler Darstellung und konservativer Bilanzierung durch eine risikoneutrale Ausrichtung des Vorsichtsprinzips zu lösen, kann für eine Deduktion konsistenter Einzelnormen daher nicht gänzlich überzeugen.[111]

2.1.1.2.2.4.2.3 Bewertungsunsicherheiten

Eine glaubwürdige Darstellung verlangt zuletzt die fehlerfreie Beschreibung eines Ergebnisses sowie die fehlerfreie Auswahl und Anwendung der für die Informationsvermittlung angewandten Verfahren.[112] Bewertungsunsicherheiten, die bei einer angemessenen Schätzung nicht beobachtbarer Werte auftreten, sind bei der Beurteilung der Fehlerfreiheit zu berücksichtigen; sie stehen der Entscheidungsnützlichkeit nicht entgegen, sofern sie klar und deutlich beschrieben und erläutert werden.[113] Eine Schätzung kann zwar auch bei hoher Unsicherheit relevante Informationen liefern, ihre glaubwürdige Darstellung wird jedoch vom Ausmaß der Bewertungsunsicherheiten beeinflusst.[114] Das IASB verweist im Zuge dessen auf die Nachprüfbarkeit als ergänzende Anforderung und stärkt damit die Bedeutung der Verlässlichkeit von Informationen.[115] Die Berücksichtigung von Bewertungsunsicherheiten als Teilaspekt der glaubwürdigen Darstellung führt somit zu einer objektivierungsbedingten Restriktion, die im Einzelfall eine Abwägung zwischen der Anforderung der Relevanz und glaubwürdigen Darstellung erfordert[116]. Die adäquate Gewichtung beider Anforderungen ist zwar grundsätzlich konsequent im Hinblick auf die in der Zwecksetzung der Entscheidungsnützlichkeit integrierte Rechenschaftsfunktion sowie des dafür notwendigen

---

[109] Vgl. CF (2018), BC2.42.

[110] Vgl. CF (2018), 2.17; CF (2018), BC2.44 f.; zur Analyse vorsichtiger Regelungen auf Einzelstandardebene Barker/McGeachin (2015), S. 183–197.

[111] Vgl. Pelger (2020), S. 39; Dehmel u. a. (2018), S. 1707 f.; Barker/McGeachin (2015), S. 181 f.; Erb/Pelger (2015b), S. 1063.

[112] Vgl. CF (2018), 2.18.

[113] Vgl. CF (2018), 2.19.

[114] Vgl. CF (2018), BC2.48 f.

[115] Vgl. CF (2018), BC2.48 (a); Erb/Pelger (2018b), S. 877.

[116] Vgl. CF (2018), 2.22; CF (2018), BC2.52–BC2.56.

Objektivierungserfordernisses[117]. Das IASB setzt mit der Einführung der Bewertungsunsicherheiten im Rahmenkonzept in 2018 insofern jedoch wieder einen im alten Rahmenkonzept (1989) und im Zuge der Rahmenkonzeptüberarbeitung (2010) zunächst abgeschafften Trade-Off um, anstatt eine klare Abgrenzung zwischen der Verlässlichkeit und glaubwürdigen Darstellung zu schaffen.[118]

2.1.1.2.2.5 Weiterführende qualitative Anforderungen des IFRS-Rahmenkonzepts

Die weiterführenden Anforderungen der Vergleichbarkeit, Nachprüfbarkeit, Zeitnähe und Verständlichkeit können den Zweck der Entscheidungsnützlichkeit allein nicht erfüllen; sie erhöhen jedoch die Nützlichkeit relevanter und glaubwürdig dargestellter Informationen und dienen als Entscheidungshilfe, sofern zwei Möglichkeiten der Informationsvermittlung die Anforderung der Relevanz und glaubwürdigen Darstellung gleichermaßen erfüllen.[119] Jede der weiterführenden Anforderungen sollte möglichst umfassend erfüllt werden, wobei keine Anwendungshierarchie vorgegeben wird und einzelne Anforderungen im Einzelfall auch gegeneinander abgewogen werden müssen.[120]

Informationen sind demnach entscheidungsnützlicher, wenn sie den Adressaten eine unternehmens- und periodenübergreifende Vergleichbarkeit ermöglichen, um Ähnlichkeiten und Unterschiede zwischen Sachverhalten identifizieren und verstehen zu können.[121] Hiervon abzugrenzen ist der Grundsatz der Stetigkeit, der die Verwendung gleicher Methoden für gleiche Sachverhalte verlangt und damit zur Vergleichbarkeit der Informationen beiträgt, sowie das Erfordernis der Einheitlichkeit.[122] Ein gewisses Maß an Vergleichbarkeit wird normalerweise bereits durch die Erfüllung der beiden grundlegenden Anforderungen erreicht und durch den Verzicht auf Wahlrechte erhöht.[123] Zudem soll die Informationsvermittlung durch eine deutliche und prägnante Klassifizierung, Beschreibung und Darstellung verständlich sowie zeitnah erfolgen.[124] Weder die Anforderung der Verständlichkeit noch der Zeitnähe stellen eine Restriktion der Relevanz dar,

---

[117] Vgl. Coenenberg/Straub (2008), S. 22 f.
[118] Vgl. Pelger (2020), S. 39–41.
[119] Vgl. CF (2018), 2.23; CF (2018), 2.37; CF (2018), BC 2.11; CF (2018), BC2.59.
[120] Vgl. CF (2018), 2.37 f.
[121] Vgl. CF (2018), 2.24 f.
[122] Vgl. CF (2018), 2.26 f.
[123] Vgl. CF (2018), 2.28 f.
[124] Vgl. CF (2018), 2.33 f.

weshalb Informationen über komplexe Sachverhalte, die nicht leicht verständlich sind oder nur verzögert dargestellt werden können, nicht ausgelassen werden dürfen.[125]

Die Vertrauenswürdigkeit glaubwürdig dargestellter Informationen wird durch die Anforderung der Nachprüfbarkeit unterstützt, die die Verifizierbarkeit durch Dritte verlangt.[126] Als nachprüfbar gelten demnach Informationen, die direkt beobachtbar sind oder indirekt durch vergleichbare Methoden ermittelt werden können.[127] Vor allem zukunftsgerichtete Informationen erfordern aufgrund ihrer häufig schwierigen Nachprüfbarkeit zusätzliche Angaben.[128] Die Anforderung der Nachprüfbarkeit entspricht damit der im alten Rahmenkonzept bestehenden Anforderung der Verlässlichkeit.[129] Obwohl die Berücksichtigung von Bewertungsunsicherheiten unter der Anforderung der glaubwürdigen Darstellung zu einem gewissen Grad an Objektivierung führt, kann das Erfordernis der Verlässlichkeit aufgrund der Einordnung der Nachprüfbarkeit als weiterführende Anforderung der Bandbreite subjektiver Werte, die entscheidungsnützlich sind, nur begrenzt entgegenwirken.[130]

Im Rahmenkonzept werden somit zwar wesentliche qualitative Anforderungen festgelegt, durch deren Konkretisierung und Abwägung die Entwicklung konsistenter Einzelstandards erfolgen soll.[131] Die einzelnen Anforderungen sind jedoch primär der Anforderung der Relevanz untergeordnet und konfligieren teilweise miteinander, wodurch sie zunächst keine objektiv restriktive normative Grundlage für eine deduktive Standardsetzung vorgeben[132] und dadurch Argumentationsspielraum in der Standardsetzung ermöglichen. Dieser zweckgerechte Kompromiss verdeutlicht, dass die Standardsetzung nicht nur technischer Natur ist[133]. Rechnungslegungsnormen haben verschiedene ökonomische und soziale Konsequenzen für unterschiedliche Interessengruppen,[134] weshalb vom IASB

---

[125] Vgl. CF (2018), 2.35; CF (2018), BC2.65; CF (2018), BC2.68.

[126] Vgl. CF (2018), 2.30; CF (2018), BC2.60.

[127] Vgl. CF (2018), 2.31.

[128] Vgl. CF (2018), 2.32.

[129] Vgl. CF (2018), BC2.60 f.

[130] Vgl. zur Forderung der Verankerung der Nachprüfbarkeit als separate Anforderung Pelger (2020), S. 40 f.

[131] Vgl. Bennett u. a. (2006), S. 198.

[132] Vgl. Wich (2009), S. 48; Macve (1997), S. 77.

[133] Vgl. Rappaport (1977), S. 89 f.; Watts/Zimmerman (1978), S. 112 f.

[134] Vgl. Prakash/Rappaport (1977), S. 35–38; Zeff (1978), S. 61.

im Rahmen der Standardsetzung auch praktische Erwägungen berücksichtigt werden.[135]

2.1.2 Induktive Normermittlung

2.1.2.1 Pragmatischer Charakter von Rechnungslegungsvorschriften

Für den Zweck der Entscheidungsnützlichkeit ist der Wahrheitsgehalt der bereitgestellten Informationen wesentlich.[136] Fraglich ist daher, welche Wahrheitskonzeption den IFRS zugrunde liegt.[137] Gemäß dem Grundsatz der sog. fair presentation[138] in IAS 1.15 und der im alten Rahmenkonzept bestehenden Anforderung des sog. True-and-Fair-View[139] sollen die vermittelten Informationen die Vermögens-, Finanz- und Ertragslage eines Unternehmens den tatsächlichen Verhältnissen entsprechend darstellen. Die Abbildung der tatsächlichen Verhältnisse erfordert dabei eine mit den Definitions- und Ansatzkriterien des Rahmenkonzepts übereinstimmende glaubwürdige Darstellung der Auswirkungen von Geschäftsvorfällen, was annahmegemäß durch Anwendung der IFRS und gegebenenfalls zusätzlicher Angaben erreicht wird (IAS 1.15). Die einzelnen Rechnungslegungsvorschriften fungieren demnach als Abbildungsregeln der tatsächlichen wirtschaftlichen Sachverhalte,[140] demzufolge die Realitätsbezogenheit zum Maßstab für eine wahre Rechnungslegung wird[141]. Entsprechend diesem korrespondenztheoretischen Wahrheitsverständnisses[142] gilt eine Information als

---

[135] Vgl. Preface (2019), Rz. 10.

[136] Vgl. Kam (1990), S. 53.

[137] Vgl. zur Diskussion unterschiedlicher philosophischer Prämissen der Rechnungslegung Shapiro (1997), S. 167–179.

[138] Vgl. zur Konkretisierung des Konzepts der „fair presentation" Najderek (2009), S. 175–198.

[139] Vgl. Framework (1989), 46. Gemäß CF (2018), BC3.44 ist die Vermittlung eines den tatsächlichen Verhältnissen entsprechenden Bildes eine Umschreibung für Informationen, die die qualitativen Anforderungen erfüllen.

[140] Vgl. Lukka (1990), S. 239.

[141] Vgl. Schmitz (2012), S. 199.

[142] Vgl. zur Korrespondenztheorie der Wahrheit Sellars (1992), S. 300–336; Gloy (2004), S. 92–167.

objektiv wahr, wenn sie mit der unabhängig von Individuen bestehenden Wirklichkeit übereinstimmt, sie folglich nachprüfbar ist und die Darstellung frei von subjektiven Einflüssen erfolgt.[143]

Inwiefern jedoch eine wirtschaftliche Realität objektiv besteht, ist fraglich,[144] und besonders mit der im Rahmenkonzept verlangten entscheidungsnützlichen Informationsvermittlung schwer vereinbar,[145] wonach Informationen im Hinblick auf ihren Realitätsbezug nicht tatsächlich wahr sein, sondern vom Adressaten als entscheidungsbeeinflussend angesehen werden müssen[146]. So weisen die qualitativen Anforderungen im Rahmenkonzept zwar Objektivierungstendenzen auf,[147] sie zielen letztlich jedoch auf die Nützlichkeit einer Information ab, die sich subjektabhängig[148] bzw. intersubjektiv[149] anhand der primären Adressatengruppe bestimmt. Im Rahmen der Standardsetzung fließen dabei die Wertungen des IASB und bei der Standardanwendung die Wertungen der bilanzierenden Unternehmen ein. Entsprechend diesem pragmatischen Wahrheitsverständnis[150] gilt eine Information als wahr, wenn „ihre praktischen Konsequenzen eine [...] als wahr angesehene Erkenntnis für einzelne Individuen hat.“[151] Maßgeblich ist somit die Funktionalität einer Norm.[152] Die Forderung nach einer den tatsächlichen Verhältnissen entsprechenden Darstellung ist demnach pragmatisch zu konkretisieren;[153] die praktische Bewährung von Rechnungslegungsvorschriften wird dabei zum Maßstab einer wahren Rechnungslegung. Dieser dem Fundamentalzweck der

---

[143] Vgl. Berndt (2005), S. 141–150.

[144] Vgl. insgesamt Hines (1988); Lee (2006a), S. 46 f.; Schmitz (2012), S. 199–202.

[145] Vgl. Lukka (1990), S. 249–254.

[146] Vgl. Berndt (2005), S. 124 f.

[147] Vgl. Abschnitt 2.1.1.2.2.4 und 2.1.1.2.2.5.

[148] Vgl. Berndt (2005), S. 151 f.

[149] Vgl. Archer (1997), S. 236; Alexander/Archer (2003), S. 6; zur Unterscheidung des ontologischen Wahrheitsbegriffs in physikalische Realität (rohe Tatsachen) und soziale Realität (institutionelle Tatsachen) Searle (1997), S. 11–39; zur Differenzierung der einzelnen „Schichten“ der Realität Mattessich (2014), S. 147–182.

[150] Vgl. zum Wahrheitsbegriff des Pragmatismus James (1992), S. 35–58; Gloy (2004), S. 222–226.

[151] Vgl. Berndt (2005), S. 163 (auch Zitat); Hines (1988), S. 257; Kam (1990), S. 488 i. V. m. S. 494.

[152] Vgl. Schmitz (2012), S. 210 f.

[153] Vgl. Mattessich (1995), S. 7.

Entscheidungsnützlichkeit immanente Anknüpfungspunkt zum Pragmatismus[154] findet daher auch in der Normermittlung des IASB Berücksichtigung.[155]

2.1.2.2 Induktion praktischer Bilanzierungsnormen

2.1.2.2.1 Ermittlung von Rechnungslegungsvorschriften auf Basis tatsächlicher Kaufmannsübung

Im Gegensatz zum deduktiven Ansatz der Normermittlung, wonach Einzelnormen systemkohärent aus übergeordneten – normativ vorgegebenen – Zwecken abgeleitet werden, resultieren Einzelnomen unter dem induktiven Ansatz aus der Verallgemeinerung einzelner Tatsachen.[156] Dies bedeutet, dass aus beobachtbaren Tatsachen Schlussfolgerungen gezogen und von diesen abstrahiert werden, wobei es sich im Fall empirischer Beobachtungen als Induktionsgrundlage um einen deskriptiven Ansatz handelt.[157] Anknüpfungspunkt für die Ermittlung von Einzelnormen aus der „Natur der Sache" bietet im Rahmen der Rechnungslegung die kaufmännische Übung, die tatsächlich feststellbar ist und zum Gewohnheitsrecht erstarken kann.[158] Die Identifizierung von Rechnungslegungsvorschriften erfolgt demzufolge ausgehend von einzelnen Rechnungslegungspraktiken, die als „generally accepted" gelten und auf Erfahrungen, Gewohnheiten und praktischer Notwendigkeit beruhen.[159] Als solche stellen sie „ein Konglomerat einzelner Grundsätze oder Regeln [dar]; sie sind also ohne den [für den deduktiven Ansatz charakteristischen] Systemcharakter."[160] Ein derartiges auf Einzelfälle ausgerichtetes Regelwerk verlangt aufgrund fehlender abstrakter Prinzipien meist umfangreiche Einzelnormen.[161] Auch in der IFRS-Standardsetzung findet sich der in Einklang mit dem Pragmatismus stehende induktive Einfluss[162] – nicht zuletzt aufgrund des sich aus der privatrechtlichen Organisation des IASB ergebenden öffentlichen Standardsetzungsprozesses[163] – im Rahmenkonzept und auf Einzelstandardebene wieder.[164]

---

[154] Vgl. Beams (1969), S. 384.

[155] Vgl. Hoogervorst (2012a), S. 4.

[156] Vgl. Ijiri (1975), S. 5 f.

[157] Vgl. Ijiri (1975), S. 6 f.

[158] Vgl. Radbruch (1948), S. 160–162; Euler (1989), S. 12–16.

[159] Vgl. ASC 105, 1 (auch Zitat); Luttermann (1999), S. 66–69.

[160] Beisse (1990), S. 502.

[161] Vgl. Euler (2002), S. 876.

[162] Vgl. Berndt (2005), S. 168–172.

[163] Vgl. Abschnitt 2.2.2.

[164] Vgl. zum induktiven Einfluss auf Rahmenkonzeptebene Walton (2018), S. 195.

2.1.2.2.2 Praktikabilitätsorientierte Einflüsse auf Rahmenkonzeptebene

2.1.2.2.2.1 Berücksichtigung der Unternehmensaktivität

Das Rahmenkonzept beinhaltet neben übergeordneten Prinzipien auch detaillierte Beschreibungen, um als „practical tool" für die Standardsetzung nützlich zu sein.[165] So ist die Art der Unternehmensaktivität zwar nicht als allgemeine Anforderung im Rahmenkonzept normiert, jedoch als Faktor bei der Wahl der Rechnungseinheit und Bewertungsmethode sowie der Klassifizierung der Abschlussposten einzubeziehen.[166] Das IASB betont zudem, dass das Konzept der Unternehmensaktivitäten bei der Entwicklung neuer und der Überarbeitung bestehender Standards zu berücksichtigen ist und als solches auf Einzelstandardebene, bspw. in Form des Geschäftsmodells zur Klassifizierung von Finanzinstrumenten in IFRS 9 *Finanzinstrumente,* konkretisiert werden kann.[167] Die Berücksichtigung von Unternehmensaktivitäten wird mit der höheren Relevanz von Informationen gerechtfertigt[168] und die wirtschaftliche Betrachtungsweise damit gestärkt. Gleichzeitig erlaubt die Berücksichtigung von Unternehmensaktivitäten jedoch unternehmensspezifische Erwägungen im Standardsetzungsprozess, was als induktiver Einfluss gewertet werden kann.

2.1.2.2.2.2 Wesentlichkeitsabwägung

Die Anforderung der Relevanz umfasst auch den Aspekt der Wesentlichkeit, wonach Informationen nicht weggelassen, verschleiert oder fehlerhaft dargestellt werden dürfen, wenn dies die Entscheidung der Adressaten beeinflussen könnte.[169] Die Wesentlichkeit von Informationen ist nicht durch einen quantitativen Schwellenwert determiniert, sondern basiert auf der Art und/oder Größe der Abschlussposten, auf die sich die Informationen beziehen, und ist daher unternehmensspezifisch zu bestimmen.[170] Die Beurteilung soll sich dabei an den Bedürfnissen der primären Adressatengruppe orientieren (IAS 1.7).[171] Die nutzerorientierte Anknüpfung ist konsequent im Hinblick auf den in der Zwecksetzung

---

[165] Vgl. CF (2018), BC0.13 (auch Zitat).

[166] Vgl. CF (2018), BC0.31; zu den unterschiedlichen Auffassungen zum Verweis auf die Unternehmensaktivitäten auf Rahmenkonzeptebene Technical Staff (2016a), Agenda Paper 10 L, Rz. 5–12.

[167] Vgl. CF (2018), BC0.31 f.; zur Stärkung des Business-Modell-Ansatzes Barker/Teixeira (2018), S. 156–159.

[168] Vgl. CF (2018), BC0.29.

[169] Vgl. CF (2018), 2.11; zur Verschleierung von Informationen gemäß IAS 1.30A Bach/Schreiber (2019), S. 271.

[170] Vgl. CF (2018), 2.11.

[171] Vgl. CF (2018), BC2.20; IAS 8.BC35.

festgelegten Adressatenkreis; sie zielt gleichzeitig auf eine „Reduzierung des Umfangs der als wesentlich zu qualifizierenden Informationen."[172] Eine Konkretisierung der quantitativen und qualitativen Aspekte erfolgt indes nicht, weshalb die Wesentlichkeitsbeurteilung Ermessensspielräume eröffnet.[173] Unwesentliche Informationen haben zwar keinen Einfluss auf die Entscheidungen der Adressaten;[174] ein „information overload" verringert jedoch den Informationsgehalt und erschwert die Verständlichkeit der Informationen (IAS 1.30A).[175] Einzelne Angabepflichten und Rechnungslegungsmethoden sind daher nicht anzuwenden, wenn ihre Auswirkung unwesentlich ist (IAS 1.31; IAS 8.8). Die Einschätzung der Wesentlichkeit kann damit einzelne Rechnungslegungsvorschriften überlagern, wenn dies im Sinne entscheidungsrelevanter Informationen zu „praxisgerechte[n] Lösungen" führt,[176] und zielt somit auf den praktischen Nutzen einer Information ab[177].

Da sich Wesentlichkeitsentscheidungen sowohl auf den Ansatz und die Bewertung als auch auf den Ausweis und die Darstellung von Abschlussposten auswirken, veröffentlichte das IASB 2017 ein sog. Practice Statement, das das Konzept der Wesentlichkeit konkretisiert und Unternehmen als Leitlinie dienen soll.[178] Das Practice Statement beinhalt Anwendungshinweise und gibt ein mögliches Prüfverfahren vor, das auch quantitative und qualitative Faktoren beispielhaft präzisiert.[179] Obwohl das Practice Statement nicht verbindlich anzuwenden ist,[180] kann sich aufgrund der Bedeutung der Wesentlichkeit im Rahmen der IFRS-Anwendung sowie der Abschlussprüfung bei gleichzeitig fehlender Konkretisierung innerhalb der einzelnen Standards eine faktische Bindungswirkung ergeben[181]. Das Practice Statement dient als vom Rahmenkonzept und den Einzelstandards losgelöste Verlautbarung folglich der Praktikabilität des Wesentlichkeitskonzepts und ist somit nur schwer mit dem angestrebten deduktiven Ansatz vereinbar.

---

[172] Vgl. Busch/Zwirner (2018), S. 14 (auch Zitat).
[173] Vgl. Bach/Schreiber (2019), S. 270 f.
[174] Vgl. CF (2018), BC2.19.
[175] Vgl. Morunga/Bradbury (2012), S. 48 f., 58 f. (auch Zitat, S. 48); grundlegend Schick u. a. (1990), S. 200–206; Eppler/Mengis (2004), S. 326–333.
[176] Vgl. Lüdenbach u. a. (2016), § 1, Rz. 60 (auch Zitat).
[177] Vgl. Hopf (1983), S. 15.
[178] Vgl. IFRS Practice Statement 2, IN2–IN5.
[179] Vgl. IFRS Practice Statement 2, Rz. 8–65.
[180] Vgl. IFRS Practice Statement 2, IN6; Hebestreit/Teitler-Feinberg (2018), S. 148.
[181] Vgl. Link (2018), S. 172.

Die Erläuterung des IASB, dass ein Standardsetzer die Wesentlichkeit im Rahmen der Standardsetzung nicht berücksichtigt, da es sich um eine unternehmensspezifische Erwägung handelt,[182] steht ebenfalls im Widerspruch zum konzeptionellen Anspruch des Rahmenkonzepts und zur tatsächlichen Standardsetzung des IASB. So wird in zahlreichen Einzelstandards – wenn auch teilweise implizit – auf den Wesentlichkeitsgrundsatz Bezug genommen. Neben den oben genannten Regelungen zur Nichtanwendung einzelner Vorschriften in IAS 1 *Darstellung des Abschlusses* und IAS 8 *Rechnungslegungsmethoden, Änderungen von rechnungslegungsbezogenen Schätzungen und Fehler* verlangt bspw. IAS 37.46 nur dann eine Abzinsung für Rückstellungen, wenn der Zinseffekt als wesentlich eingestuft wird. Bei der Identifizierung von Leistungsverpflichtungen gemäß IFRS 15 sollen Unternehmen beurteilen, ob einzelne Leistungsverpflichtungen in Einklang mit IAS 8 als unwesentlich einzustufen und folglich nicht separat zu bilanzieren sind.[183] „Die [Wesentlichkeit] in dem Bereich der IAS/IFRS dient […] [somit] der Begrenzung der Informationsmenge auf entscheidungsrelevante Informationen."[184] Obwohl das IASB Wesentlichkeitserwägungen auf die Ebene der Standardanwendung zu beschränken versucht, verbleibt unklar, inwiefern sich bereits im Rahmen der Standardsetzung durch Verweis auf die Wesentlichkeit als Teilaspekt der Relevanz Vereinfachungsüberlegungen begründen lassen.

2.1.2.2.2.3 Kosten-Nutzen-Abwägung

Die Beurteilung der Wesentlichkeit führt zu einer kosteneffizienten Anwendung von IFRS-Standards, da unwesentliche Informationen nicht dargestellt werden müssen und sich die Kosten der Aufstellung folglich reduzieren.[185] Trotz dieses Zusammenhangs zwischen der Wesentlichkeit und der Wirtschaftlichkeit der Informationsvermittlung sind die sich durch die Anwendung einzelner Rechnungslegungsvorschriften ergebenden Kosten kein von Unternehmen in die Wesentlichkeitsbeurteilung einzubeziehender Faktor.[186] Der Verzicht auf die Anwendung einer Regelung durch Verweis auf die Unverhältnismäßigkeit von Kosten und Nutzen ist im Rahmen der Standardanwendung nur dann zulässig,

---

[182] Vgl. CF (2018), BC2.19.

[183] Vgl. IFRS 15.BC90; zu den Wesentlichkeitsabwägungen in IFRS 16 Fehrenbach/Schulte (2018), S. 1516 f.

[184] Mekat (2009), S. 102.

[185] Vgl. Maier (2008), S. 41.

[186] Vgl. IAS 1.BC36; IFRS Practice Statement 2, Rz. 37.

wenn eine Rechnungslegungsvorschrift einen derartigen „Praktikabilitätsvorbehalt" explizit beinhaltet.[187] So kann bspw. gemäß IAS 8.23 auf eine volle retrospektive Anpassung bei Änderung einer Rechnungslegungsmethode verzichtet werden, wenn die Ermittlung der Auswirkungen undurchführbar ist. Die Undurchführbarkeit ist anhand der für die Anwendung angemessenen Anstrengungen des Unternehmens zu bemessen (IAS 8.5) und impliziert damit eine Kostenerwägung.[188]

Während die Kosten einer Regelungsvorschrift auf Ebene der Standardanwendung von Unternehmen nur im Ausnahmefall zu berücksichtigen sind, hat das IASB hingegen bei jeder Standardsetzungsentscheidung eine Kosten-Nutzen-Abwägung durchzuführen.[189] Rechnungslegungsvorschriften werden demzufolge dahingehend beurteilt, ob der Nutzen der vermittelten Informationen die Kosten der Informationsbereitstellung und -verwendung wahrscheinlich rechtfertigt,[190] wodurch das IASB Praktikabilitätserwägungen explizit im Standardsetzungsprozess berücksichtigt. Der Kostenaspekt umfasst dabei sowohl die Kosten der Erstellung und Vermittlung von Informationen auf Seiten des Unternehmens als auch die vom Adressaten zu tragenden Kosten der sich daraus ergebenden niedrigeren Erträge sowie der Informationsverarbeitung bzw. der zusätzlichen Kosten der Informationsbeschaffung im Fall nicht vermittelter Informationen.[191] Auch die ökonomischen und sozialen Konsequenzen einzelner Rechnungslegungsvorschriften sind hierbei zu berücksichtigen.[192] Der Nutzen liegt indes in der erhöhten Vertrauenswürdigkeit der auf Basis von IFRS erstellen Informationen, die zu einer höheren Kapitalmarkteffizienz und geringeren Kapitalkosten sowie der Entscheidungsnützlichkeit für den einzelnen Adressaten beitragen.[193]

Bei der Standardentwicklung versucht das IASB die Ansichten unterschiedlicher Interessengruppen zur Beurteilung der erwarteten Art und Quantität von Nutzen und Kosten des jeweiligen Standards einzuholen.[194] Das IASB strebt dabei keine unternehmensspezifische Kosten-Nutzen-Abwägung an; aufgrund von Unterschieden in der Unternehmensgröße oder speziellen Adressatenbedürfnissen

---

[187] Vgl. Lüdenbach u. a. (2016), § 1, Rz. 60 (auch Zitat).

[188] Vgl. zur geplanten Konkretisierung der Praktikabilitätsschwelle durch eine Kosten-NutzenSchwelle Ljubicic (2019), S. 138 f.

[189] Vgl. CF (2018), 2.39.

[190] Vgl. CF (2018), 2.39, 2.42.

[191] Vgl. CF (2018), 2.40.

[192] Vgl. Zeff (1978), S. 63; Collett (1995), S. 19, 22–24.

[193] Vgl. CF (2018), 2.41.

[194] Vgl. CF (2018), 2.42.

rechtfertigt die Beurteilung von Kosten und Nutzen jedoch nicht immer diesel-
ben Regelungen für alle Unternehmen.[195] Die für die Kosten-Nutzen-Abwägung
erforderlichen Informationen erhält das IASB im Rahmen des jeweiligen Standardsetzungsprozesses durch Veröffentlichung der Standardentwürfe sowie durch
Feldstudien und Konsultation mit relevanten Akteuren.[196] Die möglichen Auswirkungen eines neuen oder überarbeiteten Standards, insbesondere auch im
Hinblick auf die Implementierungs- sowie Folgekosten, werden als Effektanalyse separat zu dem jeweiligen Einzelstandard bzw. bei Standardentwürfen in
den zugehörigen Basis for Conclusions veröffentlicht.[197] Die Bezeichnung als
Effektanalyse verdeutlicht dabei, dass es sich – nicht zuletzt aufgrund praktischer
Schwierigkeiten besonders in Bezug auf die Nutzenermittlung – weniger um eine
quantitative Gesamtbeurteilung als vielmehr um eine qualitative Einschätzung
handelt.[198]

Im Rahmenkonzept ist die Kosten-Nutzen-Abwägung nicht als qualitative
Anforderungen, sondern als eine dem Prozess der Informationsermittlung dienende Anforderung normiert.[199] Die Beurteilung des Nutzens einer möglichen
Rechnungslegungsvorschrift als zweistufiger Prozess, mit den qualitativen Anforderungen auf der ersten und der Kostenrestriktion auf der zweiten Stufe, kann aufgrund des „vorherrschende[n] Sachzwang[s]" der Kostenrestriktion zum Konflikt
zwischen konzeptionell entscheidungsnützlichen und praktisch kostensinnvollen
Rechnungslegungsvorschriften führen.[200] Die Kosten-Nutzen-Abwägung ermöglicht daher – besonders aufgrund des Einbezugs von Interessengruppen – eine
gezielte Einflussnahme zugunsten praxisgerechter Rechnungslegungsvorschriften.
Im Rahmen der Standardsetzung können folglich Argumente der Einfachheit,
Operationalität, Durchführbarkeit, Anwendbarkeit und Akzeptabilität angebracht
und mit der Anforderung der Kostenrestriktion begründet werden.[201] Trotz des
konzeptionellen Anspruchs beinhaltet das Rahmenkonzept somit „a shadow of
current practice"[202], der einem induktiven Einfluss entspricht.

---

[195] Vgl. CF (2018), 2.43.

[196] Vgl. Due Process Handbook, Rz. 3.76; CF (2018), BC3.48.

[197] Vgl. Due Process Handbook, Rz. 3.77–3.81.

[198] Vgl. Schipper (2010), S. 316 f.

[199] Vgl. CF (2018), BC2.73.

[200] Vgl. Maier (2008), S. 53–55 (auch Zitat); zur schwierigen Abgrenzbarkeit von tech-
nisch/konzeptionellen Anforderungen und ökonomischen Folgen Collett (1995), S. 20–22.

[201] Vgl. zur Berücksichtigung der Argumente im Rahmen der Kosten-Nutzen-Analyse CF
(2018), BC2.71 f.

[202] Walton (2018), S. 198.

2.1.2.2.3 Praktikabilitätsorientierte Einflüsse auf Einzelstandardebene

Entsprechend dem vom IASB angestrebten deduktiven Ansatz soll die Entwicklung der Einzelstandards grundsätzlich durch eine Konkretisierung der Rahmenkonzeptprinzipien erfolgen. Um den Zweck der Entscheidungsnützlichkeit zu erfüllen, kann das IASB unter bestimmten Umständen, bspw. aufgrund veränderter konzeptioneller Ansichten oder des ökonomischen Umfelds,[203] jedoch vom Rahmenkonzept abweichende Regelungen treffen, die dann in der Basis for Conclusions des jeweiligen Standards anzugeben sind.[204] So stellt z. B. die Regelung in IFRS 15.56 zur Begrenzung der Schätzung variabler Vergütungsbestandteile keine konsequente Umsetzung des im Rahmenkonzept verankerten Vorsichtsprinzips dar.[205] Diese asymmetrisch vorsichtige Einschränkung auf Beträge, für die höchstwahrscheinlich keine signifikante Stornierung erforderlich ist, soll eine Überbewertung der Umsatzhöhe zugunsten der hierdurch erreichten höheren Entscheidungsnützlichkeit verhindern;[206] sie entspricht jedoch weder einer am Neutralitätsgrundsatz orientierten Konkretisierung des Vorsichtsprinzips noch der auf Rahmenkonzeptebene erfolgten Abschaffung der Wahrscheinlichkeitsschwellen.[207]

Auf Einzelstandardebene lassen sich zahlreiche weitere induktiv geprägte Regelungen identifizieren. So sind die oben genannten Wesentlichkeitseinschränkungen sowie der Verweis auf die Undurchführbarkeit[208] der Anwendung einer Rechnungslegungsvorschrift als praxisorientierte Vereinfachungsregelungen zu werten. Auch die Portfolio-Option in IFRS 15.4 soll als praktischer Behelf die praxisgerechte Anwendbarkeit erleichtern.[209] Zudem können unterschiedliche Bilanzierungspraktiken besondere Rechnungslegungsvorschriften begründen und von Interessengruppen an das IASB oder das IFRS Interpretations Committee herangetragen werden,[210] was zu branchenspezifischen Standards führen kann, wie bspw. IFRS 6 *Exploration und Evaluierung von Bodenschätzen*[211] und IFRS 17 oder IFRIC 20 *Abraumkosten in der Produktionsphase eines Tagebaubergwerks.*

---

[203] Vgl. CF (2018), BC0.23.

[204] Vgl. CF (2018), SP1.3.

[205] Vgl. IFRS 15.BC207 i. V. m. CF (2018), 2.17.

[206] Vgl. IFRS 15.BC203–BC207.

[207] Vgl. Wagenhofer (2014), S. 370 f. und Note 49.

[208] Vgl. IAS 1.BC36.

[209] Vgl. IFRS 15.BC69; ausführlich Abschnitt 3.1.2.3.1.2.

[210] Vgl. Due Process Handbook, Rz. 5.15.

[211] Vgl. zum Einfluss der Bilanzierungspraxis Dobler (2014), S. 76 f.

Inwieweit der Konflikt zwischen einer an der Rechnungslegungspraxis orientierten induktiven Normermittlung und der mithilfe des Rahmenkonzepts
angestrebten konzeptionell deduktiven Standardsetzung im Standardsetzungsprozess gelöst wird, ist besonders bei einer von den theoretischen Anforderungen abweichenden Bilanzierungspraxis fraglich. Da das Rahmenkonzept
neben der Zwecksetzung und den allgemeinen Prinzipien auch Praktikabilitätserwägungen beinhaltet, scheint eine eindeutige Zuordenbarkeit des IFRS-
Standardsetzungsprozesses zu einem der beiden Normermittlungsansätze nur
bedingt möglich. Anstelle einer einseitigen Charakterisierung, wonach die Standardüberarbeitung bzw. Standardentwicklung entweder das Ergebnis normativer
Deduktion oder einzelfallspezifischer Induktion darstellt, wird der Standardsetzungsprozess im folgenden Abschnitt als Prozess wechselseitiger Beeinflussung
von IASB und beteiligten Interessengruppen untersucht.

2.2 Normermittlung unter Zuhilfenahme der Hermeneutik als Erklärungsansatz

2.2.1 Kompromisscharakter von Rechnungslegungsvorschriften

2.2.1.1 Standardsetzung als politischer Prozess
2.2.1.1.1 Rechnungslegungsregulierung und Legitimationserfordernis

„Das Rechnungswesen ist eine gesellschaftliche Institution, […] [bei der es um
nicht weniger geht] als die Definition, die rechnerische Konkretisierung sowie die
Planung und Kontrolle des Kapitals"[212]. Als solche hat es weder einen univer-
sell gültigen noch abstrakt theoretischen Ursprung, sondern wird vielmehr sozial
konstruiert[213] und durch das kulturelle, ökonomische und politische Umfeld
geprägt.[214] Gleichzeitig wirkt sich die Rechnungslegung durch die Bereitstellung von Informationen auf das jeweilige gesellschaftliche Umfeld aus und führt
zu unterschiedlichen Wohlfahrtseffekten, die eine Regulierung begründen.[215] Die
Gestaltung von Rechnungslegungsnormen ist dabei Ergebnis eines staatlichen
Eingriffs und/oder der Auseinandersetzung zwischen betroffenen Interessengruppen, deren Wohlfahrt durch Form und Inhalt der Regelungen beeinflusst wird, und

---

[212] Ordelheide (1998), S. 2.

[213] Vgl. Alexander/Archer (2003), S. 5 f.; Macintosh (2009), S. 162–168.

[214] Vgl. Burchell u. a. (1980), S. 7–11; Rost (1991), S. 80; Chapman u. a. (2009), S. 1–20.

[215] Vgl. Beaver (1989), S. 17 f., 43 f., 177–193; Bromwich/Hopwood (1983), S. x f.

stellt somit nicht nur eine technische Aufgabe, sondern einen politischen Prozess dar.[216] Während eine staatliche Regulierung eine demokratische Gesetzgebung gewährleistet, ist eine private Regulierung aufgrund der für die Standardsetzung verantwortlichen Experten durch ein hohes Maß an Fachwissen geprägt.[217] Die Rechnungslegungsregulierung für Konzernabschlüsse kapitalmarktorientierter Unternehmen innerhalb der EU ist als hybride Regulierung zu charakterisieren,[218] bei der die Standardentwicklung an die IFRS Foundation als privatrechtliche Organisation delegiert und im Rahmen des Endorsement-Prozesses durch den europäischen Gesetzgeber[219] normiert wird.

Als transnationale, nicht demokratisch legitimierte Institution[220] ist die Rechtmäßigkeit der IFRS Foundation respektive der vom IASB entwickelten und noch nicht in EU-Recht übernommenen Standards von ihrer normativen Gültigkeit sowie Akzeptanz[221] abhängig und lässt sich durch input-orientierte, d. h. mitwirkungsorientierte, und output-orientierte, d. h. effizienz- und effektivitätsorientierte, Legitimationsargumente[222] begründen.[223] Zwar unterscheidet sich die input-orientierte Perspektive durch den Fokus auf individuelle Mitbestimmungsmöglichkeiten und kollektiv übereinstimmende Entscheidungen von der auf Mehrheitsentscheidungen basierenden und Allgemeinwohl fördernden output-orientierten Perspektive, „[j]edoch koexistieren […] input- und output-orientierte Legitimität Seite an Seite, und sie verstärken, ergänzen und ersetzen sich gegenseitig".[224] Sowohl die input-orientierten Komponenten der Partizipation und des Konsens sowie des transparenten und offenen Entscheidungsprozesses als auch die output-orientierte Komponente der markteffizienten Problemlösung[225]

---

[216] Vgl. Burggraaff (1983), S. 4; Cooper/Sherer (1984), S. 208; Sutton (1984), S. 81; Ordelheide (1998), S. 2; Zeff (2007), S. 299–301; André u. a. (2009), S. 9–22.

[217] Vgl. Achleitner (1995), S. 181–208; Kurz (2009), S. 18–21.

[218] Vgl. Kirchner/Schmidt (2005), S. 71–73; Kirchner/Schmidt (2006), S. 392–396; ebenso zur hybriden Rechtsfortbildung Kirchner (2005), S. 202 f.

[219] Vgl. IAS-Verordnung, Artikel 2–4.

[220] Vgl. Huber (2008), S. 392–396.

[221] Vgl. zum Unterschied zwischen dem normativen und positiven Legitimationsverständnis Homann (1999), S. 53–57.

[222] Vgl. grundlegend zu den beiden Legitimationsperspektiven Scharpf (1970), S. 21–28; Scharpf (2004), S. 5–9.

[223] Vgl. Richardson/Eberlein (2011), S. 219–238.

[224] Vgl. Scharpf (1999), S. 16–22 (auch Zitat, S. 21); zur Input- und Output-Legitimation sowie zur Throughput-Legitimation Fischer (2007), S. 334–338; Tamm Hallström/Boström (2010), S. 140–162.

[225] Vgl. zu den input- und output-orientierten Komponenten Pàllinger (2005), S. 5 f.

lassen sich in der IFRS-Standardsetzung identifizieren.[226] So ist die von der
EU erhaltene Kompetenz zur Entwicklung kapitalmarktfördernder Rechnungslegungsstandards und der dafür erforderlichen Bündelung von Expertenwissen
im IASB sowie die über den europäischen Kapitalmarkt hinausgehende Anwendung der IFRS Ausdruck output-orientierter Legitimation.[227] Um die Akzeptanz
zu gewährleisten, bedarf es jedoch wiederum der Zustimmung der Betroffenen.
Durch den als Konsultationsverfahren angelegten offenen Standardsetzungsprozess werden daher „prozedurale Mindestanforderungen" für den Einbezug
betroffener Akteure sowie der Transparenz sichergestellt, die der Förderung der
Input-Legitimation dienen.[228] Trotz der Komplementarität beider Legitimations-
formen besteht folglich ein Trade-Off zwischen einer gänzlich output-orientierten,
auf die wohlfahrtsökonomische Effizienz des Kapitalmarkts ausgerichteten und
einer ausschließlich input-orientierten, den individuellen Nutzen aller Beteiligten berücksichtigenden und auf einen Konsens abzielenden Standardsetzung.[229]
Zur Sicherstellung eines ausgewogenen Legitimationsniveaus dient der Due Process daher der diskursiven Auseinandersetzung;[230] fraglich ist jedoch inwieweit
die sich aus diesem Prozess ergebenden Rechnungslegungsvorschriften einen
Konsens oder vielmehr einen – einseitigen oder mehrheitlich tolerierbaren – Kompromiss abbilden.[231]

2.2.1.1.2 Politische Ökonomie der Rechnungslegung und Lobbying-Anreize

Aus der politischen Komponente des privaten Standardsetzungsprozesses ergibt
sich, dass Rechnungslegungsvorschriften als Resultat andauernder Verhandlungen
zwischen Interessengruppen zu betrachten sind.[232] Besonders die Abgrenzung

---

[226] Vgl. Botzem/Dobusch (2012), S. 749–751; zur Kritik und Ablehnung der Legitimation
der IFRS Foundation und des IASB Burlaud/Colasse (2011), S. 28–37.

[227] Vgl. Huber (2008), S. 396; Kurz (2009), S. 48; Botzem (2014), S. 943.

[228] Vgl. Michael (2005), S. 449–454 (auch Zitat, S. 449); Botzem/Quack (2006), S. 282–284;
Botzem (2014), S. 943; zur ausführlichen Diskussion der Legitimationsbasis des IASB Kurz
(2009), S. 103–151.

[229] Vgl. Botzem/Dobusch (2012), S. 743 f., 752.

[230] Vgl. Richardson (2008), S. 683.

[231] Vgl. Schmitz (2012), S. 216–219.

[232] Vgl. Peasnell (1982), S. 248–250; Achleitner (1995), S. 47.

zwischen der wünschenswerten Teilnahme und dem Einbezug aller Interessengruppen sowie der andererseits nur einseitigen Einflussnahme und Berücksichtigung dominierender Gruppen ist häufig jedoch fließend.[233] Unter dem Forschungsansatz der politischen Ökonomie der Rechnungslegung wird der Entstehungsprozess von Vorschriften daher regulierungstheoretisch untersucht.[234] Während die normative Theorie der Regulierung eine gesamtwohlsteigernde Regulierungsinstanz unterstellt, gründet die positive Theorie der Regulierung auf den individuellen Motiven der an der Regulierung beteiligten Akteure.[235] Da durch das (eigennutzorientierte) Einwirken von Interessengruppen auf den Prozess der Rechnungslegungsregulierung grundsätzlich individuell vorteilhafte Regelungen geschaffen werden können, ist die Entwicklung von Regelungen im Sinne der positiven Regulierungsperspektive aus den Aktivitäten der Interessengruppen zu erklären, „die gezielt in den politischen Prozeß [eingreifen], um Veränderungen institutioneller Rahmenbedingungen herbeizuführen."[236]

Als Lobbying wird dabei jegliche Form der Einflussnahme von Interessengruppen auf die Ausgestaltung von Regelungen verstanden, deren Anreiz auf einer individuellen Kosten-Nutzen-Abwägung beruht.[237] Im Rahmen der Rechnungslegung besteht vor allem bei Unternehmen als Anwender der Regelungen eine hohe Motivation zum Lobbying im Standardsetzungsprozess, insbesondere wenn die vom Standardsetzer vorgeschlagenen Regelungen vom Status quo abweichen und einen höheren Aufwand sowie eine aus Unternehmenssicht unvorteilhafte Darstellung der Unternehmenslage bewirken.[238] Sofern einzelne Interessengruppen den Standardsetzer im Sinne der regulierungstheoretischen „capture"-Theorie im Extremfall gänzlich zu ihren Gunsten vereinnahmen können, wird die Standardsetzung zum Produkt individueller Interessenausrichtung.[239] So birgt eine einseitige Berücksichtigung von Unternehmensinteressen die Gefahr, dass „die Rechnungslegungspraxis nicht bloß als eine unter vielen Erkenntnisquellen [angesehen], sondern ihr unmittelbare autoritative Wirkung

---

[233] Vgl. Berndt (2005), S. 190.

[234] Vgl. Ordelheide (1998), S. 3–7; Tietz-Weber (2006), S. 41–46; Zülch u. a. (2009), S. 4 f.

[235] Vgl. Feldhoff (1994), S. 529–532; Kurz (2009), S. 9–18; Homfeldt (2013), S. 172 f.

[236] Vgl. Wenger (1996), S. 426 (auch Zitat).

[237] Vgl. Sutton (1984), S. 81–83; ausführlich zur Motivation Königsgruber (2009), S. 1312–1315.

[238] Vgl. etwa Kenny/Larson (1993), S. 536–538; Jorissen u. a. (2012), S. 698–700; zur Motivation anderer Interessengruppen Tietz-Weber (2006), S. 64–66; Auste (2011), S. 22–27.

[239] Vgl. Posner (1974), S. 341 f.; Cortese (2011), S. 405–408.

[zugesprochen wird].“[240] Umgekehrt führt eine gänzlich an den Informationsinteressen der Rechnungslegungsnutzer ausgerichtete Normsetzung zu wenig Akzeptanz bei Unternehmen, wenn die Nutzerinteressen von der gewünschten Bilanzierungspraxis abweichen.[241]

Um die Legitimation entwickelter Standards sicherzustellen, bedarf es daher eines normativen Beurteilungsmaßstabs, der dem IASB eine begründete Interessenabwägung im Sinne einer Kompromissfindung ermöglicht. Diese Funktion wird dem Rahmenkonzept zugeschrieben, das technisch den Prozess der Normentwicklung steuern, gleichwohl unter Legitimationsgesichtspunkten einer interessengeleiteten Einflussnahme entgegenwirken soll.[242] Das Rahmenkonzept fungiert demnach nicht nur als Deduktions-, sondern auch als Legitimationsgrundlage, indem es die Satzung des IASB als konzeptioneller Bezugspunkt ergänzt, wodurch die Rechtmäßigkeit des Due Process und folglich der in diesem Prozess entwickelten Standards vermittelt werden soll.[243] Durch die Rechtfertigung einer Standardsetzungsentscheidung auf Basis des Rahmenkonzepts kann insofern die Akzeptanz entwickelter Standards erhöht werden.[244] Die Standardsetzung kann daher als rekursiver Prozess betrachtet werden, bei dem Rechnungslegungsstandards aus den Wechselwirkungen zwischen dem IASB und den betroffenen Interessengruppen resultieren, wobei die entwickelten Standards als institutioneller Rahmen wiederum auf das Handlungsfeld der einzelnen Akteure einwirken.[245]

2.2.1.2 Ermittlung kompromissfähiger Rechnungslegungsvorschriften

2.2.1.2.1 Hermeneutik als erkenntnistheoretische Methode

Zur Interpretation des interaktiven Standardsetzungsprozesses und zum Verständnis der aus dem Prozess resultierenden Regelungen ist eine erkenntnistheoretische Methode heranzuziehen. Die Hermeneutik als „eine Methode der wissenschaftlichen Annäherung an Gegenstände“ gilt als disziplinenübergreifendes Verfahren

---

[240] Vgl. Berndt (2005), S. 177 (auch Zitat); zum Beispiel der Öl- und Gasindustrie Cortese (2011), S. 408–416.

[241] Vgl. Berndt (2005), S. 177.

[242] Vgl. Solomons (1983), S. 110–112, 115.

[243] Vgl. Botzem (2010), S. 111; zur Notwendigkeit eines Rahmenkonzepts für die Legitimation eines Standardsetzers Solomons (1983), S. 115; kritisch zur Legitimationsfähigkeit des IASB-Rahmenkonzepts Burlaud/Colasse (2011), S. 31–37.

[244] Vgl. Dennis (2018), S. 388 f.

[245] Vgl. Botzem u. a. (2017), S. 554–557; grundlegend zum „recursive law-making“ Halliday/Carruthers (2007), S. 1142–1153; Malets/Quack (2017), S. 334–341.

des Sinnverstehens.[246] Der Verstehensprozess erfolgt dabei rekursiv, d. h. um Texte, wie bspw. Regelungsvorschriften, verstehen zu können, bedarf es eines gewissen Vorverständnisses, das jedoch durch die Deutung des Textes bedingt wird, die sich wiederum auf das Vorverständnis auswirkt.[247] „Dieses Hin und Her zwischen Vorverständnis und Deutung begründet den hermeneutischen Zirkel"[248] bzw. eine spiralförmige Annäherung von Subjekt und Gegenstand[249]. Im Rahmen von Gesetzgebungsverfahren bzw. Standardsetzungsprozessen stehen Norm und Sachverhalt insofern in einem dynamischen Verhältnis, als die Konkretisierung einer Norm unter Berücksichtigung ihrer Anwendung auf einen Sachverhalt erfolgt, der relevante Sachverhalt indes erst mithilfe der Norm konstituiert wird.[250] Für die Anwendung einer Regelung auf einen Fall bedarf es somit der Auslegung, um den mit der Regelung verbundenen Sinn zu rekonstruieren.[251] Die Hermeneutik als erkenntnistheoretische Methode ist daher gleichsam eine Auslegungsmethode im Rahmen der Gesetzes- bzw. Standardanwendung. So ist in der juristischen Hermeneutik[252] der „fachmännische Umgang […] mit dem Gesetz" an den Auslegungskanon[253] aus Wortsinn, Entstehungsgeschichte, Systematik und Telos sowie die Argumentationslehre geknüpft, die „als Entscheidungsregeln […] die Verbindung zwischen Norm und Sachverhaltsentscheidung herstellen und sichern [s]ollen" sowie den Auslegungsspielraum strukturieren und getroffene Entscheidungen zu begründen vermögen.[254]

2.2.1.2.2 Rekursives Verhältnis zwischen Standardsetzung und Standardanwendung

In der IFRS-Standardsetzung spiegelt sich der rekursive Verstehensprozess in der kontinuierlichen Rückkopplung zwischen Standardsetzungsprozess und Regelungsumsetzung durch die betroffenen Akteure wider. Entsprechend dem

---

[246] Vgl. Hassemer (1986), S. 195 f. (auch Zitat, S. 195).

[247] Vgl. Gadamer (2010), S. 271; Hassemer (1986), S. 208; Larenz (1991), S. 206–211; Röhl/Röhl (2008), S. 116 f.

[248] Röhl/Röhl (2008), S. 117.

[249] Vgl. Hassemer (1986), S. 208; Larenz (1991), S. 206 f.

[250] Vgl. Hassemer (1986), S. 201.

[251] Vgl. Röhl/Röhl (2008), S. 117.

[252] Vgl. zur Abgrenzung der allgemeinen und juristischen Hermeneutik Nerlich (2007), S. 32–36 m. w. N.

[253] Vgl. Larenz (1991), S. 316–343; Röhl/Röhl (2008), S. 613–623; zur Anwendbarkeit des Auslegungskanons bei der Auslegung der IFRS Abschnitt 2.2.2.2.

[254] Vgl. Hassemer (1986), S. 203 f. (auch Zitate, S. 203).

strukturationstheoretischen Ansatz tragen Regelungen zur Struktur eines rekursiven sozialen Systems bei, das durch Akteure genutzt und durch ihr Handeln reproduziert wird.[255] Es bestehet dabei ein rekursiver Zusammenhang zwischen den Dimensionen der Signifikation, Legitimation und Herrschaft:[256] Das Rechnungswesen ist als Bündel interpretativer Schemata zu verstehen, die dem Verständnis von Bilanzierungssachverhalten dienen und durch das Verständnis der Bilanzierungspraxis gleichzeitig bedingt werden; sie entfalten eine normative Bindungswirkung und werden durch über unterschiedliche Ressourcen verfügende Akteure beeinflusst.[257] Akteure, die von den Regelungen betroffen sind, regulieren bzw. gestalten das sie regulierende institutionelle Umfeld demzufolge selbst,[258] wodurch die Standardsetzung zum „Medium und [...] Produkt [...] strategischen Handelns" wird.[259] Dabei wird der Output der einzelnen Akteure zum Input des Prozesses, dessen Output – neue oder veränderte Regelungen – erneut zum Input der Akteure wird.[260]

Diese wechselseitige Abhängigkeit besteht insbesondere bei transnationalen Institutionen,[261] wie auch der IFRS Foundation respektive den IFRS, da die Regelungen von der Legitimation und damit der Anwendung durch die „räumlich und funktional verteilte[n]" Regulierten abhängen.[262] Es besteht insofern ein rekursives Verhältnis zwischen „law in action" und „law on the books", als kodifizierte Regelungen im Rahmen ihrer Anwendung interpretiert und modifiziert werden und ihre Anwendung wiederum auf die Formulierung und Änderung kodifizierter Regelungen einwirkt.[263] Die Standardsetzung ist demnach durch „vielfache[.] Phasen der Innovation, Standardisierung und Normierung" gekennzeichnet, in

---

[255] Vgl. grundlegend zur Theorie der Strukturierung Giddens (1997), S. 51–90; mit Bezug zur Rechnungslegung Alexander/Archer (2003), S. 10.

[256] Vgl. Giddens (1997), S. 81–88; Dillard u. a. (2004), S. 513–522; Ortmann/Zimmer (2001), S. 313 f.

[257] Vgl. Roberts/Scapens (1985), S. 448 f.; Guerreiro u. a. (2014), S. 383.

[258] Vgl. zur Endogenisierung des Rechts Edelman u. a. (1999), S. 407; Edelman (2016), S. 27–41; Bozanic u. a. (2012), S. 464–478.

[259] Vgl. Ortmann u. a. (2000), S. 327 f. (auch Zitat, S. 328).

[260] Vgl. Ortmann/Zimmer (2001), S. 314.

[261] Vgl. Halliday/Carruthers (2007), S. 1146; Ortmann/Zimmer (2001), S. 310 f.

[262] Vgl. Quack (2009), S. 577 (auch Zitat); Botzem/Dobusch (2012), S. 752–756.

[263] Vgl. Halliday/Carruthers (1998), S. 45–62 (auch Zitat, S. 46); Halliday/Carruthers (2007), S. 1146–1148; zum rekursiven Zusammenhang zwischen Standardentstehung und -verbreitung Botzem/Dobusch (2012), S. 755–757.

denen sich unterschiedliche Akteure beteiligen.[264] Im Rahmen der Innovations-
phase werden die kodifizierten Regelungen durch einzelne Akteure angewendet,
wobei der Regelungsinhalt durch die Anwendung – besonders bei Mehrdeutigkeit des Regelungswortlauts oder Regelungslücken – interpretiert, umgangen
oder reformiert wird.[265] In der Phase der Standardisierung erfolgt eine Zusammenfassung und Vereinheitlichung der sich aus der Anwendung entwickelten
Praktiken durch private Organisationen oder die faktische Befolgung etablierter
Standardpraktiken, die in der Phase der Normierung durch rechtliche Anerkennung verbindlich kodifiziert werden.[266] Einer Änderung normierter bzw. der
Kodifizierung neuer Regelungen geht in der Regel ein „triggering event" voraus,
weshalb trotz Veränderungen in der Anwendung der Regelungen die Normsetzung über einen längeren Zeitraum ausstehen kann.[267] Innerhalb und zwischen
den einzelnen Phasen bestehen dabei Feedback-Schleifen, in denen einzelne
Akteure in ihren unterschiedlichen Funktionen als Innovatoren, Intermediäre und
Lobbyisten Einfluss nehmen.[268]

Auch die IFRS-Standardsetzung ist durch diese rekursiven Beziehungen
geprägt, wobei der Due Process als „channel for feedback" dient.[269] Die vom
IASB erlassenen und von der EU normierten Standards[270] werden von Unternehmen und anderen Akteuren angewendet. Bei Anwendungsspielräumen oder
Regelungslücken wird der Regelungsinhalt von den Anwendern, besonders den
Unternehmen als Abschlussersteller, interpretiert und eine Bilanzierungslösung
entwickelt, die sich branchenweit oder -übergreifend ausdehnen kann.[271] Defizite
eines Rechnungslegungsstandards können wiederum eine Standardüberarbeitung
bzw. -anpassung durch das IASB begründen,[272] wie bspw. die Entwicklung
des IFRS 15, der bestehende Inkonsistenzen zwischen den alten Standards und
die bis dahin durch die Bilanzierungspraxis[273] im Rahmen der Anwendung

---

[264] Vgl. Quack (2009), S. 577 (auch Zitat); Quack (2007), S. 652.

[265] Vgl. Halliday/Carruthers (1998), S. 58–62; Halliday/Carruthers (2007), S. 1148 f.; Quack (2009), S. 589–592.

[266] Vgl. Quack (2009), S. 592–597.

[267] Vgl. Halliday/Carruthers (2007), S. 1146–1148 (auch Zitat, S. 1147).

[268] Vgl. Quack (2009), S. 588 f.

[269] Vgl. Botzem u. a. (2017), S. 556 (auch Zitat).

[270] Vgl. zum Ursprung der IFRS als Zusammenfassung nationaler Bilanzierungspraktiken, Thorell/Whittington (1994) S. 224.

[271] Vgl. zur Auslegung und Schließung von Regelungslücken Abschnitt 2.2.2.2.

[272] Vgl. Abschnitt 2.2.2.1.1 und 2.2.2.1.2.

[273] Vgl. zur Anwendung der US-GAAP Regelungen in der Praxis zur Bilanzierung von Mehrkomponentengeschäften Fürwentsches (2010), S. 134–136, 182 f.

geschlossene Regelungslücke durch einheitliche Regelungen beseitigen sollte.[274] Im Rahmen des Due Process werden Standardentwürfe veröffentlicht, die von unterschiedlichen Akteuren kommentiert werden und deren Feedback dem IASB als Informationsgrundlage dient.[275] Die Anfertigung einer Stellungnahme verlangt dabei eine Auseinandersetzung mit den Anwendungsmöglichkeiten vorgeschlagener Rechnungslegungsvorschriften, sodass bereits im Due Process eine Normauslegung stattfindet, die in Abhängigkeit der Berücksichtigung durch das IASB in die weitere Standardentwicklung einfließen kann. Das IASB interpretiert wiederum die Stellungnahmen und legt die vorgeschlagenen Regelungen im Lichte dieser Erkenntnisse erneut aus. Der Due Process verläuft daher in mehreren Feedback-Phasen, in denen die Meinungen der am Prozess Beteiligten zusammengefasst und die Standardentwürfe umformuliert bzw. angepasst werden sowie erneut Feedback eingeholt wird.[276] Der finale Standard wird letztlich von der EU übernommen und ist wiederum von den betroffenen Unternehmen und anderen Akteuren anzuwenden. Standardanwendung und Standardsetzung bedingen sich gegenseitig; die IFRS-Standardsetzung beruht als „interactive process of meaning making" folglich auf der Interaktion zwischen dem IASB und den Interessengruppen.[277]

2.2.1.2.3 Implikationen für den IFRS-Standardsetzungsprozess

Unter Zuhilfenahme der Hermeneutik[278] werden die Elemente der deduktiven Normermittlung, bei der die Konkretisierung von Einzelnormen aus übergeordneten Prinzipien von oben an die Sache erfolgt, und die der induktiven Normermittlung, bei der die Verallgemeinerung etablierter Bilanzierungspraktiken von unten auf eine Rechtsnorm abzielt, vereint, sodass bei der Normfindung „Norm und Fall [...] schrittweise zueinander in eine Beziehung gebracht werden [und] konkretisierend aufeinander hin [...] entwickel[t] [werden]"[279]. Einzelnormen werden demzufolge ausgehend vom Rahmenkonzept als theoretischen Maßstab in Einklang mit den dort festgelegten Grundprinzipien deduktiv erschlossen („forward argument"), wohingegen sich ausgehend von der Bilanzierungspraxis

---

[274] Vgl. IFRS 15.IN4 f.

[275] Vgl. zur Diskussion des inhaltlichen Erkenntnisgewinns Botzem (2010), S. 143–146.

[276] Vgl. Botzem u. a. (2017), S. 556.

[277] Vgl. Cortese u. a. (2010), S. 77–80 (auch Zitat, S. 78), bezugnehmend auf Fairclough (2003), S. 10–12; ebenso Røsok (2018), S. 10.

[278] Vgl. zur hermeneutischen Methode in der Rechnungslegung Schulte (2010), S. 79–81; Christ (2014), S. 67–74; Müller (2015), S. 753.

[279] Vgl. grundlegend zur juristischen Hermeneutik Hassemer (1986), S. 195–212 (auch Zitat, S. 201); Röhl/Röhl (2008), S. 116–122.

diesen Einzelnormen induktiv genähert wird („backward argument").[280] Das Rahmenkonzept als auch die Bilanzierungspraxis beruhen dabei auf Konventionen bzw. Rechnungslegungsannahmen,[281] wobei das Rahmenkonzept als „eine Art reflektiertes „Vorverständnis" des Normsetzers" aufgefasst werden kann.[282] Es dient weniger der systematischen und logischen Ableitung von Einzelnormen, sondern legt vielmehr einzelne Grundprinzipien fest, die den der Standardsetzung immanenten Kommunikationsprozess strukturieren sollen und insoweit einen normativen Rahmen vorgeben.[283] So gelten die im Rahmenkonzept kodifizierten Ansatzkriterien bspw. nicht als „overarching principle", sondern sollen als „guidance" bzw. „tools" den Entscheidungsprozess auf Einzelstandardebene unterstützen.[284] Die Bilanzierungspraxis deutet eine Regelungsvorschrift auf Basis ihres Vorverständnisses, das auf grundlegenden Annahmen und Kenntnissen aus der Anwendung beruht, gleichzeitig jedoch vom Rahmenkonzept geprägt und wiederum durch die Auslegung der Regelung beeinflusst wird.

Bei der Ermittlung der Rechnungslegungsvorschriften konvergieren die auf dem Rahmenkonzept basierenden und die aus der Anwendung resultierenden Überlegungen; das Ergebnis ist ein sich gegenseitig bedingender Kompromiss.[285] Dies wird auch am Beispiel des IFRS 15 deutlich, bei dem die Entwicklung der Einzelregelungen unter Berücksichtigung des Zwecks der Entscheidungsnützlichkeit und des Ansatzkriteriums der Kontrolle erfolgte, aufgrund der in Praxis sachgerechten, unterschiedlichen Umsetzungsmöglichkeiten des Kontrollübergangs jedoch anstelle des angestrebten Asset-Liability-Ansatzes in einer die Darstellung der Unternehmenslage konkretisierenden Lösung mündete.[286] Inwieweit die aus dem Standardsetzungsprozess resultierenden Rechnungslegungsvorschriften als richtig angesehen bzw. akzeptiert werden, ist wesentlich vom Standardsetzungsverfahren abhängig, das den „Verstehensprozess" aufdecken und

---

[280] Vgl. Power (1993), S. 54–56 (auch Zitat, S. 56); Archer (1997), S. 237–239; grundlegend zur Idee des „reflective equilibrium" Rawls (1993), S. 1–220.

[281] Vgl. Power (1993), S. 55 f.

[282] Vgl. zum Rahmenkonzept des FASB Wüstemann (1999), S. 125 f. (auch Zitat).

[283] Vgl. Power (1993), S. 55 f.; Macve (1997), S. xxi f.; zum Rahmenkonzept als Satzung der Standardsetzung Christensen (2010), S. 297.

[284] Vgl. CF (2018), BC5.6 und BC5.10 (auch Zitate); Due Process Handbook, Rz. 4.20.

[285] Vgl. Power (1993), S. 50; zur Notwendigkeit des Kompromisses auf Einzelstandardebene Macve (1997), S. xxi f.

[286] Vgl. Wagenhofer (2014), S. 366–368.

eine reflektierte Begründung liefern sollte.[287] Um im Standardsetzungsprozess einen Kompromiss und damit die Legitimation der entwickelten Regelungen zu erreichen, bedarf es daher eines diskursiven Standardsetzungsverfahrens.

2.2.2 Due Process als diskursiver Normermittlungsprozess

2.2.2.1 Entwicklung von Rechnungslegungsvorschriften im Rahmen der Standardsetzung

2.2.2.1.1 Standardsetzung durch das IASB

2.2.2.1.1.1 Agendasetzung

Im Rahmen der IFRS-Standardsetzung dient der Due Process der Sicherstellung einer Entscheidungsfindung auf Basis einer diskursiven Auseinandersetzung.[288] Gemäß der Satzung der IFRS Foundation, die die Zusammensetzung und den Aufgabenbereich der einzelnen Gremien festlegt, obliegt die Standardsetzungskompetenz primär dem IASB und ergänzend dem IFRS Interpretations Committee.[289] Im Due Process Handbook sind die prozeduralen Anforderungen des Due Process kodifiziert, deren Einhaltung vom Due Process Oversight Committee überwacht wird und durch Veröffentlichung eines Technical Staff Reports durch das IASB bei jedem Projekt nachzuweisen ist.[290] Die Verfahrensanforderungen beruhen auf den Prinzipien der Transparenz, der vollständigen und angemessenen Konsultation und der Rechenschaft, wonach in einem transparenten Prozess die Sichtweisen der Beteiligten zu berücksichtigen sowie potenzielle Effekte der Standardsetzung für Betroffene zu analysieren und die getroffenen Entscheidungen zu begründen sind.[291]

Die Standardsetzungsprojekte sind in einem Arbeitsplan, der sog. Technical Agenda, zusammengefasst, die alle fünf Jahre auf Basis der durch öffentliche Konsultation erlangten Informationen festgelegt bzw. überarbeitet wird.[292] Die Themenauswahl und Prioritätensetzung erfolgt nicht anhand festgelegter Kriterien, unterliegt jedoch entsprechend der nutzerorientierten Zielsetzung

---

[287] Vgl. zur Verifizierung von Sachverhaltsentscheidungen im Rahmen juristischer Hermeneutik Hassemer (1986), S. 210 f. (auch Zitat, S. 210); ausführlich Hassemer (1967), S. 127–148.

[288] Vgl. Due Process Handbook, Rz. 1.2.

[289] Vgl. IFRS Constitution, Rz. 36, 42.

[290] Vgl. Due Process Handbook, Rz. 1.2–1.7, 2.1–2.15.

[291] Vgl. Due Process Handbook, Rz. 3.1.

[292] Vgl. Due Process Handbook, Rz. 4.3.

dem Anspruch, die Vergleichbarkeit der Bilanzierungspraxis[293] und die Konsistenz der Rechnungslegungsvorschriften zu erhöhen sowie Anwendungsprobleme zu beseitigen und Veränderungen der rechtlichen Rahmenbedingungen bzw. Geschäftspraktiken abzubilden.[294] Die Festlegung von Themen in der Agenda bedingt weder ihre zeitnahe Bearbeitung noch ihre Umsetzung oder Finalisierung. Einzelne Projekte können vielmehr aufgrund begrenzter finanzieller und personeller Kapazitäten sowie veränderter Prioritäten oder anderer Projekte im Laufe des Due Process verzögert oder (vorübergehend) stillgelegt werden.[295] So verfolgte das IASB mit der Teilveröffentlichung des Rahmenkonzepts in 2010 eine phasenweise Überarbeitung und verzögerte zunächst die Ausarbeitung ausstehender Rahmenkonzeptteile aufgrund anderer Prioritäten; die Weiterführung und Finalisierung des Rahmenkonzeptprojekts wurde erst im Rahmen der Agenda Konsultation von 2011 wieder als Tätigkeitsschwerpunkt forciert.[296]

Die Agendasetzung bietet eine Basis zur Aushandlung relevanter Standardsetzungsprojekte und der Priorisierung dieser,[297] wobei der Entscheidungsprozess zunächst auf Ebene des Standardsetzers[298], mithin zwischen dem IASB und den standardsetzungsbefugten Akteuren[299] sowie im Fall von Konvergenzprojekten dem FASB[300], verläuft. Der öffentliche Konsultationsprozess soll dabei einer praxisirrelevanten[301] sowie ausschließlich politisch motivierten Themenfestlegung entgegenwirken.[302] Um den Standardsetzungsprozess „evidence-based" zu gestalten, sollen sowohl die Wissenschaft als auch die Bilanzierungspraxis als Informationsquelle einbezogen werden,[303] was Interessengruppen bereits

---

[293] Vgl. Young (1994), S. 86 f.

[294] Vgl. Howieson (2009), S. 591 f.; zum FASB Beresford (1988), S. 1–3; Jiang u. a. (2018), S. 4 f.

[295] Vgl. Dick/Walton (2007), S. 11; zum FASB und weiteren Gründen Jiang u. a. (2018), S. 5.

[296] Vgl. Technical Staff (2012a), Agenda Paper 14, Rz. 2–7; IASB (2012), S. 33–37.

[297] Vgl. Howieson (2009), S. 580; Birt u. a. (2016), S. 272.

[298] Vgl. Young (1994), S. 89–105.

[299] Vgl. zum wesentlichen Einfluss einzelner IASB-Mitglieder und bestimmter Gremien auf die Agendasetzung Ram/Newberry (2017), S. 497–503.

[300] Vgl. Pelger (2016), S. 55–68.

[301] Vgl. van Riper (1994), S. 104.

[302] Vgl. Hoogervorst (2012b), S. 2; zum Einbezug unterschiedlicher Rechtsordnungen Camfferman/Zeff (2018), S. 18 f.; zum Einfluss externer Faktoren auf die Agendasetzung Johnson/Swieringa (1996), S. 162–166; Watts (2006), S. 56 f.; Gipper u. a. (2013), S. 529 f.

[303] Vgl. IASB (2012), S. 6–16 (auch Zitat, S. 16).

frühzeitig die Möglichkeit zur Einflussnahme bietet[304]. Die Ergebnisse der Konsultation sollen dem IASB zwar inhaltliche Erkenntnisse liefern, sie haben jedoch nicht zwingend Einfluss auf die Agendasetzung[305] und verändern meist nicht die bereits vom IASB verfolgten oder von den Beratungsgremien empfohlenen Themenschwerpunkte, weshalb dieses Vorgehen vor allem der Legitimation des Standardsetzungsprozesses dient, indem es einen Austausch zwischen dem IASB und den Interessengruppen fördert.[306]

Sofern sich zwischen den Agendakonsultationen einzelne Umstände ändern oder die Ergebnisse eines Post-Implementation-Reviews Anlass geben, kann das IASB kleinere Standardanpassungen jederzeit sowie größere Standardsetzungsprojekte und die Standardsetzungsprioritäten nach Absprache mit dem Advisory Council und dem Accounting Standards Advisory Forum auf die Agenda setzen bzw. diese anpassen.[307] Einzelne Themen werden häufig auch vom IFRS Interpretations Committee sowie vom Staff, wie etwa im Fall der regulatorischen Änderungen in Form der geplanten IBOR-Zinssatzreform,[308] oder von verschiedenen anderen Gremien der IFRS Foundation und anderen Interessengruppen an das IASB herangetragen.[309] Änderungen des Rahmenkonzepts führen nicht automatisch zu neuen Agendaprojekten; die Notwendigkeit von Standardanpassungen zur Beseitigung von Inkonsistenzen ist im Rahmen der Agendasetzung mit anderen Standardsetzungsprioritäten abzuwägen.[310] Nach welchem Maßstab das IASB eine Priorisierung vornimmt, ist im Einzelfall jedoch nur begrenzt nachvollziehbar. So wurde z. B. die auf Rahmenkonzeptebene geänderte Vermögensgegenstands- und Schuldendefinition nicht in IAS 37 und IAS 38 *Immaterielle Vermögenswerte* übernommen,[311] hingegen ein Projekt zur Aufnahme einer Ausnahmeregelung für IFRS 3 *Unternehmenszusammenschlüsse* zur Verpflichtungsidentifizierung bei Unternehmenszusammenschlüssen auf die Agenda gesetzt[312]. Zwar gewährleistet dieses Vorgehen eine ressourcenorientierte Themenfestlegung, es führt jedoch im Einzelfall – wie etwa der fehlenden

---

[304] Vgl. Sutton (1984), S. 89; indes zur Wahrnehmung der Agendasetzung durch Unternehmen als ineffektive Phase Georgiou (2004), S. 226–228.

[305] Vgl. Allen (2018), S. 21–24.

[306] Vgl. Pelger/Spieß (2016), S. 83; Birt u. a. (2016), S. 270 f.; Howieson (2009), S. 580.

[307] Vgl. Due Process Handbook, Rz. 4.3–4.7.

[308] Vgl. Technical Staff (2018a), Agenda Paper 19, Rz. 16–20.

[309] Vgl. Due Process Handbook, Rz. 4.10.

[310] Vgl. Due Process Handbook, Rz. 4.23.

[311] Vgl. IASB (2018a), S. 17.

[312] Vgl. Technical Staff (2018b), Agenda Paper 10, Rz. 5–7.

Angleichung von Einzelstandards und Rahmenkonzept trotz der Bestrebung einer auf dem Rahmenkonzept basierenden konsistenten Standardsetzung – zu konzeptionellen Widersprüchen.

2.2.2.1.1.2 Forschungsphase und Standardsetzung

Die Standardsetzungsaktivitäten des IASB sind in die drei Projektphasen der Forschung, der Standardsetzung sowie der Instandhaltung und Implementierung unterteilt: Im Rahmen von Forschungsprojekten werden einzelne Problemfelder untersucht, woraufhin über die Aufnahme eines Standardsetzungsprojekts zur Entwicklung neuer oder wesentlichen Änderung bestehender Standards entschieden oder ein Projekt für kleinere Anpassungen implementierter Standards aufgenommen wird.[313] Die Forschungsphase dient zunächst der Identifizierung von Problemen und Mängeln bestehender Regelungen sowie der Beurteilung möglicher Verbesserungen und soll zudem allgemeinere Entwicklungen in der Finanzberichterstattung thematisieren.[314] Die Ergebnisse und möglichen Lösungsansätze werden in einem Research Paper und/oder Discussion Paper zusammengefasst sowie Stellungnahmen eingeholt auf Basis derer das IASB unter Abwägung der Kosten und Nutzen über die Aufnahme eines Standardsetzungsprojekts entscheidet; der Nutzen ist dabei anhand bestehender Defizite in der Bilanzierung bestimmter Geschäftsvorfälle, der Relevanz für den Nutzer sowie dem Ausmaß betroffener Unternehmen und Jurisdiktionen zu beurteilen.[315] So wurde bspw. eine mögliche Anpassung von IAS 21 *Auswirkungen von Wechselkursänderungen* in Bezug auf langfristig monetäre Posten im Rahmen eines Forschungsprojekts untersucht, aufgrund der hohen Kosten einer Anpassung bei gleichzeitig geringem Nutzen jedoch kein Standardsetzungsprojekt eingeleitet.[316] Die Forschungsergebnisse zur Überarbeitung von IFRS 6 resultierten zwar 2010 in der Veröffentlichung eines Discussion Paper, das Standardsetzungsprojekt wurde indes aufgrund fehlender Dringlichkeit auf unbestimmte Zeit verschoben.[317]

Sofern die Entwicklung eines neuen oder wesentliche Änderung eines bestehenden Standards beschlossen wurde, erfolgt der Standardsetzungsprozess unter

---

[313] Vgl. Due Process Handbook, Rz. 4.8–4.19 i. V. m. 5.1.

[314] Vgl. Due Process Handbook, Rz. 4.8 f.

[315] Vgl. Due Process Handbook, Rz. 5.4.

[316] Vgl. Technical Staff (2014a), Agenda Paper 8A(a), Rz. 33–35; IASB (2014), S. 2.

[317] Vgl. Technical Staff (2016b), Agenda Paper 24D, Rz. 35 f.; Technical Staff (2020), Agenda Paper 19, Rz. 3–12.

Veröffentlichung eines Exposure Drafts, der ausgehend von den Rechercheergebnissen und den Stellungnahmen zum Discussion Paper sowie den Vorschlägen aus den Konsultationen mit unterschiedlichen Gremien und Interessengruppen neben den Regelungsvorschlägen eine Begründung für den jeweiligen Standardentwurf beinhaltet und mithilfe derer das IASB die Öffentlichkeit zur Kommentierung auffordert.[318] Vor dem Hintergrund der eingegangenen Stellungnahmen und sonstiger Konsultationen sowie möglicher Feldstudien und öffentlicher Anhörungen wird der finale Standard formuliert.[319] Aufgrund veränderter Prioritäten und anderer Standardsetzungsprojekte sowie etwaiger nicht zu vereinbarender Differenzen zwischen den am Standardsetzungsprozess Beteiligten kann die Finalisierung eines Standards jedoch verschoben oder sogar abgebrochen werden. So wurde z. B. die Überarbeitung von IAS 37 trotz veröffentlichter Exposure Drafts bis zur Fertigstellung des Rahmenkonzepts ausgesetzt,[320] in diesem Fall jedoch nach mehrjähriger Unterbrechung als Forschungsprojekt wieder aufgenommen.[321] Sofern am Exposure Draft noch wesentliche Änderungen vorgenommen werden müssen, die vorweg nicht adressiert wurden und folglich nicht kommentiert werden konnten, sind ein weiterer Standardentwurf zu veröffentlichen und Stellungnahmen einzuholen, bevor der Standard finalisiert werden kann.[322]

Der öffentliche Standardsetzungsprozess ist unter Legitimationsgesichtspunkten durchaus effektiv, jedoch besonders bei umfangreichen Standardsetzungsprojekten – verstärkt durch mögliche Prioritätenänderungen des IASB – häufig sehr langwierig und dadurch in seiner Effizienz begrenzt.[323] Der Projektumfang sowie die -komplexität wirken sich daher wesentlich auf die Dauer eines Standardsetzungsprozesses aus.[324] Besonders bei kontroversen Themen sowie umfangreichen Standardsetzungsprojekten mit weitreichenden bilanzierungspraktischen Auswirkungen wird der Ausgang eines Projekts von der Kompromissfähigkeit vorgeschlagener Lösungsansätze bestimmt. So verzögerte sich bspw. der Standardsetzungsprozess von IFRS 15 zu Beginn des Projekts aufgrund des

---

[318] Vgl. Due Process Handbook, Rz. 6.1–6.5.

[319] Vgl. Due Process Handbook, Rz. 6.19–6.24.

[320] Vgl. zum Einfluss und den Differenzen der am Standardsetzungsprozess Beteiligten Morley (2016), S. 226 f., 231–249.

[321] Vgl. IASB (2016a), S. 30; Technical Staff (2018c), Agenda Paper 22, Rz. 1 f., 7.

[322] Vgl. Due Process Handbook, Rz. 6.25–6.29.

[323] Vgl. Maier (2008), S. 79.

[324] Vgl. Gipper u. a. (2013), S. 528.

Dissens zwischen den Board-Mitgliedern im Hinblick auf den zu verwenden-den Bilanzierungsansatz.[325] Zudem erforderte die Finalisierung von IFRS 15 die Veröffentlichung eines Re-Exposure-Drafts, mit dem das IASB formal die in den Stellungnahmen zum Exposure Draft hervorgebrachte Kritik adressierte und vorgenommene Änderungen mit dem Erfordernis der einheitlichen Anwendung des Standards begründete, der faktisch jedoch praxisgerechte Zugeständnisse zugunsten kompromissfähiger Rechnungslegungsvorschriften beinhaltete.[326]

2.2.2.1.1.3 Instandhaltungs- und Implementierungsphase

Die Aufnahme von Nachbesserungsprojekten auf die Agenda zur Anpassung oder Klarstellung implementierter Standards erfolgt im Fall von Anwendungs-fragen, die vom IFRS Interpretations Committee und von anderen beratenden Gremien an das IASB weitergeleitet oder bei Post-Implementation-Reviews identifiziert werden, sowie im Rahmen von jährlichen Verbesserungen, die sprachliche Klarstellungen und kleinere Korrekturen umfassen.[327] Die vorge-schlagenen Änderungen werden in einem Exposure Draft veröffentlicht, der von der Öffentlichkeit kommentiert werden kann.[328] Standardklarstellungen die-nen der Konsistenz bestehender Standards; sie führen nicht zu neuen oder zur Änderung bestehender Regelungen, sondern nur zum Austausch uneindeu-tiger Formulierungen oder zur Ergänzung von Leitlinien.[329] So wurde bspw. in IFRS 3 im Zuge der jährlichen Verbesserung ein erläuternder Absatz zur Anwen-dung der Erwerbsmethode bei schrittweisen Unternehmenszusammenschlüssen ergänzt oder die Regelung in IAS 23 *Fremdkapitalkosten* zur Nichteinrech-nung bestimmter Fremdkapitalkosten umformuliert.[330] Mithilfe kleinerer Stan-dardänderungen werden zudem geringfügige Ungenauigkeiten innerhalb und Widersprüche zwischen Standards korrigiert,[331] wie etwa die Aufhebung des Ver-weises zur Verwendung des Vorsteuerzinssatzes in IAS 41 *Landwirtschaft* zur Vereinheitlichung der Fair-Value-Bewertung.[332]

---

[325] Vgl. Dick/Walton (2007), S. 14; Baudot (2018), S. 677–688.

[326] Vgl. Re-ED BC (2011), BC12–BC14; zu den praxisgerechten Änderungen am Beispiel des zeitraumbezogenen Kontrollübergangs bspw. Baetge/Celik (2014), S. 365–367.

[327] Vgl. Due Process Handbook, Rz. 5.13–5.19 und Rz. 6.10–6.15; zur Übersicht der Anpas-sungen in 2020 Große (2020a), S. 301–304; Große (2020b), S. 364 f.

[328] Vgl. Due Process Handbook, Rz. 6.1, 6.3, 6.10.

[329] Vgl. Due Process Handbook, Rz. 6.12.

[330] Vgl. IASB (2017), S. 7 f., 15 f.

[331] Vgl. Due Process Handbook, Rz. 6.13.

[332] Vgl. IASB (2020), S. 15–17.

Im Rahmen der Post-Implementation-Reviews überprüft das IASB die Anwendung neuer oder wesentlich veränderter Standards sowie Änderungen im Bereich der Rechnungslegung und regulatorischer Bedingungen.[333] Die implementierten Standards werden ca. zwei Jahre nach ihrer Einführung im Hinblick auf die Erfüllung des jeweiligen Standardsetzungsziels beurteilt, wobei Anwendungsprobleme oder unerwartete Kosten identifiziert und mögliche Nachbesserungen diskutiert werden.[334] Die Durchführung von Post-Implementation-Reviews bezweckt folglich nicht nur eine normative, sondern vielmehr auch praktikabilitätsorientierte Prüfung eines Standards.[335] Die Beurteilung basiert primär auf öffentlichen Konsultationen, wobei zusätzlich Jahresabschlussanalysen und Umfragen oder Interviews durchgeführt sowie anwendungsrelevante Forschungsbeiträge einbezogen werden können.[336] Ein Post-Implementation-Review kann unterschiedliche Konsequenzen haben.[337] So führte z. B. die Überprüfung von IFRS 13 *Bemessung des beizulegenden Zeitwerts* zu keiner Standardänderung oder -ergänzung,[338] hingegen bei IFRS 3 zu zwei Folgeprojekten, die nicht nur einzelne Klarstellungen und zusätzliche Anwendungsleitlinien in IFRS 3, sondern auch ein Forschungsprojekt zur Überarbeitung von IAS 36 *Wertminderung von Vermögenswerten* umfassten[339]. Während der Post-Implementation-Review einer uneinheitlichen Standardanwendung nach Standardveröffentlichung entgegenwirken soll, kann er gleichzeitig zu einer anwendungsorientierten Konkretisierung der Standards führen.

2.2.2.1.2 Standarderläuterung durch das IFRS Interpretations Committee

Die Implementierung und konsistente Anwendung der Standards wird neben dem IASB unterstützend vom IFRS Interpretations Committee sichergestellt.[340] Anwendungsprobleme können von Rechnungslegungsadressaten an das IFRS

---

[333] Vgl. Due Process Handbook, Rz. 6.48 f.

[334] Vgl. Due Process Handbook, Rz. 6.48–6.54.

[335] Vgl. Moldovan (2014), S. 114.

[336] Vgl. Due Process Handbook, Rz. 6.56 f.; zum Einbezug der Forschung Ewert/Wagenhofer (2012a), S. 281–284.

[337] Vgl. Due Process Handbook, Rz. 6.58.

[338] Vgl. IASB (2018b), S. 3.

[339] Vgl. IASB (2015), S. 5 f.; zum Überblick über die finalen Änderungen in IFRS 3 Meyer (2019), S. 1388–1390.

[340] Vgl. IFRS Constitution, Rz. 42.

Interpretations Committee herangetragen werden, das ergänzend zur Standardsetzung des IASB sog. IFRIC-Interpretationen entwickelt, Änderungsvorschläge an das IASB weiterleitet oder bestehende Regelungen im Rahmen von Agenda-Entscheidungen noch einmal erläutert.[341] IFRIC-Interpretationen sind als Bestandteil der IFRS-Standards vom IASB zu bestätigen und werden dem gleichen Standardsetzungsverfahren folgend unter Veröffentlichung zu kommentierender Standardentwürfe entwickelt.[342] Das IFRS Interpretations Committee bezweckt entsprechend der angestrebten prinzipienorientierten Standardsetzung keine detaillierten Regelungen in Form umfangreicher Standardanpassungen, sondern eine standarderläuternde Interpretation bestehender Vorschriften.[343] Die Entwicklung einer IFRIC-Interpretation erfolgt dabei nicht im Fall von Ermessensfragen, sondern nur bei übergeordneten Auslegungsproblemen.[344]

Für die Aufnahme eines Projekts auf die Agenda bedarf es eines Anliegens, das einen weiten Adressatenkreis betrifft und für das die anzuwendenden Regelungen keine hinreichende Basis für eine angemessene Bilanzierung liefern, wodurch unterschiedliche Anwendungspraktiken bestehen, das jedoch innerhalb der Standardgrenzen sowie mithilfe des Rahmenkonzepts gelöst werden kann und das unter Kostengesichtspunkten gerechtfertigt ist.[345] Bspw. wurde IAS 12 *Ertragsteuern* aufgrund wesentlicher Unterschiede in den Bilanzierungsansätzen zur Berücksichtigung von Ertragssteuerrisiken durch IFRIC 23 *Unsicherheit bezüglich der ertragssteuerrechtlichen Behandlung* ergänzt,[346] der die vorherigen Möglichkeiten der einzelfallspezifischen Ergebnissteuerung begrenzt.[347] Obwohl die angestrebte Prinzipienorientierung eine branchen- und transaktionsunabhängige Standardsetzung verlangen würde, sind einzelne IFRIC-Interpretationen als industriespezifische Erläuterungen zu charakterisieren.[348] So wurde z. B. die vor IFRS 15 bestehende Problematik der Standardanwendung zur Umsatzerfassung aus Werklieferungsverträgen anstatt durch eine für Mehrkomponentengeschäfte allgemeingültige Standardanpassung oder -ergänzung mithilfe des speziell für

---

[341] Vgl. Due Process Handbook, Rz. 5.15 f., 7.1, 8.2.

[342] Vgl. Due Process Handbook, Rz. 7.2–7.4.

[343] Vgl. Due Process Handbook, Rz. 5.13, 7.6.

[344] Vgl. Bradbury (2007), S. 117.

[345] Vgl. Due Process Handbook, Rz. 5.16.

[346] Vgl. IFRS Interpretations Committee (2014), Agenda Paper 5A.

[347] Vgl. Kovermann/Velte (2017), S. 408 f.

[348] Vgl. etwa IFRIC 1 *Änderungen bestehender Rückstellungen für Entsorgungs-, Wiederherstellungs- und ähnliche Verpflichtungen*, IFRIC 5 *Rechte auf Anteile an Fonds für Entsorgung, Rekultivierung und Umweltsanierung*, IFRIC 20; ferner zur Häufigkeit bestimmter Themen Bradbury (2007), S. 114 f.

die Errichtung von Immobilien geltenden IFRIC 15 *Verträge über die Errichtung von Immobilien* gelöst.[349] Obwohl die Erstellung von IFRIC-Interpretationen Anwendungsprobleme beseitigen soll, kann ihr Umfang und Detailgrad im Einzelfall bestehende Bilanzierungspraktiken ändern,[350] wie IFRIC 23, oder einzelne Auslegungsfragen nicht umfassen, wie IFRIC 15, weshalb weiterhin unterschiedliche Anwendungspraktiken möglich sind, die wiederum einen neuen Standardsetzungsprozess bedingen können.

Sofern das IFRS Interpretations Committee bei der Lösung von Anwendungsfragen im Rahmen der Standardauslegung keinen Konsens findet oder diese nur durch Änderungen des Standards adressiert werden können, sind die Anwendungsfragen an das IASB weiterzuleiten.[351] Dies kann sowohl einzelne Nachbesserungsprojekte, wie etwa die geringfügige Anpassung von IAS 16 *Sachanlagen* zur Berücksichtigung von Einnahmen vor der beabsichtigten Nutzung von Sachanlagen,[352] oder auch gänzlich neue Standardsetzungsprojekte bewirken, wie z. B. das bislang inaktive Forschungsprojekt zur Bilanzierung von Verbindlichkeiten aus variablen und bedingten Gegenleistungen[353]. In den meisten Fällen führen die an das IFRS Interpretations Committee herangetragenen Anfragen jedoch weder zu einer IFRIC-Interpretation noch zu einer Standardanpassung durch das IASB,[354] sondern zu sog. Agenda Decisions, in denen das IFRS Interpretations Committee seine Entscheidung zur Nichtaufnahme eines Standardsetzungsprojekts begründet.[355]

Die Veröffentlichung von Agenda-Entscheidungen erfolgt in der Regel bei Anwendungsfragen zur Auslegung – umfasst mitunter indes auch Ermessensfragen – komplexer Standards,[356] für die eine adäquate Bilanzierungslösung jedoch anhand bestehender Standards oder mithilfe des Rahmenkonzepts gefunden werden kann, weshalb die Agenda-Entscheidungen im Wesentlichen eine erklärende Funktion erfüllen.[357] So werden z. B. in den bislang zu IFRS 15 veröffentlichten Agenda-Entscheidungen Anwendungsfragen zur Umsatzerfassung

---

[349] Vgl. Brune (2016), § 9, Rz. 111–114.

[350] Vgl. Camfferman/Zeff (2015), S. 394 f.

[351] Vgl. Due Process Handbook, Rz. 5.18.

[352] Vgl. IFRS Interpretations Committee (2016), Agenda Paper 2; Technical Staff (2016c), Agenda Paper 12B, Rz. 1 f.

[353] Vgl. IFRS Interpretations Committee (2016), Agenda Paper 8; IASB (2016b), S. 3.

[354] Vgl. Bradbury (2007), S. 111 f.

[355] Vgl. Due Process Handbook, Rz. 5.19 i. V. m. 8.2 f.

[356] Vgl. Bradbury (2007), S. 114–117.

[357] Vgl. Due Process Handbook, Rz. 8.3.

aus Immobilienverträgen, zur Identifizierung bestimmter Leistungsverpflichtungen bei Wertpapiergeschäften sowie zur Erfassung der in Zusammenhang mit der Erstellung eines Guts anfallenden Kosten ausführlich anhand der Regelungen des IFRS 15 erläutert.[358] Agenda-Entscheidungen sind daher mit den einen IFRS-Standard ergänzenden Beispielen vergleichbar[359] und fördern die einheitliche Anwendung der Regelungsvorschriften[360]. Obwohl sie keine standardvergleichbare Verbindlichkeit besitzen, sollten sie jedoch im Rahmen der Standardanwendung Berücksichtigung finden und können demzufolge auch eine Änderung der Bilanzierungspraxis bei Unternehmen erfordern;[361] sie entfalten damit de facto eine standardkonkretisierende Wirkung.[362] Die Legitimationsfunktion des Due Process wird durch diese Verlagerung des Standardsetzungsprozesses gleichwohl unterminiert. So sind besonders mögliche Auswirkungen von Agenda-Entscheidungen auf einen standardimmanenten Ermessensspielraum vor dem Hintergrund, dass sich die Kompetenz des IFRS Interpretations Committee formal auf Auslegungs-, nicht jedoch Ermessensfragen erstreckt, fraglich.

Die Betrachtung der einzelnen Standardsetzungsphasen „veranschaulich[t], dass in der Standardsetzung zur internationalen Rechnungslegung nur der Wandel beständig bleibt."[363] Der Standardsetzungsprozess ist aufgrund des rekursiven Zusammenhangs zwischen Standardsetzung und Standardanwendung dabei durch eine stetige Kompromissfindung und damit Wertungsentscheidung zwischen Theorie und Praxis geprägt.[364] Die Partizipationsmöglichkeiten der am Standardsetzungsprozess Beteiligten sind daher im Folgenden als eine das Standardsetzungsergebnis erklärende Komponente zu betrachten.

---

[358] Vgl. IFRS Interpretations Committee (2018), Agenda Paper 2C, 2D, 2E; IFRS Interpretations Committee (2019a), Agenda Paper 3; IFRS Interpretations Committee (2019b), Agenda Paper 10.

[359] Vgl. Bradbury (2007), S. 120.

[360] Vgl. Due Process Handbook, Rz. 8.3.

[361] Vgl. Due Process Handbook, Rz. 8.4–8.6.

[362] Vgl. Camfferman/Zeff (2015), S. 394 f.; zur Bestätigung der Relevanz durch Bezugnahme der ESMA-Prüfungsschwerpunkte ESMA (2018), S. 2–5.

[363] Wüstemann (2014), S. 1.

[364] Vgl. Beresford (1988), S. 6 f.; Fogarty (1992), S. 337.

2.2.2.1.3 Kommunikations- und Feedbackwege während des Standardsetzungsprozesses

2.2.2.1.3.1 Partizipationsmöglichkeiten für Interessengruppen

2.2.2.1.3.1.1 Anwendungsorientierte Empfehlungen durch Mitarbeit in Beratungsgruppen

Die Kommunikation zwischen dem IASB und den Interessengruppen kann auf direkte oder indirekte Weise in unterschiedlichen Phasen des Standardsetzungsprozesses erfolgen, wobei Interessengruppen unterschiedliche Möglichkeiten zu verschiedenen Zeitpunkten auf Basis ihrer individuellen Kosten-Nutzen-Abwägung wahrnehmen können.[365] Besonders Unternehmen als Jahresabschlussersteller und Anwender der Rechnungslegungsvorschriften haben im Fall negativer ökonomischer Konsequenzen eines Standardentwurfs aufgrund ihres positiven Kosten-Nutzen-Verhältnisses einen hohen Anreiz, sich am Standardsetzungsprozess zu beteiligen.[366] Während Stellungnahmen, öffentliche Anhörungen und Gesprächsrunden oder die Teilnahme an Feldstudien, informellen Treffen sowie Beratungsgremien eine direkte Einflussnahme ermöglichen, kann durch Kommentierungen in den Medien, Anfragen an die EU, die European Financial Reporting Advisory Group (EFRAG), nationale Standardsetzer sowie Unternehmens- und Wirtschaftsverbände oder die Förderung von Forschungsarbeiten über Dritte indirekt Einfluss genommen werden.[367] Einzelne Partizipationsmöglichkeiten sind als (quasi) verpflichtende Verfahrensanforderungen vom IASB bzw. der IFRS Foundation vorgegeben;[368] sie bilden die Voraussetzung für eine Kompromissfindung, indem mögliche Kritikpunkte eines Standards durch den Einbezug der Interessengruppen – oder zumindest den Verweis hierauf – adressiert werden können.[369]

Ein gezielter Dialog wird bei umfangreichen Standardsetzungsprojekten normalerweise durch die Schaffung spezieller Beratungsgruppen angestrebt, die für die Beurteilung der Anwendbarkeit von Standards zusätzliche praktische Erfahrungen und Fachwissen einbringen.[370] Die Zusammensetzung derartiger Expertengruppen richtet sich in Abhängigkeit des jeweiligen Standards nach den

---

[365] Vgl. Sutton (1984), S. 89–92.

[366] Vgl. Sutton (1984), S. 85 f.; Francis (1987), S. 38–54.

[367] Vgl. Georgiou (2004), S. 222; Georgiou (2010), S. 106.

[368] Vgl. Due Process Handbook, Rz. 3.59.

[369] Vgl. Fogarty (1994), S. 220 f.

[370] Vgl. Due Process Handbook, Rz. 3.44 f.; Maier (2008), S. 209.

benötigten, themenrelevanten Fachkenntnissen und kann sich während eines Standardsetzungsprojekts entsprechend ändern.[371] Die IFRS Foundation kann auch projektunabhängig einzelne adressatenspezifische Beratungsgremien, bspw. aus Investoren oder Jahresabschlusserstellern, gründen, die bei regelmäßigen Treffen Hinweise sowie Empfehlungen zu verschiedenen Themen erarbeiten.[372] Durch dieses „network of organizations surrounding the IASB"[373] können interessengruppenspezifische Empfehlungen zu einem Standardsetzungsprojekt bereits während der Standardentwicklung einfließen. So setzt sich das Capital Markets Advisory Committee aus Analysten zusammen, um nutzerorientierte Einschätzungen zu liefern, das Global Preparers Forum hingegen aus Unternehmensvertretern, um bilanzierungspraktische Rückmeldungen zu geben.[374] Durch die Teilnahme an beratenden Gremien können Interessengruppen anwendungsorientierte Empfehlungen aussprechen, die vom IASB im Rahmen der Standardsetzung berücksichtigt werden und das Standardsetzungsergebnis beeinflussen können.[375]

Im Unterschied zu Post-Implementation-Reviews, die erst nach erfolgter Standardanwendung und damit auf Basis einer vorläufig herausgebildeten Bilanzierungspraxis vom IASB durchgeführt werden, können potenzielle Implementierungsfragen bei neueren Standardsetzungsprojekten von Interessengruppen zudem bereits unmittelbar nach Standardveröffentlichung an sog. Transition Resource Groups (TRG) herangetragen werden[376]. Die TRG setzen sich standardspezifisch aus Unternehmensvertretern und Vertretern von Wirtschaftsprüfungsgesellschaften zusammen, die die in den Stellungnahmen aufgeworfenen Anwendungsprobleme diskutieren.[377] Während bei IFRS 9 Anwendungsfragen durch die bestehenden Regelungen erläutert wurden, veranlassten die Ergebnisse der TRG-Treffen zu IFRS 15[378] und IFRS 17[379] das IASB zu einer Standardklarstellung im Rahmen einer nachgelagerten Standardentwurfs- und Konsultationsphase.

---

[371] Vgl. Due Process Handbook, Rz. 3.60.

[372] Vgl. Due Process Handbook, Rz. 3.61.

[373] Camfferman/Zeff (2018), S. 304.

[374] Vgl. Technical Staff (2018d), Agenda Paper 1D, Rz. 17, 22; The Capital Markets Advisory Committee (2019), S. 1; Global Preparers Forum (2017), Part A.

[375] Vgl. etwa zur Berücksichtigung erlangter Erkenntnisse insgesamt Technical Staff (2019a), Agenda Paper 1A sowie Technical Staff (2019b), Agenda Paper AP1B; zur Wahrnehmung von Unternehmen, dass die Teilnahme an Beratungsgremien effektiv ist, Georgiou (2010), S. 110.

[376] Vgl. Technical Staff (2018d), Agenda Paper 1D, Rz. 51–54, 62–68.

[377] Vgl. etwa Technical Staff (2018d), Agenda Paper 1D, Rz. 51.

[378] Vgl. ED Clarifications (2015), Introduction.

[379] Vgl. IASB (2019), Rz. BC4–BC8.

Obwohl die TRG formal keine Standardsetzungskompetenz besitzen, können die veröffentlichten und ausführlich diskutierten TRG-Agenda-Paper indes nicht nur im Rahmen der Erkenntniserlangung des IASB in die Standardsetzung einfließen, sondern auch – insbesondere bei vom IASB nicht aufgegriffenen Themen – faktisch bei der Standardanwendung Berücksichtigung finden.[380]

2.2.2.1.3.1.2 Implementierungsorientierte Rückmeldungen durch Teilnahme an Feldstudien

Neben der Einflussnahme als Mitglied einer Beratungsgruppe können Interessengruppen dem IASB durch die Teilnahme an Feldstudien anwendungsrelevantes Feedback geben.[381] Im Rahmen persönlicher Einzeltreffen oder Interviews sowie Workshops und Fallstudien mit verschiedenen Interessengruppen sollen das Verständnis sowie die möglichen Auswirkungen neuer Regelungsvorschriften untersucht und Erkenntnisse über ihre Anwendbarkeit, besonders auch in Bezug auf bestimmte Branchenpraktiken erlangt werden.[382] Die Durchführung von Feldstudien dient dabei nicht der Kommunikation persönlicher Auffassungen zu den vorgeschlagenen Standardentwürfen, sondern der Überprüfung der Umsetzbarkeit der Regelungsvorschläge im Sinne eines Implementierungstests[383] oder der Identifizierung unterschiedlicher Bilanzierungspraktiken[384], und soll folglich die Praktikabilität der Regelungsvorschriften sicherstellen[385]. So wurde bspw. bei der Entwicklung des Rahmenkonzepts aufgrund der vom IASB erachteten geringen Anwendungsrelevanz auf einen Feldtest verzichtet.[386] Trotz kontroverser Anwendungsprobleme, wie etwa im Fall des Rahmenkonzeptprojekts,[387] folgt die Entscheidung zur Durchführung eines Feldtests demnach einer Kosten-Nutzen-Abwägung[388]. Obwohl das IASB bei einzelnen Standardsetzungsprojekten, wie bspw. bei IFRS 17, mehrere Feldstudien vornimmt,[389] werden

---

[380] Vgl. etwa Technical Staff (2018d), Agenda Paper 1D, Rz. 63, 68.

[381] Vgl. Due Process Handbook, Rz. 3.70.

[382] Vgl. Due Process Handbook, Rz. 3.71 f.

[383] Vgl. etwa IASB (2007), Rz. 17 f.; IASB (2009), S. 2 f.

[384] Vgl. Effects Analysis Consultative Group (2014), S. 45.

[385] Vgl. IFRS Constitution, Rz. 36 (k).

[386] Vgl. Technical Staff (2014b), Agenda Paper 10 H, Rz. 38.

[387] Vgl. zur Kritik der Stellungnehmer Erb/Pelger (2015a), S. 28–32.

[388] Vgl. Maier (2008), S. 210 f.

[389] Vgl. IFRS 17.BC6 (b).

sie bei vielen Projekten aufgrund des relativ hohen Kosten- und Ressourceneinsatzes häufig von der Eigeninitiative der Interessengruppen angetrieben[390] und indessen von der EFRAG durchgeführt, wie bspw. bei IFRS 9 und IFRS 15[391]. Die im Rahmen von Feldstudien erlangten Erkenntnisse sind zusammen mit den erhaltenen Stellungnahmen vom IASB bei der Standardentwicklung zu berücksichtigen[392] und können eine Anpassung der Regelungsvorschläge oder Ergänzung von Anwendungsleitlinien begründen[393]. Sie liefern folglich – insbesondere für Unternehmen – eine wichtige Basis für eine praxisorientierte Einflussnahme.

2.2.2.1.3.1.3 Individuelle Standardbeurteilung durch Stellungnahmen

Unter den Partizipationsmöglichkeiten kommt den Stellungnahmen als verpflichtender Verfahrensbestandteil eine entscheidende Bedeutung zu, da durch sie individuelle Ansichten und Vorschläge zu einem Standardsetzungsprojekt an das IASB adressiert werden können.[394] Durch Stellungnahmen kann sowohl die Zustimmung als auch die Ablehnung eines Regelungsvorschlags zum Ausdruck gebracht werden.[395] Während der Anreiz zur Kommentierung bei Interessengruppen, die nicht von einem Standardentwurf betroffen sind oder diesem (gänzlich) zustimmen, eher gering ist, ist besonders bei ablehnenden Positionen eine verstärkte Teilnahme zu erwarten.[396] Bei Standardentwürfen, die bspw. von der bestehenden Bilanzierungspraxis abweichen, ist demzufolge mit einem erhöhten Widerstand zu rechnen.[397] Als Grundlage der Stellungnahmen dient der jeweilige Standardentwurf; die Antworten sind jedoch frei gestaltbar, weshalb die Stellungnehmer nicht auf die Wahl vorgegebener Lösungsansätze beschränkt sind, sondern alternative Regelungsvorschriften oder Anpassungen vorschlagen können.[398] Die Standardbeurteilung erfolgt innerhalb der Grenzen des Vorverständnisses bestehender Regelungen[399] sowie etablierter Rechnungslegungspraktiken und wird insbesondere im Fall der Ablehnung einzelner Regelungsvorschläge regelmäßig

---

[390] Vgl. Maier (2008), S. 210 f.

[391] Vgl. etwa EFRAG (2014), S. 2.

[392] Vgl. Due Process Handbook, Rz. 3.74.

[393] Vgl. etwa Technical Staff (2012b), Agenda Paper 16E, S. 12–18.

[394] Vgl. Due Process Handbook, Rz. 3.67.

[395] Vgl. Francis (1987), S. 37 f.

[396] Vgl. Schalow (1995), S. 30, 36; Durocher u. a. (2007), S. 31.

[397] Vgl. Elbannan/McKinley (2006), S. 601 f.

[398] Vgl. Sutton (1984), S. 84; Tietz-Weber (2006), S. 56.

[399] Vgl. Young (1996), S. 491.

durch eine – zum Teil eigennutzorientierte – Begründung der jeweiligen Position in Form ökonomischer und/oder konzeptioneller Argumente gestützt[400]. Die Überzeugungskraft einer Stellungnahme wird nicht nur durch die Wahl der Argumente, sondern auch durch die Verwendung rhetorischer Mittel bedingt, da bspw. mithilfe von Analogien und Metaphern Sachverhalte und Positionen anschaulich, mithin greifbarer, vermittelt werden können.[401]

Die Stellungnahmen sind vom IASB im Standardsetzungsprozess zu berücksichtigen, wobei ihr Einfluss von den vorgebrachten Erklärungen und Nachweisen abhängt.[402] Eine Analyse der Stellungnehmer und ihrer Herkunft sowie interessengruppenspezifischer Auffassungen können dem IASB zudem Hinweise für die Durchführung weiterer standardsetzungsrelevanter Maßnahmen liefern.[403] Die Berücksichtigung von Stellungnahmen erhöht dabei nicht nur die Akzeptanz und folglich die Legitimation des IASB, sondern wirkt sich auch auf den Inhalt und damit die Qualität finaler Standards aus.[404] Im Gegensatz zur Teilnahme durch Beratungsgruppen und Feldstudien, in denen das IASB durch anwendungsrelevante Hinweise in erster Linie zusätzliche Erkenntnisse erlangt, entspricht die Teilnahme durch Stellungnahmen dem primären Aushandlungsprozess der Standards, da die unterschiedlichen Positionen und ihre Erwiderungen in die zu erarbeitenden Rechnungslegungsvorschriften einfließen[405].

Die im Fall des Dissens zwischen den Ansichten der Interessengruppen sowie der Zielsetzung des IASB notwendige Kompromissfindung erfordert dabei eine Abwägung der „conceptual purity and practical considerations".[406] Inwieweit die in den Stellungnahmen hervorgebrachten Positionen und verwendeten Argumente in diesen „judgemental process"[407] einfließen, ist im Einzelfall unterschiedlich. So wurde bspw. beim Rahmenkonzeptprojekt mit dem Austausch der Anforderung der Verlässlichkeit durch die Anforderung der glaubwürdigen Darstellung entgegen den in den Stellungnahmen adressierten Bedenken

---

[400] Vgl. Tutticci u. a. (1994), S. 94–98; Jupe (2000), S. 346–354; Giner/Arce (2012), S. 670–674.

[401] Vgl. Cornelissen u. a. (2011), S. 1705 f.; Stenka (2013), S. 7 f.; Okamoto (2017), S. 136.

[402] Vgl. Due Process Handbook, Rz. 3.69; zum Einfluss der Qualität der Informationen Hansen (2011), S. 73.

[403] Vgl. Due Process Handbook, Rz. 3.69.

[404] Vgl. Durocher/Fortin (2011), S. 29; Larson/Herz (2013), S. 103; kritisch zum Einfluss von Stellungnahmen auf die inhaltliche Ausgestaltung von Standards Botzem (2010), S. 143–147.

[405] Vgl. Hussein/Ketz (1991), S. 76; Fogarty (1992), S. 337.

[406] Vgl. Beresford (1988), S. 5–7 (auch Zitat, S. 6).

[407] Beresford (1988), S. 5; vgl. auch Teixeira (2014), S. 5.

die konzeptionelle Stärkung der Entscheidungsnützlichkeit verfolgt.[408] Während einzelne Regelungen des IFRS 15 – bspw. die Abkehr von dem anfänglich verfolgten Fair-Value-Ansatz[409] oder der bilanztheoretisch konsequenten Umsetzung des Kontroll-Kriteriums[410] – hingegen von einem Zugeständnis zugunsten praktischer Erwägungen gekennzeichnet sind, verfolgte das IASB bei der Ausgestaltung der Regelungen zur Aufteilung von Leistungsverpflichtungen und des Transaktionspreises anstatt einer praktikablen Ausnahme – etwa in Form der Contingent Revenue Cash-Cap[411] – wiederum eine konzeptionell stringente Lösung. Die Abwägung zwischen konzeptionellen und praktischen Überlegungen verläuft nicht zuletzt in den konfligierenden Grenzen eines politischen und technischen Entscheidungsprozesses[412], der je nach Standardsetzungsprojekt durch unterschiedliche Faktoren, bspw. auch dem Einfluss des Staff oder der Board-Zusammensetzung,[413] bedingt wird. Vor diesem Hintergrund sind die vom IASB zu einem Standardsetzungsprojekt durchgeführten Effektanalysen sowie die Begründungen in den einen Standard ergänzenden Basis for Conclusions wesentlich für die diskursive Auseinandersetzung im Standardsetzungsprozess und folglich der Legitimation entwickelter Standards.

2.2.2.1.3.2 Rechtfertigung entwickelter Rechnungslegungsvorschriften durch Kosten-Nutzen-Verhältnis berücksichtigende Effektanalysen

Das IASB führt im Rahmen jedes Standardsetzungsverfahrens Effektanalysen durch, die der Einschätzung der Kosteneffizienz von Regelungsvorschlägen dienen.[414] Dabei hat das IASB in den einzelnen Standardsetzungsphasen zu beurteilen, wie sich die Jahresabschlüsse aufgrund neuer bzw. überarbeiteter Vorschriften möglicherweise ändern, ob diese Veränderungen die Qualität der Jahresabschlüsse erhöhen und ob die Änderungen gerechtfertigt sind, sowie seine Ansichten zu begründen.[415] Gleichzeitig ermöglichen Effektanalysen dem IASB

---

[408] Vgl. Erb/Pelger (2015a), S. 26–34.

[409] Vgl. Wüstemann/Kierzek (2005b), S. 430–432; Hommel u. a. (2009), S. 377; Schipper u. a. (2009), S. 61 f.

[410] Vgl. Wüstemann/Wüstemann (2014), S. 933 f.; Wagenhofer (2014), S. 367 f.

[411] Vgl. Wüstemann (2018), S. 10 f.

[412] Vgl. Young (2014), S. 718–743.

[413] Vgl. Morley (2016), S. 231–249; Pelger (2016), S. 55–69.

[414] Vgl. Due Process Handbook, Rz. 3.76 f.

[415] Vgl. Due Process Handbook, Rz. 3.76 i. V m. 3.79.

etwaigen nicht substantiierten Behauptungen von Interessengruppen entgegenzuwirken und diese begründet zu entkräften.[416] Die Umschreibung als Effektanalyse umfasst im Sinne eines breiten Kosten-Nutzen-Verständnisses die Berücksichtigung ökonomischer Konsequenzen.[417] Für die Analyse werden daher neben den erhaltenen Stellungnahmen die mit betroffenen Akteuren durchgeführten Feldstudien und Konsultationen einbezogen.[418]

Während die Ergebnisse der Effektanalysen bislang als Teil der einen Standard ergänzenden Basis for Conclusions veröffentlicht wurden, erfolgte mit IFRS 16 und IFRS 17 die separate Veröffentlichung der Ergebnisse.[419] Im Gegensatz zu der häufig komprimierten Auseinandersetzung mit den Auswirkungen neuer Standards innerhalb der Basis for Conclusions beinhalten die separat veröffentlichten Analysen eine detaillierte und ausführliche Beurteilung, die auch industriespezifische und quantitative Einschätzungen umfasst[420]. Die separate Veröffentlichung der Effektanalysen ist auf die Empfehlung der für die Stärkung und Entwicklung eines einheitlichen Vorgehens von Effektanalysen gegründeten Beratungsgruppe zurückzuführen[421] und dient durch die umfangreichere Informationsbereitstellung wiederum der Standardakzeptanz.

Die Ermittlung der Kosten und Nutzen bzw. die Bewertung der einzelnen Effekte sind trotz der Transparenzbestrebungen und des Einbezugs verschiedener Informationsquellen aufgrund der inhärenten Beurteilungsschwierigkeiten jedoch ermessensbehaftet und werden unvermeidlich durch die politisch motivierte Komponente des Entscheidungsprozesses bedingt.[422] Die effizienzbasierte Analyse entspricht insofern vielmehr einer konsensorientierten Abwägung.[423] Entsprechend der auf Rahmenkonzeptebene als Kostenrestriktion festgelegten Verfahrensanforderung[424] spiegelt die Effektanalyse mithin die vorgenommene Abwägung konzeptioneller Ansprüche in Form der qualitativen Anforderungen und praktischer Erwägungen in Form ökonomischer und sozialer Folgen

---

[416] Vgl. Teixeira (2014), S. 6 f.

[417] Vgl. Due Process Handbook, Rz. 3.80; ausführlich zu unterschiedlichen Effekten sowie einer differenzierten Würdigung Haller u. a. (2012), S. 115–120.

[418] Vgl. Due Process Handbook, Rz. 3.76; zum Nutzen und zur Forderung des expliziten Einbezugs akademischer Forschung Trombetta u. a. (2012), S. 138–143; Haller u. a. (2012), S. 122–124.

[419] Vgl. Due Process Handbook, Rz. 3.81.

[420] Vgl. etwa IASB (2016c), S. 16 f.

[421] Vgl. Effects Analysis Consultative Group (2014), S. 32.

[422] Vgl. Haller u. a. (2012), S. 124; Madsen (2013), S. 81–83.

[423] Vgl. Madsen (2013), S. 82 f., bezugnehmend auf McLeay u. a. (2000), S. 79.

[424] Vgl. zur Kostenrestriktion auf Rahmenkonzeptebene Abschnitt 2.1.2.2.2.3.

wider. Änderungen der bestehenden Bilanzierungspraxis können dabei konzep-
tionell mit dem Argument des überwiegenden Nutzens gerechtfertigt werden.[425]
So ist bspw. die Abschaffung der Contingent Revenue Cash-Cap trotz kostenintensiver Änderungen für einzelne Industrien mit dem mutmaßlich größeren
Nutzen aus der sachgerechten Abbildung der wirtschaftlichen Substanz der
Transaktionen begründbar.[426] Ein weniger kostenintensiver oder die bestehende
Bilanzierungspraxis erhaltender Regelungsvorschlag kann indes durch den Verweis auf die kosteneffizientere Lösung gerechtfertigt werden, wie z. B. die
zugunsten der erleichterten Anwendbarkeit vom einzelvertragsbasierten Ansatz
abweichende Portfolio-Option des IFRS 15.[427] Inwiefern eine Entscheidung
kosten- oder nutzenorientiert bzw. praxisgerecht oder konzeptionell gerechtfertigt wird, ist demnach subjektiv geprägt,[428] und kann zu einer Erhöhung
der Standardkomplexität führen, sofern ein Kompromiss z. B. durch (inkonsistente) Ausnahmeregelungen oder zusätzliche Anwendungsleitlinien geschaffen
wird[429]. Obwohl dies der angestrebten konsistenten Standardsetzung entgegensteht, sind derartige Kompromisse aufgrund des standardsetzungsimmanenten
Legitimationserfordernisses jedoch nicht unwahrscheinlich.

2.2.2.1.3.3 Rechtfertigung entwickelter Rechnungslegungsvorschriften in der Basis for Conclusions

Neben Effektanalysen, die Einblicke in die Gesamtbeurteilung eines Standards
vermitteln, legen die Begründungen zur Ausgestaltung einzelner Vorschriften auf
Ebene der jeweiligen regelungszugehörigen Erläuterung innerhalb der Basis for
Conclusions den einzelfallspezifischen Entscheidungsprozess offen. In den Basis
for Conclusions erläutert das IASB die im Standardsetzungsprozess getroffenen
Entscheidungen und reagiert auf die eingegangenen Stellungnahmen,[430] weshalb
sie als Erwägungsgründe gleichsam eine Rechtfertigungsgrundlage darstellen. Da
die Akzeptanz neuer bzw. überarbeiteter Standards wesentlich von der Fähigkeit
des IASB abhängt, die Adressaten von der Richtigkeit der entwickelten Rechnungslegungsvorschriften zu überzeugen,[431] erfüllen die Erläuterungen innerhalb
der Basis for Conclusions eine legitimierende Funktion. Das Rahmenkonzept

---

[425] Vgl. Fogarty (1994), S. 218.

[426] Vgl. Teixeira (2014), S. 7, bezugnehmend auf Brown (2013), S. 857.

[427] Vgl. IFRS 15.BC488; ebenso IFRS 16.BC43.

[428] Vgl. IFRS 15.BC455.

[429] Vgl. Herz (2006), S. 21.

[430] Vgl. Due Process Handbook, Rz. 3.82.

[431] Vgl. Young (1995), S. 173–175.

kann im „decision-making or reasoning process[.]" als Bezugspunkt bzw. Wür-
digungsmaßstab genutzt werden.[432] Die Entwicklung eines „guten Standards"
verlangt neben einer konzeptionellen Fundierung jedoch auch die Berücksichtigung ökonomischer Erwägungen, weshalb die Argumente der Realitätsabbildung
und der Entscheidungsnützlichkeit sowie der Konsistenz und Praktikabilität
miteinander verknüpft werden, um den Entscheidungsprozess überzeugend zu
kommunizieren und dadurch die Akzeptanz der Regelungsvorschriften zu erhöhen.[433] Die vom IASB genutzte Rhetorik, wie etwa die Verwendung von
Methapern in Form der Personifizierung von Standarddokumenten oder der metonymische Verweis auf das öffentliche Interesse oder die typisierten Nutzer,
dient dabei zur Überzeugung einer objektiv richtigen Lösung.[434] Durch die
Bezugnahme auf die eingegangenen Stellungnahmen können hierdurch nicht nur
die von Interessengruppen angebrachten Kritikpunkte vom IASB gezielt adressiert werden, sondern auch Widerstand sowie Änderungsforderungen seitens der
Stellungnehmer unterbunden werden.[435]

Sofern ein Board-Mitglied der Veröffentlichung eines Standardentwurfs oder
finalen Standards nicht zustimmt, sind die Gründe für die abweichende Meinung
ebenfalls in der Basis for Conclusions darzulegen.[436] Obwohl der Umstand, dass
nicht einzelnen Regelungen widersprochen werden kann, sondern nur eine Ablehnung des gesamten Standards bzw. Standardentwurfs möglich ist, eine relativ
hohe Hürde darstellt und der Veröffentlichung im Fall der mehrheitlichen Zustimmung nicht entgegensteht,[437] weist die fehlende Kompromissfähigkeit zwischen
den Board-Mitgliedern auf mögliche Defizite des Standards hin. So lehnte ein
Board-Mitglied bspw. die Veröffentlichung des Re-Exposure Drafts von IFRS 15
mit der Begründung der inkonsistenten Ausgestaltung der Regelungen – etwa in
Bezug auf die Konkretisierung des zeitraumbezogenen Kontrollübergangs – ab.[438]
Auch bei der Überarbeitung von IAS 39 *Finanzinstrumente: Ansatz und Bewertung* respektive der Entwicklung von IFRS 9 äußerten mehrere Board-Mitglieder
aufgrund der im Vergleich zum Status quo fehlenden Verbesserung sowie der

---

[432] Vgl. Young (1996), S. 489 f. (auch Zitat, S. 489).

[433] Vgl. Young (2003), S. 627–632 (auch Zitat, S. 627, Übersetzung der Verfasserin).

[434] Vgl. Young (2003), S. 626–629; Stenka (2013), S. 12–15.

[435] Vgl. Young (2003), S. 632–634.

[436] Vgl. Due Process Handbook, Rz. 3.83.

[437] Vgl. Due Process Handbook, Rz. 3.84–3.86.

[438] Vgl. Re-ED BC (2011), AV4–AV10.

Defizite in der Anwendbarkeit und der Entscheidungsnützlichkeit vorgeschlagener Regelungen ihre Ablehnung.[439]
Die fehlende Zustimmung einzelner Board-Mitglieder verdeutlicht die Schwierigkeiten der Kompromissbildung bereits auf Ebene des Standardsetzers. Der Entscheidungsprozess wird zudem durch die unterschiedlichen Meinungen der Interessengruppen, besonders wenn sie die eigene Position durch Verweis auf die abweichende Meinung eines Board-Mitglieds sowie die angeführten Argumente stützen, weiter erschwert. Die Entwicklung neuer oder wesentliche Überarbeitung bestehender Standards mit dem Ziel der Verbesserung der Rechnungslegung[440] ist aufgrund des häufig bestehenden Zielkonflikts zwischen einer konzeptionellen Neuausrichtung und einer praxisgerechten Fortentwicklung daher eher durch „evolution rather than revolution" gekennzeichnet.[441] Dieser graduelle Wandel[442] in der Standardsetzung wird wiederum durch das rekursive Verhältnis zur Standardanwendung bedingt.

2.2.2.2 Weiterentwicklung von Rechnungslegungsvorschriften im Rahmen der Standardanwendung

2.2.2.2.1 Normenhierarchie

Das System der IFRS besteht aus den vom IASB erlassenen Standards[443] sowie dem integralen Anhang in Form von Anwendungsleitlinien, der sog. Application Guidance, (IAS 8.9) und wird durch die standardzugehörigen, jedoch nicht verbindlichen Basis for Conclusions, Illustrative Examples und Practice Statements sowie dem Rahmenkonzept, das ebenfalls keinen IFRS-Standard darstellt, ergänzt.[444] Der unterschiedliche Verbindlichkeitsgrad lässt sich mit der angestrebten Prinzipienorientierung rechtfertigen, wird jedoch durch die praktische Anwendungsrelevanz der zusätzlichen Veröffentlichungen konterkariert. Innerhalb der EU ist die verpflichtende Anwendung der IFRS für kapitalmarktorientierte Unternehmen zur Erstellung konsolidierter Jahresabschlüsse an

---

[439] Vgl. IFRS 9.BC Dissenting Opinions, S. 340–354; grundlegend zur Analyse verwendeter Argumente bei der Standardablehnung Bradbury/Harrison (2015), S. 367–373; Bradbury/Harrison (2012), S. 8–14.

[440] Vgl. Due Process Handbook, Rz. 3.85.

[441] Vgl. Macve (1997), S. xxii f. (auch Zitat); ebenso Walton (2018), S. 197.

[442] Vgl. Young (1994), S. 84 f.

[443] Zu den IFRS gehören neben den IAS- und IFRS-Standards auch die SIC- und IFRIC-Interpretationen.

[444] Vgl. Wawrzinek/Lübbig (2016), § 2, Rz. 1; Driesch (2016a), § 1, Rz. 46.

die Übernahme der Standards in europäisches Recht gebunden.[445] Im Rahmen des Endorsement-Verfahrens[446] werden – dem Verbindlichkeitscharakter des IASB folgend – nur die einzelnen IFRS-Standards sowie die zugehörigen Anwendungsleitlinien geprüft und durch die EU verpflichtend normiert; sowohl die standardergänzenden Dokumente als auch (bislang) das Rahmenkonzept[447] sind nicht Bestandteil des Übernahmeverfahrens und erlangen somit keine Rechtsverbindlichkeit.[448] Aufgrund ihrer erläuternden Funktion entfalten sie als Erkenntnisquellen für Unternehmen bei der Standardanwendung, insbesondere bei Ermessensspielräumen, Auslegungsfragen und Regelungslücken, jedoch eine faktische Verbindlichkeit.[449] Neue IFRS-Standards, für die noch kein Endorsement erfolgte, können ebenfalls im Rahmen der Regelungslückenschließung Anwendung finden, sofern sie nicht mit bereits in EU-Recht übernommene Standards kollidieren.[450]

Das Konglomerat aus verbindlichen Rechnungslegungsstandards, deren Regelungsvorschriften möglichst prinzipienorientiert festgelegt werden, und unverbindlichen Zusatzdokumenten, die eher regelorientierte Einzelsachverhalte umfassen, verhindert weder Auslegungsspielräume noch Regelungslücken.[451] So sind die von Unternehmen abzubildenden Geschäftsvorfälle und Transaktionen häufig durch eine hohe Komplexität gekennzeichnet und werden durch verändertere Umweltzustände sowie neue Sachverhalte bedingt.[452] Während die in den IFRS gewährten Ermessensspielräume sowie die Vorschriften zur Schließung von Regelungslücken die Abbildung von Sachverhaltsänderungen in der Standardanwendung ermöglichen, erfordern neue Geschäftsmodelle aufgrund der mit der Zielsetzung der Informationsvermittlung angestrebten sachgerechten Abbildung der Vermögens-, Finanz- und Ertragslage gleichzeitig die Überarbeitung bzw. Entwicklung neuer Regelungen durch das IASB im Rahmen der Standardsetzung[453]. „Die Evolution eines Rechnungslegungsystems wird

---

[445] Vgl. IAS-Verordnung, Artikel 4.

[446] Vgl. zum Ablauf sowie historischer und aktueller Entwicklungen van Mourik/Walton (2018), S. 3–25.

[447] Vgl. zur Diskussion der Übernahme Merkt (2014), S. 497–499.

[448] Vgl. Jödicke (2008), S. 26–28; Wawrzinek/Lübbig (2016), § 2, Rz. 1 f.

[449] Vgl. Wawrzinek/Lübbig (2016), § 2, Rz. 2.

[450] Vgl. zur Diskussion unterschiedlicher Konstellationen Pellens u. a. (2007), S. 2504–2507; Hennrichs (2014), Rz. 60–64.

[451] Vgl. SEC (2003), Abschnitt I. D; van den Eynden (2010), S. 9 f.

[452] Vgl. Jödicke (2008), S. 7.

[453] Vgl. Young (1996), S. 492; van den Eynden (2010), S. 10.

[demzufolge] wesentlich durch den Umgang mit neuen Sachverhalten [...] determiniert."[454] Beispielhaft hierfür sind etwa auch die entwickelten Regelungen zur Bilanzierung von Mehrkomponentengeschäften in IFRS 15.[455]

2.2.2.2.2 Normauslegung und Ermessensausübung

Unternehmen haben als Abschlussersteller die zu bilanzierenden Sachverhalte durch Anwendung der entsprechenden IFRS-Regelungen abzubilden (IAS 8.7). Da vom IASB weder eine Normierung jeglicher Anwendungsfälle in Form von Einzelnormen angestrebt wird noch eine derartige Festlegung aufgrund der Vielseitigkeit und Innovation wirtschaftlicher Transaktionen abschließend möglich ist, verlangt die Standardanwendung regelmäßig die Bedeutungserschließung einer Norm mittels Auslegung.[456] Von der zur Sachverhaltsabbildung im Einzelfall erforderlichen Ermessensausübung sowie der Auslegung abstrakt oder vage formulierter Regelungen sind gezielte Sachverhaltsgestaltungen, die auf ein Umgehen von Regelungen abzielen, abzugrenzen.[457] Für die Normauslegung ist aufgrund der Übernahme der IFRS in europäisches Recht und der damit formal letztlich verbundenen Entscheidungskompetenz des EuGH bzw. nationaler Gerichte der in der juristischen Hermeneutik verwendete Auslegungskanon heranzuziehen.[458] Ausgehend vom Wortlaut der Regelung sollte der Entstehungsprozess und die systematische Einbettung der Vorschrift sowie insbesondere der Telos der Norm berücksichtigt werden.[459] Zwar sind das Rahmenkonzept, die Basis for Conclusions und die Illustrative Examples wie auch die im Rahmen des Standardsetzungsprozesses veröffentlichten, aber überworfenen Dokumente sowie die Agenda-Entscheidungen des IFRS Interpretations Committee als unverbindliche Standarddokumente kein verbindliches Gemeinschaftsrecht, sie stellen jedoch Erkenntnisquellen bei der Normauslegung dar.[460]

---

[454] Jödicke (2008), S. 7.

[455] Vgl. Wagenhofer (2014), S. 365; Teixeira (2014), S. 7.

[456] Vgl. Jödicke (2008), S. 17–23.

[457] Vgl. Tanski (2006), S. 31–36; zur Abgrenzung des Earnings Managements Healy/Wahlen (1999), S. 368 f.; Ewert/Wagenhofer (2012b), S. 1–3.

[458] Vgl. Schön (2004), S. 764–766; Hennrichs (2014), Rz. 65.

[459] Vgl. Nerlich (2007), S. 276–313; Hennrichs (2014), Rz. 66–72.

[460] Vgl. Küting/Ranker (2004), S. 2511; Hennrichs (2014), Rz. 70–75.

Unbestimmte Rechtsbegriffe sowie Vorschriften, die eine Schätzung oder Wahrscheinlichkeits- und Wesentlichkeitsbeurteilungen erfordern, sind im Rahmen der Standardanwendung von Unternehmen für den jeweiligen Bilanzierungssachverhalt zu konkretisieren (IAS 1.122 f.; IAS 8.10).[461] Während der in IAS 1 und IAS 8 grundlegende Verweis auf die Ermessensausübung des Managements auch eine subjektive Auslegung nahelegt,[462] ergibt sich aufgrund des Rechtsnormcharakters der IFRS aus den bisherigen Beschlüssen des Oberlandesgerichts (OLG) Frankfurt zur Überprüfung der IFRS-Anwendung im Rahmen von Enforcement-Verfahren für deutsche Unternehmen vielmehr die Notwendigkeit einer objektiven Auslegung[463]. Demnach wird die Fehlerhaftigkeit einer Auslegung des Unternehmens durch die Bundesanstalt für Finanzen (BaFin)[464] selbst bei Vertretbarkeit subjektiver Auslegungen der Unternehmen auf Basis der „objektiv richtige[n] Rechtslage" bestimmt.[465] Dieser objektive Fehlerbegriff „setzt eine im Widerspruch zu den objektiven Verhältnissen stehende unrichtige Darstellung voraus",[466] weshalb „bei der Ermittlung des Rechnungslegungsverstoßes zu prüfen ist, ob eine bestimmte Art und Weise der Bilanzierung noch mit den Vorgaben der IFRS in Einklang steht"[467]. Nicht die vom bilanzierenden Unternehmen vertretene Rechtsauffassung, sondern die von BaFin bzw. Gerichten ermittelte objektive Rechtslage ist für die Auslegung maßgeblich;[468] bei Ermessensfragen sollten hingegen weiterhin auch vertretbare Entscheidungen – sofern sachgerecht – nicht zur Beanstandung führen.[469] Da die durch das deutsche Rechtsverständnis geprägte Unterscheidung zwischen Normauslegung und Ermessensausübung in den IFRS nicht in dieser Eindeutigkeit besteht

---

[461] Vgl. Küting (2011), S. 2091–2093; zur Übersicht unbestimmter Regelungen in den IFRS Tanski (2006), S. 55–140; Scheffler (2006), S. 4–6.

[462] Vgl. Lüdenbach u. a. (2016), § 24, Rz. 39; Driesch (2016b), § 45, Rz. 41; Beyhs u. a. (2012), S. 656.

[463] Vgl. OLG (2016), Rz. 51–53; OLG (2019), Rz. 88–94.

[464] Vgl. grundlegend zum deutschen Enforcement-Modell Bockmann (2012), S. 145–183.

[465] Vgl. OLG (2019), Rz. 89–100 (auch Zitat, Rz. 94); OLG (2016), Rz. 51–53.

[466] Vgl. Lüdenbach u. a. (2016), § 24, Rz. 39 (auch Zitat).

[467] OLG (2019), Rz. 88.

[468] Vgl. OLG (2019), Rz. 100 f.; Böcking u. a. (2019), S. 2645.

[469] Vgl. bereits Scheffler (2006), S. 7; Küting u. a. (2007), S. 7; zum subjektiven und objektiven Fehlerbegriff im deutschen Bilanzrecht sowie zur Unterscheidung zwischen Auslegung und Ermessen Weber-Grellet (2013), S. 730–733; Schulze–Osterloh (2013), 1132 f.; zur Abgrenzung vertretbarer Auslegungen anhand unterschiedlicher Rechtsebenen Lüdenbach/Freiberg (2019a), S. 2309.

bzw. häufig fließend ist,[470] sollten Unternehmen bei der Konkretisierung unbestimmter Regelungsvorschriften auch veröffentlichte Fehlerfeststellungen sowie die ergangene Rechtsprechung berücksichtigen, ihre Übertragbarkeit auf die zu würdigenden Sachverhalte jedoch im Einzelfall überprüfen.

Beispielhaft kann die für die Vertragszusammenfassung gemäß IFRS 15.17 auszulegende Bedingung des „geringe[n] Zeitabstand[s]" zwischen dem Abschluss zweier oder mehrerer Verträge betrachtet werden.[471] Die Erwägungsgründe in der Basis for Conclusions deuten darauf hin, dass mit der Bedingung der Zeitnähe eine Restriktion übermäßiger Vertragszusammenfassungen bezweckt wurde, die Beurteilung mithin zunächst formal durch den zeitlichen Vertragsabschluss und nicht primär anhand wirtschaftlicher Abhängigkeiten zu bestimmen ist.[472] Gleichzeitig begründet das IASB jedoch, dass die Anforderung der zeitlichen Nähe der glaubwürdigen Darstellung der Unternehmensperformance dienen soll und als solche eine Ermessensausübung erfordert[473], weshalb sie anstatt einer strikten Begrenzung der wirtschaftlichen Betrachtungsweise vielmehr einen Entscheidungsrahmen vorgibt. Auch eine weite Auslegung[474] des Zeitraums innerhalb derer die Verträge geschlossen werden, scheint daher in Abhängigkeit von der rechtlichen Würdigung des jeweiligen Sachverhalts begründbar und im Einzelfall etwa für geschlossene Verlustverträge sowie Rahmenwerklieferungsverträge erforderlich.[475] Inwieweit derartige Regelungen als Auslegungsfragen im Rahmen eines Enforcement-Verfahrens überprüft werden und hierfür jeweils eine einzige objektiv richtige Auffassung auch sachverhaltsunabhängig festgestellt werden kann oder diese vielmehr als Ermessensentscheidungen einzustufen sind, ist daher fraglich.[476] Mit IAS 1 und IAS 8 scheint indes gerade durch das Erfordernis der Ermessensausübung im Rahmen der Standardanwendung ein flexibles und transaktionsunabhängiges Rechnungslegungssystem vom IASB

---

[470] Vgl. Lüdenbach/Freiberg (2019a), S. 2306 f.; Scheffler (2006), S. 2 f.; zur kritischen Diskussion des objektiven Fehlerbegriffs im Rahmen des Enforcements Hennrichs (2009), S. 1447 f.

[471] Vgl. Wüstemann u. a. (2017a), Rz. 36 f.

[472] Vgl. IFRS 15.BC75.

[473] Vgl. IFRS 15.BC75.

[474] Vgl. Lüdenbach u. a. (2016), § 25, Rz. 42.

[475] Vgl. Grote u. a. (2014), S. 409; Schurbohm-Ebneth/Viemann (2015a), S. 182; Konold/Müller (2015), S. 6; Wüstemann u. a. (2017b), S. 1196 f.

[476] Vgl. etwa IFRS 15.BC75, in dem das IASB klarstellt, „that an entity should apply judgement".

beabsichtigt, das auch eine – sofern nicht im Widerspruch zu geltenden Vorschriften – uneinheitliche, jedoch den Einzelfall berücksichtigende und insofern sachgerechte Konkretisierung einzelner Regelungen ermöglicht.[477]

2.2.2.2.3 Schließung von Regelungslücken

2.2.2.2.3.1 Analoge Anwendung ähnlicher Standards

Sofern ein Sachverhalt unter keiner bestehenden Regelung subsumiert werden kann, obliegt es dem Unternehmen eine geeignete Bilanzierungslösung zu entwickeln (IAS 8.10). Regelungslücken können entweder (un)bewusst vom Standardsetzer gesetzt werden, etwa weil für die Lösung eines bestimmten Bilanzierungsproblems kein Konsens erreicht wird, oder nachträglich aufgrund von technischen oder wirtschaftlichen Änderungen, wie bspw. durch die Einführung aktienorientierter Entlohnungsformen, entstehen.[478] Auch die Bilanzierung von Versicherungsverträgen war nicht nur bis zur Entwicklung von IFRS 4 *Versicherungsverträge* ein „regelungsfreie[r] Raum"[479], sondern wird bis zur Übernahme von IFRS 17 durch den Verweis auf die Anwendung nationaler Bilanzierungspraktiken bestimmt[480]. Versicherungsunternehmen haben anstelle der für die Schließung von Regelungslücken in IAS 8.10–12 festgelegten Vorgehensweise nationale Regelungsvorschriften anzuwenden (IFRS 4.13) und diese zu modifizieren, sofern eine Änderung die Relevanz oder Vergleichbarkeit erhöht (IFRS 4.22), mithin „[...] diese Regelungslücken durch ein von ihnen selbst zu entwickelndes Regelwerk zu schließen."[481] Ein derartiger Ausgestaltungsspielraum ermöglicht Unternehmen dabei von Normanwendern zu Normentwicklern zu werden.[482]

Im Regelfall hat das Management jedoch bei der Schließung von Regelungslücken die vom IASB vorgegebene Hierarchie an Erkenntnisquellen einzuhalten und eine Rechnungslegungsmethode anzuwenden, die eine relevante und verlässliche Informationsvermittlung gewährleistet (IAS 8.10 f.). Unternehmen haben dabei primär zu prüfen, ob durch die Anwendung ähnlicher und verwandter IFRS-Standards eine sachgerechte Bilanzierungslösung gefunden werden kann (IAS 8.11 (a)). Mit der analogen Anwendung vergleichbarer Standards wird zunächst

---

[477] Vgl. im Ergebnis ebenso Lüdenbach/Freiberg (2019a), S. 2309; Lüdenbach/Freiberg (2019b), S. 2648.

[478] Vgl. Jödicke (2008), S. 13–15, 111–116.

[479] Hommel (2003), S. 2114.

[480] Vgl. IFRS 17.IN4.

[481] Vgl. Bacher (2006), S. 127–129 (auch Zitat, S. 129).

[482] Vgl. zum „corporate norm-entrepreneurship" Wolf u. a. (2010), S. 19; Okamoto (2017), S. 134 f.

eine systemimmanente Lösung durch das IASB angestrebt,[483] wonach kodifizierte Regelungen auf Anwendungsfälle ausgedehnt werden, die den geregelten Fällen ähneln[484]. So sollte etwa die Einrechnung nicht abzugsfähiger Vorsteuerbeträge bei der Bewertung des Nutzungsrechts gemäß IFRS 16 aufgrund fehlender Definition des Anschaffungskostenbegriffs unter Zuhilfenahme der Regelungen des IAS 16 gelöst werden können.[485] Die durch Analogieschluss angewendeten Regelungen dürfen jedoch nicht mit einschlägigen Regelungsvorschriften in Konflikt stehen.[486] So scheiterte z. B. eine analoge Anwendung von IAS 11, IFRIC 4 *Feststellung, ob eine Vereinbarung ein Leasingverhältnis enthält*, IFRIC 13 *Kundenbindungsprogramme* und IFRIC 15 zur Schließung der vor Inkrafttreten von IFRS 15 bestehenden faktischen Regelungslücke in IAS 18[487] zur Bilanzierung von Mehrkomponentengeschäften aufgrund bestehender Widersprüche zu einzelnen Vorschriften des IAS 18.[488]

2.2.2.2.3.2 Anwendung des Rahmenkonzepts

Sofern ein Analogieschluss nicht möglich ist, sind Regelungslücken unter Zuhilfenahme der Definitions-, Ansatz- und Bewertungsvorschriften für Bilanz- und Ertragsposten des Rahmenkonzepts zu schließen (IAS 8.11 (b)). Obwohl dieser verbindliche Einbezug gemäß IAS 8 aufgrund des fehlenden Endorsements des Rahmenkonzepts eine „Legitimationslücke" darstellt,[489] hat der Verweis in materieller Hinsicht wenig Auswirkungen. So sind die Vorschriften des Rahmenkonzepts überwiegend „allgemeiner Natur und interpretationsbedürftig, folglich flexibel."[490] Die „abstrakten" Ertragsvereinnahmungskriterien des Rahmenkonzepts ermöglichten daher auch keine Lösung der vor IFRS 15 bestehenden Regelungslücke in IAS 18 zur Bilanzierung von Mehrkomponentengeschäften.[491] Durch die Abschaffung der noch im alten Rahmenkonzept bestehenden Ansatzkriterien des wahrscheinlichen Nutzenzuflusses sowie der verlässlichen

---

[483] Vgl. Ranker (2006), S. 73.

[484] Vgl. Ruhnke/Nerlich (2004), S. 393 f.; grundlegend zur analogen Rechtsanwendung Winnefeld (2015), Rz. 78.

[485] Vgl. Ebeling/Fröbel (2019), S. 157 f.; zu weiteren Beispielen Jödicke (2008), S. 58–62.

[486] Vgl. zu Analogieverboten Jödicke (2008), S. 62–64; zum Verhältnis von Analogieschluss und Ausnahmeregelungen Schild (2018), S. 1138 f.

[487] Vgl. Wüstemann/Kierzek (2007c), S. 903; Sessar (2007), S. 266–269.

[488] Vgl. Fürwentsches (2010), S. 58–62; Sessar (2007), S. 274–283.

[489] Vgl. Hoffmann/Detzen (2012), S. 54 f. (auch Zitat, S. 54).

[490] Vgl. Jödicke (2008), S. 72 (auch Zitat); Ranker (2006), S. 74.

[491] Vgl. Grau (2002), S. 59–63 (auch Zitat, S. 60); Wüstemann/Kierzek (2005a), S. 80 f.; Sessar (2007), S. 274.

Bewertbarkeit[492] wird die Konkretisierungsfunktion des Rahmenkonzepts weiter beschränkt. Auch die unterschiedlichen Bewertungsmaßstäbe eröffnen im Einzelfall eine Bandbreite möglicher Bilanzierungsalternativen.[493] Das Rahmenkonzept ist für die Deduktion einer einheitlichen Bilanzierungslösung im Rahmen der Lückenschließung folglich nur bedingt geeignet.[494]

2.2.2.2.3.3 Anwendung anderer Rechnungslegungsstandards und anerkannter Branchenpraktiken

Sofern weder die Regelungen ähnlicher Standards noch das Rahmenkonzept eine Bilanzierungslösung für Regelungslücken vorgeben, kann das Management gemäß IAS 8.12 die auf einem vergleichbaren konzeptionellen Rahmenkonzept basierenden Rechnungslegungsvorschriften anderer Standardsetzer sowie sonstige Verlautbarungen und anerkannte Branchenpraktiken anwenden, sofern sie nicht mit bestehenden IFRS-Vorschriften oder dem Rahmenkonzept des IASB in Konflikt stehen.[495] Der systemfremde Analogieschluss ermöglicht dabei eine Anwendung nationaler Rechnungslegungsstandards, wie etwa den US-GAAP oder der Vorschriften des Deutschen Rechnungslegungs Standards Committee (DRSC), als auch nicht rechtskräftiger Quellen, wie bspw. den Empfehlungen des Instituts der Wirtschaftsprüfer (IDW).[496] Während die US-GAAP aufgrund ihrer kapitalmarktorientierten Ausrichtung und dem zumindest in Teilen übereinstimmenden Rahmenkonzept vorwiegend geeignet erscheinen, sollte der analogen Anwendung des Handelsgesetzbuchs (HGB) bzw. der Grundsätze ordnungsgemäßer Buchführung (GoB) indes die im Vergleich zu den IFRS unterschiedliche Zwecksetzung und die damit einhergehende abweichende konzeptionelle Basis in den meisten Fällen entgegenstehen.[497] Obwohl diese „rechtsvergleichende Komponente" für die Schließung von Regelungslücken nicht verbindlich ist und in jedem Einzelfall geprüft werden muss, erlangt sie in der Bilanzierungspraxis eine faktische Anwendungsrelevanz.[498] So erfolgte bspw. die Umsatzerfassung

---

[492] Vgl. zu den Implikationen der überarbeiteten Definitions-, Ansatz- und Bewertungsvorschriften Erb/Pelger (2018a), S. 328–330.

[493] Vgl. Jödicke (2008), S. 70–72; Barker (2006), S. 173 f.

[494] Vgl. Ranker (2006), S. 73 f.; Jödicke (2008), S. 69–74; Najderek (2009), S. 119 f.; Schober (2020), S. 24–27.

[495] Vgl. zur Notwendigkeit der EU-rechtskonformen Lückenschließung anhand der Endorsement-Kriterien Najderek (2009), S. 120 f.

[496] Vgl. Wawrzinek/Lübbig (2016), § 2, Rz. 115.

[497] Vgl. zur kritischen Würdigung der Anwendbarkeit unterschiedlicher Standards Jödicke (2008), S. 75–85.

[498] Vgl. Nerlich (2007), S. 225 f. (auch Zitat, S. 226).

aus Mehrkomponentengeschäften vor IFRS 15 aufgrund des möglichen Rückgriffs auf die US-GAAP-Regelungen durch Anwendung des EITF 00-21 *Revenue Arrangements with Multiple Deliverables*.[499]

Neben vergleichbaren Rechnungslegungsstandards können auch anerkannte Branchenpraktiken zur Schließung von Regelungslücken angewendet werden (IAS 8.12). Dieser praktikabilitätsorientierte Verweis entspricht einer pragmatischen Anknüpfung, die konzeptionell nur mit einer Erhöhung der – wenn auch industriespezifischen – Vergleichbarkeit gerechtfertigt werden kann, und sollte vor allem branchenspezifische Regelungslücken, wie etwa in der Rohstoff- und Energie- oder der Versicherungsbranche, betreffen.[500] Unternehmen können in diesem Fall eine für die sachverhaltsspezifischen Besonderheiten der abzubildenden Geschäftsvorfälle sachgerechte Bilanzierungslösung entwickeln, die sich branchenweit ausdehnen kann. Inwieweit jedoch durch anerkannte – möglicherweise abweichende – Branchenpraktiken eine konsistente Bilanzierung erreicht wird, ist hingegen fraglich.[501]

Die Betrachtung der Standardanwendung zeigt, dass Unternehmen sowohl bei der Schließung von Regelungslücken als auch bei der Ermessensausübung in unterschiedlichem Ausmaß als „Normentwickler" agieren. Sofern ein Rechnungslegungsstandard überarbeitet oder ein neuer Standard entwickelt wird und dabei bestehende (praxisgerechte) Ermessensspielräume reduziert oder bislang existierende Regelungslücken geschlossen werden, für die sich jedoch eine Bilanzierungspraxis etabliert hat, ist daher mit einem erhöhten Widerstand bzw. einer Einflussnahme zugunsten der Beibehaltung oder der Übernahme der entwickelten Bilanzierungspraxis zu rechnen.[502] Gleichzeitig fördert das notwendige Legitimationserfordernis im Rahmen der Standardsetzung kompromissfähige Lösungen, die durch unbestimmte Rechtsbegriffe und Ermessensspielräume zur Anwendung auf eine Vielzahl unterschiedlicher Sachverhalte geeignet sind. Eine Konkretisierung im Rahmen der Anwendung ist vor diesem Hintergrund erforderlich. Die Standardanwendung stellt somit sowohl Antrieb als auch Hindernis für die Standardsetzung und folglich den Wandel eines Rechnungslegungssystems dar. Vor diesem Hintergrund werden im Folgenden die Standarddokumente zu IFRS 15

---

[499] Vgl. Wüstemann/Kierzek (2007c), S. 904 f.; Fürwentsches (2010), S. 69–75, 134–136.

[500] Vgl. Jödicke (2008), S. 85–87.

[501] Vgl. Jödicke (2008), S. 85–87.

[502] Vgl. ausführlich zu möglichen Gründen der Ablehnung Elbannan/McKinley (2006), S. 608–616; ferner Jorissen u. a. (2012), S. 712–714.

sowie die zugehörigen Stellungnahmen von Unternehmen zu relevanten Regelungen zur Bilanzierung von Mehrkomponentengeschäften mithilfe qualitativ-inhaltsanalytischer Verfahren untersucht, um Erkenntnisse darüber zu erlangen, wie Unternehmen als Standardanwender und das IASB als Standardsetzer auf die Entwicklung von Rechnungslegungsvorschriften einwirken.

Analyse des Standardsetzungsprozesses von IFRS 15 anhand von Unternehmensstellungnahmen und Standarddokumenten

3

3.1 Durchführung der Analyse

3.1.1 Fragestellungen

Für die Analyse des Einflusses von Unternehmen sowie dem IASB auf die Entwicklung von Rechnungslegungsvorschriften bedarf es einer Prozessbetrachtung, die Aufschluss über den Zusammenhang zwischen dem Entscheidungsprozess – in Form der Begründbarkeit verschiedener Bilanzierungsalternativen und ihrer Umsetzungsmöglichkeiten – sowie dem finalen Standardergebnis ermöglicht. Im Gegensatz zu anderen Forschungsbeiträgen werden hierzu nicht kausale Zusammenhänge der Interessenabwägung, sondern der Standardsetzungsprozess als diskursive Auseinandersetzung untersucht. Im Sinne des konstruktivistischen Forschungsansatzes wird die Standardsetzung daher als „wechselseitige[r] Konstitutionsprozess[.]" verstanden, in dem Regelungsvorschriften in ihrem Bedeutungsgehalt durch diskursive Akteure in einem diskursiven Kontext bestimmt werden.[1] Diese „exercise in sense-making"[2] geht mit der Rechtfertigung einer Regelung in einem argumentativen bzw. sprachlichen Kontext einher.[3] Die

---

[1] Vgl. Brand (2012), S. 217 (auch Zitat); zum Konstruktivismus in der Betriebswirtschaft Fülbier (2004), S. 269.

[2] Young (2003), S. 621.

[3] Vgl. Green (2004), S. 655.

Ergänzende Information Die elektronische Version dieses Kapitels enthält Zusatzmaterial, auf das über folgenden Link zugegriffen werden kann https://doi.org/10.1007/978-3-658-36129-7_3.

© Der/die Autor(en) 2022
A. Jendreck, *Die Rolle von Unternehmen im IFRS-Standardsetzungsprozess*, Rechnungswesen und Unternehmensüberwachung, https://doi.org/10.1007/978-3-658-36129-7_3

Rechtfertigung einer Regelungsvorschrift beruht auf dem (Vor-)Verständnis bzw. den allgemein verbreiteten Annahmen der am Prozess beteiligten Akteure, die zugleich genutzt werden, um die Überarbeitung bzw. Produktion neuer Regelungsvorschriften zu gestalten.[4] Die Beziehung zwischen dem IASB sowie den Unternehmen und der Standardsetzung wird daher als konstitutiv[5] betrachtet. Die von den Akteuren verfolgten Ziele und Interessen werden insofern als diskursiv konstituiert angesehen, als die Strukturen eines dominanten Diskurses die erfolgreiche Artikulation bestimmter Interessen ermöglichen.[6] Unter der Annahme der Konkurrenz verschiedener Bedeutungsalternativen ist es daher „von Interesse […] zu eruieren, welche Bedeutungsgehalte wirkmächtig (i.S. von »mehrheitsfähig«, »akzeptiert«, weitestgehend erfolgreich diskursiv etabliert […]) werden und welche konkurrierenden Bedeutungsgehalte durch diese Art der »Übereinkunft« tendenziell ausgegrenzt werden."[7] Stellungnahmen und Standarddokumente werden daher „als Einsatz bzw. Ergebnis von diskursiven Praktiken […] interpretiert"[8].

Zunächst werden die im Standardsetzungsprozess kommunizierten Möglichkeiten der Standardausrichtung als inhaltliche Zielrichtung[9] erfasst. Die im Rahmen der Standardsetzungsbestrebungen adressierten Bilanzierungsprobleme werden von den unterschiedlichen Auffassungen der am Prozess Beteiligten sowie der im Zuge des Prozesses als realisierbar erscheinenden Bilanzierungslösungen beeinflusst,[10] weshalb die inhaltliche Zielrichtung die Bilanzierungsalternativen sowie deren Umsetzungsmöglichkeiten umfasst. Mithilfe der Regelungen des IFRS 15 zur Vertragszusammenfassung, zur Identifizierung und Aufteilung von Leistungsverpflichtungen sowie zur Aufteilung des Transaktionspreises wird sich dabei der Frage des Wandels eines Rechnungslegungssystems genähert, um Einblicke über das rekursive Verhältnis zwischen Standardanwendung und Standardsetzung zu erlangen. Die Analyse soll hierbei den „discursive struggle"[11] zwischen einer an konzeptionellen Idealen ausgerichteten Regelungsausgestaltung, die durch wesentliche Veränderungen bzw. eine Neuausrichtung

---

[4] Vgl. Green (2004), S. 655 f.

[5] Vgl. zur Unterscheidung kausaler und konstitutiver Beziehungen Wendt (1998), S. 104–106.

[6] Vgl. Kurze (2018), S. 89–94.

[7] Vgl. Brand (2012), S. 218 (auch Zitat).

[8] Schneider/Janning (2006), S. 171.

[9] Vgl. zur Bezeichnung als inhaltliche Zielrichtung Tietz-Weber (2006), S. 107.

[10] Vgl. zur Problemdefinition in der Politikentwicklung Czada (1998), S. 58 f.

[11] Livesey (2001), S. 62; vgl. auch Higgins/Walker (2012), S. 196.

der Regelungsvorschriften gekennzeichnet ist, und einer an der praktischen Anwendbarkeit anknüpfenden Regelungsausgestaltung, die durch die Beibehaltung bzw. nur graduelle Veränderung bestehender Regelungen zu charakterisieren ist, offenlegen und dadurch Rückschlüsse auf das Standardsetzungsergebnis ermöglichen.[12] Der Standardsetzungsprozess des IFRS 15 zu den Regelungen der Vertragszusammenfassung sowie zur Aufteilung von Leistungsverpflichtungen und zur Aufteilung des Transaktionspreises stellt aufgrund seiner Konflikthaftigkeit[13] eine geeignete Untersuchungsbasis dar, da die Entwicklung der Regelungen konzeptionell von der Schließung der unter IAS 18 bestehenden Regelungslücke für Mehrkomponentengeschäfte bzw. der Reduzierung der nach US-GAAP bestehenden zahlreichen Einzelvorschriften angetrieben wurde,[14] gleichzeitig jedoch aufgrund der von Unternehmen etablierten Bilanzierungspraxis sowie der hohen Praxisrelevanz ein in der Praxis anwendbarer Lösungsansatz angestrebt wurde.

Der Standardsetzungsprozess dient unter dem Legitimationsgesichtspunkt der Kommunikation der Gültigkeit angebrachter Regelungsvorschläge, wobei die Überzeugungskraft von der Argumentation sowie anderen sprachlichen Aspekten, mithin von der Rhetorik, abhängt.[15] Durch die (strategische) Verwendung von Argumenten und rhetorischen Stilmitteln kann „[e]in bestimmtes Verständnis von Begriffen (und damit einhergehend eine bestimmte Auffassung über die und Ausgestaltung der [Regelungen])" etabliert werden.[16] Die Einflussnahme der am Standardsetzungsprozess Beteiligten wird dabei anhand des diskursiven Erfolgs beurteilt, der als „Definitionsmacht und Deutungsmacht in Form der erfolgreichen Etablierung und Interpretation bestimmten Vokabulars und damit: der Prägung von Bedeutungsgehalten"[17] verstanden wird. Im Gegensatz zu bestehenden Lobbying-Studien wird somit keine empirische Überprüfung eines kausalen Zusammenhangs zwischen vertretenen Positionen und etwaigen Änderungen der Regelungsvorschriften vorgenommen,[18] sondern der Entwicklungsprozess der Regelungen als diskursive Auseinandersetzung unter Berücksichtigung der Rolle von Rhetorik rekonstruiert.[19] Als Untersuchungsgegenstand dient insofern nicht

---

[12] Vgl. Young (2003), S. 631 f.

[13] Vgl. zur Voraussetzung der Konflikthaftigkeit Schwab-Trapp (2011), S. 285 f.

[14] Vgl. IFRS 15.IN4.

[15] Vgl. Fogarty (1994), S. 37 f.; Young (2003), S. 623 f.; Stenka (2013), S. 7 f.

[16] Vgl. zum Zusammenhang der Bedeutungsschaffung und des Sprachgebrauchs Baumann (2006), S. 78–84 (auch Zitat, S. 80).

[17] Brand (2012), S. 258, unter Zitierung von Baumann (2006), S. 81.

[18] Vgl. etwa Kwok/Sharp (2005), S. 82–93; Giner/Arce (2012), S. 665–680.

[19] Vgl. zur Abgrenzung zu bisherigen Studien Stenka/Jaworska (2019), S. 5.

nur die inhaltliche, sondern auch die rhetorische Dimension. Dies ermöglicht die Identifizierung von Handlungsfäden, sog. story-lines, die als Narrative Verbindungen zwischen beiden Ebenen herstellen, mithin verschiedene Dimensionen der diskursiven Auseinandersetzung verknüpfen.[20]

Für die Ermittlung der zur Rechtfertigung der Bilanzierungslösungen verwendeten Argumente wird sich ausgehend von der Annahme diskursiver Strukturen – und insoweit in Übereinstimmung mit der in Lobbying-Studien bestehenden Einteilung[21] – zunächst an ökonomischen und konzeptionellen Begründungen orientiert, um herauszufinden, inwieweit sich einzelne Argumente im jeweiligen Diskurs wiederfinden bzw. diesen dominieren und die einzelnen Regelungsvorschriften in den vorgebrachten Argumenten begründet liegen[22]. Da sich im Rahmen der Kriterienauseinandersetzung sowohl auf wirtschaftliche Konsequenzen als auch bilanztheoretische Annahmen bezogen werden kann, ermöglicht die systematische Erfassung der Argumente dabei Rückschlüsse auf das (Vor-) Verständnis der Bilanzierungsalternativen sowie Tendenzen der Kompromissbildung. Rhetorik umfasst neben der (rationalen) Argumentationsebene indes weitere Mittel der Überzeugung, die zur Diskursetablierung auf der Glaubwürdigkeit des Autors oder der emotionalen Identifizierung der Adressaten gründen.[23] Die Stellungnahmen und die Standardsetzungsdokumente werden daher auch auf andere rhetorische Strukturen sowie die verwendeten rhetorischen Stilmittel hin untersucht.[24]

Basierend auf der Forschungsfrage, wie Regelungsvorschriften durch das diskursive Standardsetzungsverfahren konstituiert werden, und dem konstruktivistischen Forschungsansatz erfolgt die Analyse nicht anhand überprüfbarer Hypothesen, sondern durch die Forschungsfrage konkretisierende Fragestellungen,[25]

---

[20] Vgl. Hajer (1995), S. 52–72.

[21] Vgl. Tutticci u. a. (1994), S. 94 f.; Jupe (2000), S. 346 f.; Stenka/Taylor (2010), S. 118; Giner/Arce (2012), S. 663; Wüstemann (2018), S. 15 f.

[22] Vgl. Yen u. a. (2007), S. 54; zur Verwendung bestimmter Argumente durch das FASB im Rahmen der Standardbegründung Young (2003), S. 628–632.

[23] Vgl. Higgins/Walker (2012), S. 197 f.

[24] Vgl. zur Berücksichtigung der Rhetorik beim Standardsetzungsprozess Young (2013), S. 878–881; Stenka (2013), S. 13–16; Stenka (2014), S. 16–22; Stenka/Jaworska (2019), S. 5–14.

[25] Vgl. zur Verwendung von Fragestellungen anstelle von Hypothesen Kwok/Sharp (2005), S. 78 f.; Auste (2011), S. 117–119, 133–135, 157 f.; Holder u. a. (2013), S. 138 f.

die sich auf die inhaltliche sowie rhetorische Dimension[26] des Standardsetzungsprozesses beziehen. Für die Analyse ergeben sich hieraus die folgenden zwei zentralen Fragestellungen:

Fragestellung 1:   Welche inhaltlichen Zielrichtungen haben sich bei der Entwicklung der Regelungsvorschriften zur Vertragszusammenfassung sowie zur Aufteilung von Leistungsverpflichtungen und zur Aufteilung des Transaktionspreises im Laufe des Standardsetzungsprozesses von IFRS 15 etabliert?

Fragestellung 2:   Welche rhetorischen Strategien haben sich bei der Entwicklung der Regelungsvorschriften zur Vertragszusammenfassung sowie zur Aufteilung von Leistungsverpflichtungen und zur Aufteilung des Transaktionspreises im Laufe des Standardsetzungsprozesses von IFRS 15 etabliert?

3.1.2 Untersuchungsgegenstand

3.1.2.1 Unternehmensstellungnahmen und Standardentwürfe als Datenbasis

Von der als Grundgesamtheit möglichen Datenbasis, zu der etwa auch Umfragen[27], Staff Paper[28] oder Audioaufzeichnungen[29] von Board-Meetings gehören können, wurden die von Unternehmen abgegebenen Stellungnahmen sowie die vom IASB veröffentlichten Standardentwürfe zu IFRS 15 und der finale Standard mit den jeweils zugehörigen Basis for Conclusions[30] für die Analyse verwendet. Dieser Fokus liegt in der Forschungsfrage begründet, da Stellungnahmen und Standardentwürfe den im Standardsetzungsverfahren institutionalisierten Diskurs abbilden. In den Stellungnahmen kommen zugrundeliegende Routinen und Auffassungen zum Ausdruck; sie ermöglichen dadurch Einblicke in „established ways to reason and argue, which constitute patterns of the dominant discourse

---

[26] Vgl. zur Einteilung für Analysezwecke in eine inhaltliche und rhetorische Dimension La Torre u. a. (2020), S. 5.

[27] Vgl. etwa insgesamt Georgiou (2004).

[28] Vgl. etwa insgesamt Baudot (2018).

[29] Vgl. etwa insgesamt Klein/Fülbier (2018), S. 9.

[30] Vgl. ebenso Bennett u. a. (2006), S. 196.

in the regulatory field."[31] Stellungnahmen werden auf Basis des bestehenden Vorwissens sowie im Kontext der zugehörigen Standardentwürfe schriftlich verfasst und von den Standardsetzern auf der jeweiligen Website veröffentlicht, weshalb die Entwicklung der Regelungsvorschriften unter Verwendung einer objektiv verfügbaren Datenbasis untersucht werden kann.[32] Da zudem davon auszugehen ist, dass sich Stellungnehmer auch im Rahmen anderer Partizipationsmöglichkeiten während des Standardsetzungsprozesses ähnlich äußern, eignen sich Stellungnahmen in Einklang mit bisherigen Lobbying-Studien als „good proxy".[33]

Gleichzeitig erfordern Stellungnahmen als verpflichtender Verfahrensbestandteil des Due Process eine Auseinandersetzung des IASB mit den jeweiligen Aussagen, was wiederum eine Bezugnahme in den Standardentwürfen bzw. den finalen Standards erwarten lässt. Die Standardtexte und Begründungen geben daher nicht nur Aufschluss über die Ansichten des IASB, sondern auch über den Einfluss der Stellungnehmer.[34] Die Standardentwürfe und der finale Standard sowie die jeweils zugehörigen Basis for Conclusions sind auf der Website der Standardsetzer öffentlich verfügbar und stellen daher ebenfalls eine vom Forschungsinteresse unabhängige Datenbasis dar.

Während in bisherigen Lobbying-Studien häufig das Verhältnis zwischen Stellungnahmen und Standardtexten durch eine Einflussanalyse in Form der Quantifizierung des Erfolgs untersucht wurde,[35] stößt die vorliegende Dissertation durch den konstruktivistischen Ansatz in eine in der Rechnungslegungsstandardsetzung bestehende methodische Forschungslücke vor. Indem sowohl Stellungnahmen als auch Standardentwürfe durch eine diskursanalytische Perspektive unter Verwendung gleicher Untersuchungskriterien analysiert werden, kann die für die Entwicklung der Regelungen als maßgeblich angesehene diskursive Auseinandersetzung nachvollzogen werden. Zudem ermöglicht die Analyse der Stellungnahmen und Standardentwürfe über den gesamten Zeitraum der Standardsetzung Veränderungen dieser im Laufe der Zeit festzustellen.

---

[31] Vgl. Stenka/Jaworska (2019), S. 4 f. (auch Zitat, S. 4).

[32] Vgl. Orens u. a. (2011), S. 216.

[33] Vgl. Georgiou (2004), S. 230 (auch Zitat); zur Verwendung von Stellungnahmen als Datenbasis Watts/Zimmerman (1978), S. 122; Tutticci u. a. (1994), S. 86 f.; Kwok/Sharp (2005), S. 81 f.; Stenka/Taylor (2010), S. 111; Orens u. a. (2011), S. 216; Jorissen u. a. (2012), S. 703; Giner/Arce (2012), S. 660 f.; Bamber/McMeeking (2016), S. 64; Wüstemann (2018), S. 22; Stenka/Jaworska (2019), S. 4 f.

[34] Vgl. Young (2003), S. 626–636.

[35] Vgl. etwa Giner/Arce (2012), S. 664 f.; Shields u. a. (2019), S. 12 f.

Alle für die Analyse verwendeten Stellungnahmen, die zum Discussion Paper, Exposure Draft und Re-Exposure-Draft eingegangen sind, stammen von der Website des FASB; die Stellungnahmen zum Exposure Draft der Clarifications[36] stammen von der Website des IASB.[37] Die Standardentwürfe sowie der finale Standard und die zugehörigen Basis for Conclusions wurden ebenfalls von der Website des IASB bezogen.[38] Während des Standardsetzungsprozesses von IFRS 15 wurden insgesamt 1.633 Stellungnahmen abgegeben,[39] von denen nur die von Unternehmen erstellten Stellungnahmen in die Analyse einbezogen wurden (Tabelle 3.1). Die Eingrenzung auf Unternehmensstellungnahmen[40] dient dazu, das rekursive Verhältnis zwischen Standardanwendung – insbesondere der Bilanzierungspraxis – und Standardsetzung zu untersuchen. Unternehmen sind als Anwender der Regelungen von einer Überarbeitung bestehender bzw. der Entwicklung neuer Vorschriften unmittelbar betroffen, weshalb für sie besonders im Fall erhöhter Implementierungskosten und/oder negativer Auswirkungen auf das Unternehmensergebnis ein hoher Anreiz zur Anfertigung einer Stellungnahme besteht.[41] Vor allem große Unternehmen haben – aufgrund des in der Regel vorhandenen Fachwissens –[42] dabei erwartungsgemäß eine positive Kosten-Nutzen-Bilanz.[43]

---

[36] Nach erstmaliger Veröffentlichung des Standards haben das IASB und FASB jeweils getrennte Standardentwürfe zu nachträglichen Klarstellungen veröffentlicht. Aufgrund des Fokus der vorliegenden Arbeit auf die Standardsetzung des IASB wurden nur die zum Exposure Draft der Clarifications des IASB eingegangenen Stellungnahmen einbezogen.

[37] Stellungnahmen die unaufgefordert eingesendet wurden, sog. „unsolicited comment letters", wurden nicht in die Analyse einbezogen, da für sie keine formale Grundlage zur Berücksichtigung für das IASB besteht.

[38] Der Standardentwurf zum Effective Date wurde nicht einbezogen, da dieser nicht die in der Analyse inhaltlich untersuchten Regelungen thematisiert.

[39] Die Gesamtanzahl der Stellungnahmen ergibt sich aus der Anzahl der auf der Website des FASB bzw. IASB veröffentlichten Stellungnahmen. Etwaige Abweichungen zu der laut Comment Letter Summarys abgegebenen Anzahl, wie bspw. 226 zu 211 zum DP (vgl. etwa Technical Staff (2009a), Agenda Paper 14 A/119 A, Rz. 3), können sich etwa aufgrund der Zusammengehörigkeit einzelner nicht untersuchter Stellungnahmen ergeben, die zwar einzeln eingereicht, jedoch als einer Institution zugehörig von den Standardsetzern zusammengefasst wurden.

[40] Vgl. zum Fokus auf Unternehmen Kelly (1982), S. 185; Kelly (1985), S. 620 f.; Brown/Feroz (1992), S. 716 f.; Saemann (1995), S. 556 f.; Larson (1997), S. 177 f.; Orens u. a. (2011), S. 212 f.; Wüstemann (2018), S. 5.

[41] Vgl. Watts/Zimmerman (1978), S. 118–121; Elbannan/McKinley (2006), S. 609–611.

[42] Vgl. Ordelheide (1997), S. 244 f.

[43] Vgl. Watts/Zimmerman (1978), S. 118–121; Kenny/Larson (1993), S. 539 f.; Larson (1997), S. 189 f.

Die Stellungnahmen von Wirtschaftsprüfern, nationalen Standardsetzern und Nutzern wurden folglich ausgeschlossen. Einzelpersonen wurden nur dann einbezogen, wenn sie im Namen des Unternehmens geantwortet haben und diesem somit direkt zuordenbar waren.[44] Die eingegangenen Stellungnahmen von Unternehmen aus dem Finanzsektor, konkret von Investment- und Versicherungsgesellschaften sowie Banken, wurden für die Analyse ebenfalls nicht berücksichtigt, da Versicherungsverträge sowie Verträge über Finanzinstrumente im Laufe des Standardsetzungsprozesses vom Anwendungsbereich des IFRS 15 ausgeschlossen wurden.[45] Stellungnahmen von Unternehmens- und Wirtschaftsverbänden wurden aufgrund des Fokus der Analyse auf der direkten Einflussnahme ebenfalls nicht einbezogen.[46] Da die Stellungnahmen nicht dichotom – bspw. in absolute Zustimmung oder Ablehnung – eingeteilt, sondern die jeweiligen inhaltlichen Zielrichtungen untersucht werden, wurden mehrere zu einem Standardentwurf abgegebene Stellungnahmen eines Unternehmens[47] zu einer Stellungnahme zusammengefasst.[48] Der sich aus diesem Vorgehen ergebende und für die Analyse verwendete Datensatz enthält insgesamt 512 Stellungnahmen[49] sowie sechs Standardsetzungsdokumente des IASB.[50]

---

[44] Vgl. zum analogen Vorgehen Larson (1997), S. 182; Jorissen u. a. (2012), S. 703. Die zum ED von 246 Einzelpersonen unterzeichnete Gruppenantwort (von den Standardsetzern als Comment Letter 666–912 erfasst) wurde aufgrund der fehlenden Unternehmensidentifikation folglich nicht einbezogen.

[45] Vgl. zum analogen Vorgehen Lam (2016), S. 285.

[46] Vgl. zur Unterteilung in direkte und indirekte Möglichkeiten der Einflussnahme Georgiou (2004), S. 222; Georgiou (2010), S. 106.

[47] Hierbei handelt es sich sowohl um mehrere Stellungnahmen derselben Einzelperson, die durch einen Buchstabenzusatz gekennzeichnet sind, wie bspw. Comment Letter 109 und 109 A zum ED, als auch um mehrere Stellungnahmen unterschiedlicher Personen, die jedoch zum gleichen Unternehmen gehören und im Namen des Unternehmens geantwortet haben, wie bspw. Comment Letter 259 und 554 zum ED.

[48] Vgl. zur Annahme, dass Standardsetzer Stellungnahmen nicht zählen, sondern ihren Inhalt berücksichtigen Brown (1982), S. 282–290; Giner/Arce (2012), S. 666.

[49] Vgl. zur Übersicht aller einbezogenen Unternehmen in den einzelnen Kommentierungsphasen Appendix, I.

[50] Die sechs Standardsetzungsdokumente setzen sich aus dem Standardentwurf zum DP und zum ED Clarifications, die jeweils auch die Basis for Conclusions beinhalten, sowie der Basis for Conclusions zum ED, Re-ED, IFRS 15 (erste Veröffentlichung) und IFRS 15 (finaler Standard) zusammen. Im finalen Standard wurden nur die durch Buchstabenzusatz gekennzeichneten Abschnitte in die Analyse einbezogen.

Tabelle 3.1 Gesamtanzahl der Stellungnahmen sowie Anzahl und Anteil der in die Analyse einbezogenen Unternehmensstellungnahmen in der jeweiligen Kommentierungsphase

	Discussion Paper	Exposure Draft	Re-Exposure Draft	Clarifications	Gesamt
Gesamtbeteiligung	226	974	359	74	1.633
Unternehmensbeteiligung	65	314	116	17	512
Unternehmensanteil	28,76 %	32,24 %	32,31 %	22,97 %	31,35 %

3.1.2.2 Regelungen zur Bilanzierung von Mehrkomponentengeschäften als Untersuchungsgegenstand

Die Untersuchung des Einflusses des IASB und der Unternehmen wird auf die Regelungen zur Vertragszusammenfassung sowie zur Aufteilung von Leistungsverpflichtungen und zur Aufteilung des Transaktionspreises beschränkt, da diese das Ergebnis eines der durch das Standardsetzungsprojekt verfolgten Ziele – der Entwicklung von branchenübergreifenden Regelungen zur Bilanzierung von Mehrkomponentengeschäften –[51] und damit das Resultat des formalen Entscheidungsprozesses darstellen. Mehrkomponentengeschäfte waren als in der Praxis entwickelte Vertragskonglomerate und Leistungsbündel bis zur Veröffentlichung von IFRS 15 nicht abschließend geregelt bzw. wurden in den US-GAAP in umfangreichen Einzelvorschriften adressiert, die auch im Rahmen der IFRS-Anwendung herangezogen wurden.[52] Das Konvergenzprojekt des IASB und FASB war aufgrund der geplanten konzeptionellen Neuausrichtung der Regelungen sowie des angestrebten branchenübergreifenden Ansatzes und der damit einhergehenden Veränderungen der bestehenden Praxis[53] mit zahlreichen Kontroversen verbunden. So erstreckte sich die Entwicklung und Überarbeitung der Regelungen über fast alle Standardentwurfsphasen sowie für die Vorschriften zur Aufteilung von Leistungsverpflichtungen zusätzlich über die Phase der nachträglichen Klarstellungen.[54] Die zur Bilanzierung von Mehrkomponentengeschäften relevanten Regelungsvorschriften stellen daher einen geeigneten Untersuchungsgegenstand dar, um die Regelungsentwicklung zu analysieren.

---

[51] Vgl. IFRS 15.IN4.

[52] Vgl. Pilhofer u. a. (2010), S. 78–88; Fürwentsches (2010), S. 2–5.

[53] Vgl. Nösberger (2008), S. 460 f.; Marton/Wagenhofer (2010), S. 3.

[54] Vgl. DP (2008), Questions 4–7 und 11–13; ED (2010), Questions 1–3 und 7; ED Clarifications (2015), Question 1.

3.1.2.3 Überblick untersuchter Regelungen zur Bilanzierung von Mehrkomponentengeschäften nach IFRS 15

3.1.2.3.1 Ausnahmen vom Grundsatz der Umsatzerfassung auf Einzelvertragsbasis

3.1.2.3.1.1 Zusammenfassung von Verträgen

Die Regelungen des IFRS 15 basieren auf einem vertragsbasierten Ansatz, der für die Erlöserfassung das Vorliegen eines Kundenvertrags verlangt (IFRS 15.6). Ein Vertrag ist durch die rechtliche Durchsetzbarkeit vereinbarter Rechte und Pflichten definiert (IFRS 15.10), was die vom IASB und FASB verfolgte Neuausrichtung der Regelungen am Asset-Liability-Ansatz widerspiegelt und insoweit einer zum Rahmenkonzept konsistenten Ausgestaltung entspricht.[55] Neben der anhand nationalen Zivilrechts zu bestimmenden Durchsetzbarkeit[56] sind die wirtschaftliche Substanz des Vertrags sowie Delkredererisiken zu beurteilen (IFRS 15.9). Obwohl die bilanzielle Erfassung an den jeweils einzeln geschlossenen Vertrag anknüpft, sind zwei oder mehr zeitgleich oder in geringem Zeitabstand geschlossene Verträge mit einem Kunden oder ihm nahestehenden Personen zusammenzufassen und als ein Vertrag zu bilanzieren, sofern die Verträge einem einzigen wirtschaftlichen Zweck dienen, eine Preisinterdependenz zwischen den Verträgen besteht und/oder die vereinbarten Vertragskomponenten eine einzige Leistungsverpflichtung darstellen (IFRS 15.17). Während im Discussion Paper die Zusammengehörigkeit mehrerer Verträge zwar erwähnt, jedoch nicht konkretisiert wurde,[57] war im Exposure Draft neben der Zusammenfassung zweier oder mehrere Verträge im Fall bestehender Preisabhängigkeiten zwischen den Gütern oder Dienstleistungen auch die im umgekehrten Fall der Preisunabhängigkeit erforderliche Segmentierung eines Vertrags in mehrere Einzelverträge vorgesehen[58]. Das im Exposure Draft für die Vertragszusammenfassung relevante Kriterium der Preisabhängigkeit wurde im überarbeiteten Exposure Draft durch die bis dahin als Indikator genannte Bedingung der Zeitnähe ersetzt und stellt nach IFRS 15 kein notwendiges, sondern lediglich hinreichendes Kriterium dar

---

[55] Vgl. Wüstemann/Wüstemann (2014), S. 930 f.; Wüstemann u. a. (2017a), Rz. 13 f.

[56] Vgl. IFRS 15.BC32; Schulzke u. a. (2013), S. 528–573; Heintges u. a. (2015), S. 570–575; Wüstemann u. a. (2017a), Rz. 17.

[57] Vgl. DP (2008), 2.27.

[58] Vgl. ED (2010), 12–16.

(IFRS 15.17).[59] Eine Regelungsvorschrift zur Vertragssegmentierung besteht hingegen nicht; einzelne Bestandteile eines Vertrags sind vielmehr im Rahmen der Identifizierung von Leistungsverpflichtungen abzugrenzen.[60]

Das Erfordernis der Vertragszusammenfassung in IFRS 15.17 ist als Ausnahmeregelung zu charakterisieren.[61] Die Anforderung des zeitnahen Vertragsabschlusses mit der gleichen oder dieser nahestehenden Vertragspartei fungiert dabei als Restriktion, weshalb die Ausgestaltung der Verträge als Paket mit einem einzigen kommerziellen Ziel oder das Bestehen von Preisabhängigkeiten für eine Zusammenfassung nicht ausreichen.[62] So folgt auch eine Agenda-Entscheidung des IFRS Interpretations Committee einer individualvertraglichen Bilanzierung.[63] In Frage stand das Bestehen eines durchsetzbaren Zahlungsanspruchs bei Kündigungsmöglichkeit eines Immobilienvertrags durch den ursprünglichen Vertragspartner bei gleichzeitiger Verpflichtung des Unternehmens im Kündigungsfall zum Weiterverkauf durch Vertragsabschluss mit einem Dritten.[64] Die einheitliche Betrachtung der „ökonomischen Gesamtwirkung des Vertragskonstrukts" wird hierbei durch die vom rechtlichen Vertragsschluss abhängigen verschiedenen Zeitpunkte und unterschiedlichen Vertragsparteien überlagert.[65] Die Entscheidung erscheint vor dem Hintergrund des ausstehenden Vertragsabschlusses mit einem Dritten mit einer am Regelungswortlaut und den Erwägungsgründen des IASB orientierten Auslegung gerechtfertigt.[66] Mit dem zur Darstellung der Unternehmensperformance bezweckten zeitraumbezogenen Kontrollübergang nach IFRS 15 ist sie indes nur bedingt in Einklang zu bringen, da der Erhalt der Gegenleistung vom ursprünglichen Kunden oder einem Dritten für das bilanzierende Unternehmen in wirtschaftlicher Sicht keinen Unterschied darstellt[67]. Inwieweit diese Agenda-Entscheidung trotz ihrer faktischen Verbindlichkeit auf ähnliche Sachverhalte übertragen werden kann, dürfte letztlich von den jeweiligen Vertragsausgestaltungen abhängig sein. So sollten etwa Rahmenwerkverträge, die Hauptleistungspflichten beinhalten, sowie zugehörige Produktionsverträge,

---

[59] Vgl. Re-ED (2011), 17.

[60] Vgl. Re-ED BC (2011), BC49.

[61] Vgl. Schild (2019), S. 12.

[62] Vgl. IFRS 15.BC75; Schild (2019), S. 12 f.

[63] Vgl. IFRS Interpretations Committee (2018), Agenda Paper 2E; Technical Staff (2017a), Agenda Paper 2B, Rz. 20–26, Schild (2019), S. 13.

[64] Vgl. Technical Staff (2017a), Agenda Paper 2B, Rz. 4.

[65] Vgl. Schild (2019), S. 12 f. (auch Zitat, S. 12).

[66] Vgl. Technical Staff (2017a), Agenda Paper 2B, Rz. 20–26.

[67] Vgl. Technical Staff (2017a), Agenda Paper 2B, Appendix B, S. 19 f.

wie z. B. die in der Automobilzuliefererindustrie gängigen separaten Verträge in Form von Rahmenvereinbarungen über allgemeine Lieferkonditionen
sowie zur Werkzeugproduktion einerseits und andererseits zur Serienteilfertigung,
zusammengefasst werden, wenn sie in einem aus wirtschaftlicher Sicht zusam-
menhängenden Zeitraum abgeschlossen werden.[68] Gleiches sollte auch im Fall
eines auf mehrere Einzelverträge verteilten Werklieferungsauftrags gelten, sofern
die im jeweiligen Einzelvertrag vereinbarten Leistungen einem Gesamtfunktions-
risiko unterliegen.[69] Die Regelungen zur Vertragszusammenfassung dienen dabei
der sachgerechten Aufteilung des Transaktionspreises sowie der zeitlichen Umsatzerfassung,[70] erfordern jedoch im Einzelfall eine Ermessensausübung im Rahmen
der Standardanwendung.

3.1.2.3.1.2 Portfolio-Option

Der Grundsatz der einzelvertragsbasierten Bilanzierung wird ebenfalls durch die
Portfolio-Option des IFRS 15.4 beschränkt, wonach Unternehmen die Regelungen
auf ein Portfolio ähnlich ausgestalteter Verträge oder Leistungsverpflichtungen
anwenden können, sofern hieraus im Vergleich zur Bilanzierung der einzelnen
Kundenverträge keine wesentlichen Unterschiede resultieren. Im Gegensatz zur
verpflichtenden Vertragszusammenfassung bei Erfüllung von IFRS 15.17 stellt
die Ausübung dieses sog. praktischen Behelfs ein Wahlrecht dar.[71] Die Festlegung des Portfolios liegt dabei im Ermessen des Unternehmens,[72] das auf Basis
von vernünftigen Schätzungen und Annahmen die Größe und Zusammensetzung
eines Vertragsportfolios zu bestimmen hat (IFRS 15.4). Diese Form der unterneh-
mensspezifischen Zusammenfassung wurde erst im überarbeiteten Exposure Draft
eingeführt und stellt eine anwendungsorientierte Erleichterung dar.[73] Obwohl die
Regelung eine Vereinfachung der Anwendung bezweckt, führte sie bereits nach
erstmaliger Veröffentlichung des IFRS 15 zu Anwendungsfragen in Bezug auf die
Schätzung variabler Vergütungsbestandteile, die durch die TRG adressiert wurden.[74] Demnach ist die Portfolio-Betrachtung von der Verwendung historischer
Erfahrungswerte auf Basis ähnlicher Verträge zur Schätzung des Erwartungswerts
zu unterscheiden, d. h. während bspw. unterschiedliche Kundenverträge über das

---

[68] Vgl. Schurbohm-Ebneth/Viemann (2015a), S. 182; Wüstemann u. a. (2017b), S. 1196 f.

[69] Vgl. Lüdenbach u. a. (2016), § 25, Rz. 43.

[70] Vgl. IFRS 15.BC71; Lüdenbach u. a. (2016), § 25, Rz. 41.

[71] Vgl. Wüstemann u. a. (2017a), Rz. 34 f.

[72] Vgl. IFRS 15.BC69; Grote u. a. (2014), S. 413; Brücks u. a. (2017), S. 180 f.

[73] Vgl. Re-ED (2011), 6; IFRS 15.BC69 f.

[74] Vgl. TRG (2015a), Agenda Paper 38, Rz. 1 f.; TRG (2015b), Agenda Paper 44, Rz. 24.

gleiche Produkt mit geringfügig unterschiedlichen Rückgabequoten als Portfolio betrachtet und auf alle Verträge die gleiche durchschnittsgewichtete Rückgabequote angewendet werden kann, gilt die Schätzung der Retourenquote für einen Einzelvertrag auf Basis ähnlicher Verträge nicht unmittelbar für ein Portfolio an Verträgen.[75] Mithilfe der Portfolio-Option können demzufolge eine Vielzahl vergleichbarer Verträge gemeinsam beurteilt werden,[76] was vor allem für Verträge „mit ähnlichen wirtschaftlichen Charakteristika", wie bspw. vergleichbaren Vertragskonditionen, in Frage kommt; gleichzeitig sind aufgrund der Ausgestaltung als Wahlrecht sowie den bei dessen Ausübung bestehenden Ermessensspielräumen unternehmens- bzw. branchenspezifische Unterschiede in der Anwendung möglich.[77]

3.1.2.3.2 Identifizierung von Leistungsverpflichtungen

3.1.2.3.2.1 Definition von Leistungsverpflichtungen

Sofern ein (zusammengefasster) Kundenvertrag im Sinne von IFRS 15 vorliegt, hat ein Unternehmen bei Vertragsabschluss bestehende Leistungsverpflichtungen zu identifizieren (IFRS 15.22). Bei Leistungsverpflichtungen handelt es sich gemäß IFRS 15.22 um Leistungszusagen, eigenständig abgrenzbare Güter oder Dienstleistungen bzw. Leistungsbündel an den Kunden zu übertragen; auch eine Reihe eigenständig abgrenzbarer Güter oder Dienstleistungen, die als gleiche Leistungszusagen jeweils zeitraumbezogen in gleicher Weise auf den Kunden übertragen werden, wie etwa bei Reinigungs- oder Energielieferverträgen[78], sind als einzelne Leistungsverpflichtung zu bilanzieren (IFRS 15.22 f.; IFRS 15 Anhang A).[79] Während Leistungsverpflichtungen im Discussion Paper noch allgemein als Leistungszusagen zur Übertragung von Vermögenswerten definiert waren,[80] erfolgte ab dem Exposure Draft durch Bezugnahme zur eigenständigen Abgrenzbarkeit eine Konkretisierung der zu identifizierenden Leistungsverpflichtungen[81].

---

[75] Vgl. TRG (2015a), Agenda Paper 38, Rz. 9–12; TRG (2015b), Agenda Paper 44, Rz. 25; kritisch zur Unterscheidung der TRG am Beispiel insignifikanter Retourenquoten Lüdenbach u. a. (2016), § 25, Rz. 183.

[76] Vgl. IFRS 15.BC70.

[77] Vgl. Brücks u. a. (2017), S. 180 f. (auch Zitat, S. 180).

[78] Vgl. Pollmann u. a. (2017), S. 212.

[79] Vgl. IFRS 15.BC84; IFRS 15.BC113 f.

[80] Vgl. DP (2008), 3.2.

[81] Vgl. ED (2010), 20; Re-ED (2011), 23 f.

Neben vertraglich festgelegten Leistungszusagen sind auch faktische Leistungszusagen, die aufgrund gerechtfertigter Kundenerwartungen einen wirtschaftlichen Leistungszwang begründen, zu berücksichtigen (IFRS 15.24). Mögliche Leistungszusagen sind gemäß IFRS 15.26 bspw. die (kundenspezifische) Herstellung und/oder der Verkauf von Waren sowie die Erbringung von Dienstleistungen wie auch die laufende Bereitstellung bzw. Bereithaltung von Gütern oder Dienstleistungen sowie die Gewährung von Lizenzen und Optionen. Von Unternehmen ausgeführte Erfüllungstätigkeiten, durch die keine Güter oder Dienstleistungen auf den Kunden übertragen werden, wie bspw. bestimmte vorvertragliche Verwaltungsaufgaben, Vertragseinrichtungsleistungen oder Transportaktivitäten[82], stellen hingegen keine Leistungsverpflichtungen dar (IFRS 15.25).[83]

Das Erfordernis der Identifizierung von Leistungsverpflichtungen löste nach erstmaliger Veröffentlichung von IFRS 15 zahlreiche Anwendungsfragen aus – etwa zur Unterscheidung zwischen Erfüllungstätigkeiten und Leistungsverpflichtungen sowie zur Einstufung einzelner Leistungszusagen als eine Reihe eigenständiger Güter oder Dienstleistungen –, die durch die TRG erläutert wurden.[84] Dabei wurden auch mögliche Standardanpassungen, wie z. B. die Änderung bzw. Rückeinführung[85] der Regelung zur Erfassung einer Reihe eigenständiger Leistungszusagen als praktischer Behelf anstatt als verbindliche Regelung, diskutiert,[86] jedoch im Rahmen der nachträglichen Klarstellung nicht vom IASB adressiert. Die Abgrenzung der zur Vertragserfüllung durchgeführten Tätigkeiten von der für das Vorliegen einer Leistungsverpflichtung notwendigen Übertragung von Gütern oder Dienstleistungen wird indes in einer Agenda-Entscheidung durch das IFRS Interpretations Committee erläutert.[87] Bspw. Tätigkeiten, die zur Notierung an einer Börse für den Kunden erbracht werden, begründen demnach keine Leistungsverpflichtung; nur die Zulassung selbst stellt eine an den Kunden übertragene Leistung dar.[88] Bei der Identifizierung von Leistungsverpflichtungen sind

---

[82] Vgl. Upmeier (2018), S. 366–370.

[83] Vgl. IFRS 15.BC93.

[84] Vgl. TRG (2015c), Agenda Paper 25, Rz. 8–11; TRG (2015d), Agenda Paper 27, Rz. 10–20; TRG (2015b), Agenda Paper 44, Rz. 33.

[85] Vgl. Re-ED (2011), 30; bereits ED (2010), 24.

[86] Vgl. TRG (2015d), Agenda Paper 27, Rz. 10–20; TRG (2015e), Agenda Paper 34, Rz. 44.

[87] Vgl. IFRS Interpretations Committee (2019a), Agenda Paper 3; Technical Staff (2018e), Agenda Paper 2, Rz. 8–50.

[88] Vgl. IFRS Interpretations Committee (2019a), Agenda Paper 3; Technical Staff (2018e), Agenda Paper 2, Rz. 20–26.

folglich die jeweilige Art der Leistungszusage und die Wesentlichkeit einzelner Leistungszusagen im Vertragskontext zu berücksichtigen.[89]

3.1.2.3.2.2 Abgrenzung von Leistungsverpflichtungen anhand des Kriteriums der Eigenständigkeit

3.1.2.3.2.2.1 Abstrakte Abgrenzbarkeit durch eigenständige Nutzbarkeit der Leistungszusage

Die Abgrenzung einzelner Leistungsverpflichtungen wird durch die Eigenständigkeit der Leistungszusagen bestimmt, sog. Distinct-Kriterium; nicht eigenständige Leistungszusagen sind daher mit anderen zusammenzufassen und sofern erforderlich auch vertragsübergreifend als eine Leistungsverpflichtung zu erfassen (IFRS 15.30). Als eigenständig abgrenzbar bzw. „distinct" gelten Güter oder Dienstleistungen, die der Kunde einzeln oder zusammen mit anderen, für ihn jederzeit zur Verfügung stehenden Ressourcen nutzen kann und die von anderen Leistungszusagen des Vertrags separierbar sind (IFRS 15.27). Während die Abgrenzung von Leistungsverpflichtungen im Discussion Paper an die zu unterschiedlichen Zeitpunkten erfolgende Übertragung von Gütern oder Dienstleistungen geknüpft war,[90] wurde im Exposure Draft das Kriterium der Eigenständigkeit eingeführt und zunächst an die Einzelverkehrsfähigkeit identischer oder vergleichbarer Güter und Dienstleistungen bzw. die separate Veräußerungsmöglichkeit der jeweiligen Güter und Dienstleistungen, die einen eigenständigen Nutzen und eine eigenständige Gewinnmarge erforderte, geknüpft.[91] Die überarbeiteten Kriterien im Re-Exposure Draft verlangten für die eigenständige Abgrenzbarkeit der Güter oder Dienstleistungen die regelmäßige Einzelveräußerung durch das Unternehmen oder die Nutzenstiftung für den Kunden; eine Zusammenfassung in Leistungsbündel sollte hingegen bei starker Abhängigkeit der Güter oder Dienstleistungen im Fall der Integration und wesentlichen Modifizierung oder Kundenspezifizierung erfolgen.[92] Während der Nutzen für den Kunden beibehalten und durch das kumulativ zu erfüllende Kriterium der Separierbarkeit der Leistungszusagen im finalen Standard ergänzt wurde (IFRS 15.27), erfolgte für die zur Beurteilung der Separierbarkeit konkretisierenden Faktoren noch eine nachträgliche Klarstellung.[93]

---

[89] Vgl. IFRS 15.BC85–BC89 f.; IFRS 15.BC116A–BC116E.

[90] Vgl. DP (2008), 3.24.

[91] Vgl. ED (2010), 23.

[92] Vgl. Re-ED (2011), 28 f.

[93] Vgl. IFRS 15.BC116F–BC116Q.

Das erste Kriterium der eigenständigen Nutzbarkeit für den Kunden verweist auf die abstrakte Abgrenzbarkeit der Leistungszusagen (IFRS 15.27 (a)). Demnach müssen die Güter oder Dienstleistungen einzeln oder in Verbindung mit anderen jederzeit verfügbaren Ressourcen dem Kunden einen wirtschaftlichen Nutzen stiften, wobei IFRS 15.28 nicht auf den hauptsächlichen, vom Kunden beabsichtigten Nutzen abstellt, sondern diesen durch eine in wirtschaftlicher Betrachtungsweise nutzengenerierende Verwendung definiert.[94] Auch die mit dem Nutzen der Leistungszusage in Zusammenhang stehenden verfügbaren Ressourcen sind weit definiert und nicht an den jeweiligen Vertrag geknüpft.[95] So sind am Markt einzeln verkaufte Güter und Dienstleistungen sowie Ressourcen, die bereits auf den Kunden übertragen wurden oder die er aus anderen Transaktionen erhalten hat, in die Beurteilung einzubeziehen (IFRS 15.28). Der eigenständige Nutzen kann unter anderem mithilfe der noch in den Standardentwürfen für die Abgrenzbarkeit maßgeblichen Einzelverkehrsfähigkeit der Güter und Dienstleistungen nachgewiesen werden (IFRS 15.28), die bei Standardprodukten, wie etwa den in der Telekommunikationsbranche einzeln veräußerten Mobilfunktelefonen oder Routern, regelmäßig vorliegen sollte[96]. Die abstrakte Abgrenzbarkeit wurde vom IFRS Interpretations Committee auch für Immobilienverträge über den Verkauf eines Grundstücks und die Errichtung einer Immobilie diskutiert; sofern der Kunde einerseits die Errichtung des Gebäudes durch ein anderes Unternehmen durchführen lassen und das Land zu einem anderem Zweck als die Gebäudeerrichtung nutzen könnte und andererseits die Bauleistung auch ohne Grundstücksübertragung ausgeführt werden könnte, sollte die eigenständige Nutzbarkeit demnach gegeben sein.[97] Inwieweit trotz faktischer Einschränkungen, wie etwa notwendigem Fachwissen oder erforderlichen Kapazitäten, die eigenständige Nutzbarkeit von Gütern oder Dienstleistungen abstrakt angenommen werden kann, ist im Einzelfall vom Unternehmen zu prüfen; anstatt einer rein hypothetischen Beurteilung scheint jedoch vielmehr eine wirtschaftlich sachgerechte Auslegung erforderlich.[98]

---

[94] Vgl. Heintges u. a. (2015), S. 576; Schurbohm-Ebneth/Ohmen (2015b), S. 8.

[95] Vgl. IFRS 15.BC100.

[96] Vgl. Grote u. a. (2012), S. 111; Brücks u. a. (2017), S. 181.

[97] Vgl. IFRS Interpretations Committee (2018), Agenda Paper 2D.

[98] Vgl. Wüstemann u. a. (2017b), S. 1197 f.

3.1.2.3.2.2.2 Konkrete Abgrenzbarkeit durch Separierbarkeit der Leistungszusage im Vertragskontext

Die Eigenständigkeit von Leistungsverpflichtungen wird neben der abstrakten Einzelbetrachtung der Leistungszusagen durch die konkrete Abgrenzbarkeit einzelner Leistungszusagen ergänzt (IFRS 15.27 (b)). Dieses zweite kumulativ zu erfüllende Kriterium verlangt die Separierbarkeit einer Leistungszusage von anderen vertraglichen Leistungszusagen, mithin die Berücksichtigung des Vertragskontexts.[99] Die Anforderung der separaten Identifizierbarkeit basiert konzeptionell auf der Beurteilung der einzelnen Vertragsrisiken.[100] Einzelne Güter oder Dienstleistungen, die aufgrund eines eigenständigen Nutzens zwar abstrakt abgrenzbar sind, deren Erfüllungsrisiko jedoch voneinander abhängt, wie etwa die zur Erfüllung eines Fertigungsauftrags erforderlichen Baumaterialien und Bauleistungen, sind aufgrund fehlender konkreter Abgrenzbarkeit daher als eine Leistungsverpflichtung zu erfassen.[101] Während als Ausfluss dieser Risikobeurteilung im Re-Exposure Draft bei signifikanten Modifikationsleistungen und wesentlichen Interdependenzen zwischen den Gütern oder Dienstleistungen die Eigenständigkeit der Leistungszusagen nicht gegeben war,[102] stellen Anpassungsleistungen und das Vorliegen von Abhängigkeiten neben der Durchführung wesentlicher Integrationsleistungen gemäß IFRS 15.29 lediglich Faktoren für die fehlende Eigenständigkeit der Leistungszusagen dar.

Das Kriterium der Eigenständigkeit von Leistungszusagen gegenüber anderen Vertragsleistungen resultierte nach Veröffentlichung von IFRS 15 in zahlreichen Anwendungsfragen an die TRG.[103] So wurden bspw. unterschiedliche Auffassungen hinsichtlich der Auswirkungen von Lernkurven, der Kundenabsicht und vertraglicher Beschränkungen diskutiert.[104] Die Ergebnisse der TRG veranlassten das IASB zu einer Klarstellung von IFRS 15.29, die eine definitorische Ergänzung der für die Separierbarkeit im Vertragskontext notwendigen Beurteilung der Leistungszusagen und eine sprachliche Anpassung der Indikatoren aufgrund der nach Ansicht des IASB eindeutigeren Negativabgrenzung der separaten Identifizierbarkeit umfasste, sowie zur Aufnahme weiterer Beispiele.[105] Zur Beurteilung

---

[99] Vgl. IFRS 15.BC102.

[100] Vgl. IFRS 15.BC103; ED BC (2010), BC56–BC58; Re-ED BC (2011), BC78 f.; Heintges u. a. (2015), S. 576 f.

[101] Vgl. IFRS 15.B102 f.; IFRS 15.BC116J.

[102] Vgl. Re-ED (2011), 29; Re-ED BC (2011), BC78 f.

[103] Vgl. TRG (2014), Agenda Paper 9, Rz. 15 f.; Nardmann u. a. (2016), S. 321 f.

[104] Vgl. TRG (2014), Agenda Paper 9, Rz. 17–39.

[105] Vgl. IFRS 15.BC116F–BC116Q; IFRS 15.IE58A–IE58K; IFRS 15.IE61A.

der separaten Identifizierbarkeit einzelner Leistungszusagen hat ein Unternehmen demnach zwischen der Übertragung einzelner Güter und Dienstleistungen und der Übertragung eines kombinierten Endprodukts zu unterscheiden, wobei nicht die funktionale Abhängigkeit zwischen den einzelnen Gütern und Dienstleistungen entscheidend ist, sondern ihre transformierende Beziehung im Rahmen der Vertragserfüllung.[106] Sofern vertraglich ein Gesamtwerk geschuldet ist, die Verbindung und Anpassung einzelner Komponenten mithin einen wesentlichen Vertragsbestandteil darstellen, wie häufig bei Fertigungsaufträgen, deutet dies auf die fehlende Eigenständigkeit der Leistungszusagen hin.[107] Bei vertraglich vereinbarten Standardprodukten und -dienstleistungen sollten hingegen aufgrund fehlender Kundenspezifizierung oder wesentlicher Integrationsleistungen in der Regel abgrenzbare Leistungsverpflichtungen vorliegen.[108] Auch Leistungszusagen, die lediglich in einem Funktionszusammenhang mit anderen Gütern oder Dienstleistungen stehen, wie bspw. bei produktzugehörigen Verbrauchsmaterialien, sind demnach separierbar.[109] Abhängigkeiten zwischen Gütern und Dienstleistungen, die das Resultat vertraglicher Gestaltungen sind, etwa die Bindung des Kunden an die vom Unternehmen durchgeführte Standardinstallationsleistung, stehen der Separierbarkeit der Leistungszusage ebenfalls nicht entgegen; maßgeblich ist jedoch die Beurteilung der Eigenschaften der einzelnen Leistungszusagen und inwieweit ihr Erfüllungsrisiko durch die Vertragsstrukturierung beeinflusst wird.[110] Auch das IFRS Interpretations Committee verdeutlicht im Fall eines Immobilienvertrags über den Verkauf eines Grundstücks und die Errichtung einer Immobilie, dass bei dem in Frage stehenden Fall zwar die Separierbarkeit des Grundstücksverkaufs und des Gebäudebaus vorliegt, es jedoch anstelle einer allgemeinen Entscheidung einer einzelfallspezifischen Beurteilung bedarf.[111] Die Beurteilung der konkreten Abgrenzbarkeit im Vertragskontext wird daher trotz Klarstellung des IASB und der Erläuterungen des IFRS Interpretations Committee Ermessensentscheidungen von Unternehmen erfordern.[112]

---

[106] Vgl. IFRS 15.BC116K.

[107] Vgl. IFRS 15.BC107 f.; IFRS 15.IE45–IE48; Heintges u. a. (2015), S. 576; Schurbohm-Ebneth/Ohmen (2015b), S. 8 f.

[108] Vgl. IFRS 15.IE49–IE53; Brücks u. a. (2017), S. 181.

[109] Vgl. IFRS 15.IE58G–IE58K.

[110] Vgl. IFRS 15.BC116O, IFRS 15.IE58A–IE58F; Heintges u. a. (2015), S. 577.

[111] Vgl. IFRS Interpretations Committee (2018), Agenda Paper 2D; Technical Staff (2017b), Agenda Paper 2 A, Rz. 18–24; zur Diskussion der Abgrenzung von Sonder- und Gemeinschaftseigentum Schoo (2013), S. 73–75.

[112] Vgl. IFRS 15.BC105; Nardmann u. a. (2016), S. 322; Wüstemann/Wüstemann (2014), S. 933.

3.1.2.3.3 Aufteilung des Transaktionspreises auf eigenständige Leistungsverpflichtungen

3.1.2.3.3.1 Aufteilung des Transaktionspreises auf Basis der relativen Einzelveräußerungspreise

Die Umsatzerfassung erfolgt bei Erfüllung der Leistungsverpflichtungen in Höhe der hierfür voraussichtlich erhaltenen Gegenleistung (IFRS 15.46). Der Transaktionspreis ist dabei auf eigenständige Leistungsverpflichtungen bzw. eine Reihe eigenständig abgrenzbarer Güter oder Dienstleistungen auf Basis der relativen Einzelveräußerungspreise aufzuteilen (IFRS 15.73 f.). Diese sog. „relative stand-alone selling price basis" gilt seit dem Discussion Paper als anzuwendende Aufteilungsmethode.[113] Der zu Vertragsbeginn für die jeweiligen Güter oder Dienstleistungen zu bestimmende Einzelveräußerungspreis entspricht dem Preis, zu dem das Unternehmen die Güter oder Dienstleistungen einzeln verkaufen würde (IFRS 15.76 f.). Beobachtbare Preise für den separaten Verkauf der Güter oder Dienstleistungen unter vergleichbaren Umständen und an ähnliche Kunden, wie etwa bei regelmäßig veräußerten Standardprodukten, stellen den besten Anhaltspunkt dar; vertraglich vereinbarte Preise oder festgelegte Listenpreise sind daher nicht automatisch als Einzelveräußerungspreise anzusetzen (IFRS 15.77). Anstelle einer vertragsbasierten Beurteilung erfolgt die Bestimmung des Einzelveräußerungspreises somit unter Berücksichtigung der wirtschaftlichen Substanz.[114] Sofern der Einzelveräußerungspreis nicht direkt beobachtbar ist, ist er anhand aller vernünftigerweise zur Verfügung stehenden Informationen zu schätzen (IFRS 15.78).

Ein Preisnachlass, der sich aus der Differenz der Summe aller Einzelveräußerungspreise und der im Verhältnis geringeren vereinbarten Gegenleistung ergibt, ist grundsätzlich proportional auf alle Leistungsverpflichtungen aufzuteilen (IFRS 15.81).[115] Die Ausnahmeregelung von der gesamtvertraglichen Zuordnung in IFRS 15.82 wurde im Re-Exposure Draft eingeführt und knüpft die Aufteilung von Preisnachlässen an die – im Exposure Draft noch für die Vertragssegmentierung relevante – Beurteilung der Preisinterdependenz der Güter und Dienstleistungen.[116] Auch für variable Vergütungen ist entsprechend der im Re-Exposure Draft aufgenommenen Ausnahmeregelung zu prüfen, ob variable Gegenleistungen dem gesamten Vertrag oder nur einzelnen Leistungsverpflichtungen zuzuordnen sind, wobei wiederum die Abhängigkeit zwischen der Variabilität

---

[113] Vgl. DP (2008), 5.45 f.; ED (2010), 50 f.; Re-ED (2011), 70 f.; IFRS 15.BC279 f.

[114] Vgl. Heintges u. a. (2015), S. 578; Brune (2016b), S. 22.

[115] Vgl. beispielhaft Brücks u. a. (2017), S. 181 f.

[116] Vgl. Re-ED BC (2011), BC190 f.

des Entgelts und der Erfüllung der jeweiligen Leistungsverpflichtung zu beurteilen ist (IFRS 15.84 f.). Sofern ein Preisnachlass eine variable Vergütung darstellt, sind zunächst die Regelungen zur Aufteilung variabler Gegenleistungen anzuwenden (IFRS 15.86).[117]

3.1.2.3.3.2 Methoden zur Schätzung der Einzelveräußerungspreise

Für die Schätzung des Einzelveräußerungspreises eines Guts oder einer Dienstleistung werden in IFRS 15.79 beispielhaft der Adjusted-Market-Assessment-Ansatz, der Expected-Cost-Plus-A-Margin-Ansatz und der Residualwertansatz als geeignete Methoden genannt, jedoch weder eine verpflichtende Anwendung noch eine Anwendungshierarchie festgelegt[118]. Bei Anwendung des marktorientierten Ansatzes wird der Einzelveräußerungspreis anhand des Betrags ermittelt, der für die Güter oder Dienstleistungen im jeweiligen Markt erzielt werden könnte oder anhand der Preise von Konkurrenten für ähnliche Güter oder Dienstleitungen, letztere angepasst an unternehmensspezifische Kosten und Gewinnmargen (IFRS 15.79(a)). Der Einzelveräußerungspreis kann aber auch mithilfe des kostenorientierten Ansatzes auf Basis der zur Leistungserfüllung erwarteten (internen) Kosten zuzüglich einer angemessenen Marge geschätzt werden (IFRS 15.79(b)).[119]

Während beide Ansätze bereits im Discussion Paper und Exposure Draft als mögliche Schätzverfahren aufgeführt wurden, wurde der Residualwertansatz erst im Re-Exposure Draft ergänzt.[120] Der Residualwert entspricht dem Unterschiedsbetrag zwischen dem Transaktionspreis und der Summe der beobachtbaren Einzelveräußerungspreise einzelner Leistungsverpflichtungen (IFRS 15.79(c)) und widerspricht aufgrund seiner Ermittlung als Restwert anstatt als direkt ermittelter Wert insofern den anderen zwei Schätzverfahren.[121] Die Anwendung des Residualwertansatzes wird im Gegensatz zum markt- und kostenorientierten Ansatz jedoch an Voraussetzungen geknüpft.[122] So kann nur bei stark variierenden oder unsicheren Veräußerungspreisen der Einzelveräußerungspreis durch den Residualwert abgebildet werden, was vorwiegend für immaterielle Vermögenswerte gelten

---

[117] Vgl. TRG (2015f), Agenda Paper 31, Rz. 7–10; TRG (2015e), Agenda Paper 34, Rz. 7.

[118] Vgl. IFRS 15.BC286; IFRS 15.BC274.

[119] Vgl. beispielhaft Konold/Müller (2015), S. 6 f.

[120] Vgl. Re-ED BC (2011), BC181 f.

[121] Vgl. Wagenhofer (2014), S. 369.

[122] Vgl. Schurbohm-Ebneth/Viemann (2015a), S. 186.

sollte (IFRS 15.79(c)).[123] Da der Residualwertansatz der Schätzung des Ein-zelveräußerungspreises für eigenständige Leistungsverpflichtungen dient, ist ein Wert gleich oder nahe null ausgeschlossen.[124] Auch Preisnachlässe sind daher vor Ermittlung des Residualwerts im Fall der Zuordenbarkeit zunächst einer Leistungsverpflichtung zuzurechnen (IFRS 15.83). Sofern ein Vertrag mehrere Güter oder Dienstleistungen mit stark variierenden oder unsicheren Preisen bein-haltet, kann dies eine Kombination einzelner Ansätze erfordern (IFRS 15.80). Die Schätzung von Einzelveräußerungspreisen eröffnet daher sowohl aufgrund der frei wählbaren Ansätze als auch insbesondere durch den Residualwertansatz zahlreiche Ermessensspielräume.[125]

3.1.3 Methodik und Vorgehensweise

3.1.3.1 Untersuchungsmethode
3.1.3.1.1 Bedeutungserschließung mithilfe qualitativ-inhaltsanalytischer Verfahren

Um den Einfluss des rekursiven Verhältnisses zwischen Standardsetzung und Standardanwendung auf die Entwicklung der für Mehrkomponentengeschäfte relevanten Regelungen des IFRS 15 zu ergründen, werden die abgegebenen Unternehmensstellungnahmen und die veröffentlichten Standarddokumente des IASB mithilfe qualitativ-inhaltsanalytischer Verfahren untersucht. Die Inhalts-analyse dient als Forschungsmethode der systematischen Kategorisierung und Analyse verschiedenster Dokumente, wodurch gültige Rückschlüsse aus dem jeweils untersuchten Text gezogen werden können.[126] Der Fokus von Textana-lysen kann auf formalen Textmerkmalen, wie etwa der Wortanzahl oder dem Auftreten bestimmter Merkmale, oder der Erschließung der zugrundeliegen-den Bedeutung liegen.[127] Qualitative Inhaltsanalysen bezwecken die Ermittlung des Bedeutungsgehalts und sind als regelgeleiteter Interpretationsakt zu verste-hen, bei dem durch Auslegung eine Zuordnung von Textstellen und Kategorien

---

[123] Vgl. IFRS 15.BC271.

[124] Vgl. IFRS 15.BC273.

[125] Vgl. Grote u. a. (2014), S. 412; beispielhaft zu Anwendungsfragen bei Transportdienst-leistungen Upmeier (2018), S. 372.

[126] Vgl. Stone u. a. (1966), S. 5; Krippendorff (2013), S. 24–27; Weber (1990), S. 9 f.

[127] Vgl. O'Keefe/Soloman (1985), S. 73; Smith/Taffler (2000), S. 627.

unter Berücksichtigung einer methodisch kontrollierbaren Textauswertungssystematik erfolgt.[128] Das Codieren von Textstellen ermöglicht dabei eine Abstraktion der für die Forschungsfrage relevanten Inhalte,[129] indem die Ausprägungen der einzelnen Kategorien für die jeweiligen Textstellen erfasst werden.[130]

Die Kategorien können deduktiv – aus einer Theorie – hergeleitet, induktiv – aus dem Material heraus – erschlossen oder deduktiv-induktiv gebildet werden, also zunächst theoriegeleitet entwickelt und daraufhin am Material angepasst und ergänzt werden.[131] Als Methoden der kategorienbasierten Analyse sind etwa die inhaltlich strukturierende, die skalierende bzw. evaluative und die typenbildend qualitative Inhaltsanalyse zu unterscheiden, die durch quantitative Auswertungsverfahren, wie z. B. Frequenzanalysen, Valenz- und Intensitätsanalysen sowie Kontingenzanalysen, ergänzt werden können.[132] So können bspw. mithilfe einer inhaltlich strukturierenden Analyse Themen und Subthemen identifiziert werden und zusätzlich durch Frequenz- und Kontingenzanalysen die Häufigkeit sowie Abhängigkeiten ihres Auftretens untersucht werden.[133]

Die für die Analyse von Rechnungslegungsstandardsetzungsprozessen auf Basis von Stellungnahmen durchgeführten Studien zum Lobbying[134] lassen sich in Beteiligungsanalysen, in denen die am Prozess beteiligten Interessengruppen und ihre Charakteristika untersucht werden, sowie in Inhalts- und Erfolgsanalysen einteilen, die die inhaltlichen Positionen der Interessengruppen sowie ihren Einfluss auf die Standardsetzung auswerten.[135] Die Studien bedienen sich dabei inhaltsanalytischer Verfahren, die eher durch ein quantitatives Vorgehen bzw. eine quantitative Auswertung geprägt sind. So wird die Beteiligung der Interessengruppen durch den Anteil der Stellungnehmer untersucht und Kontingenzanalysen

---

[128] Vgl. Mayring (2005), S. 10 f.

[129] Vgl. Gläser/Laudel (2004), S. 44.

[130] Vgl. Schreier (2014), S. 2.

[131] Vgl. Mayring (2015), S. 65–99; Kuckartz (2018), S. 63–96.

[132] Vgl. zur Erläuterung der einzelnen Methoden Mayring (2015), S. 65 f., 97–108; Kuckartz (2018), S. 97–161.

[133] Vgl. etwa Kuckartz (2018), S. 97–121.

[134] Vgl. etwa folgende insgesamt Puro (1984); Francis (1987); Gavens u. a. (1989); Tandy/Wilburn (1992); Tandy/Wilburn (1996); Saemann (1999); McLeay u. a. (2000); Larson/Brown (2001); Georgiou (2005); Georgiou (2010); Kwok/Sharp (2005); Auste (2011); Giner/Arce (2012); Jorissen u. a. (2012); Jorissen u. a. (2013); Hoffmann/Zülch (2014); Bamber/McMeeking (2016); Shields u. a. (2019).

[135] Vgl. zur Einteilung in Beteiligungs-, Inhalts- und Erfolgsanalysen Auste (2011), S. 48–55; zur Unterscheidung der Studien anhand des theoretischen Forschungsansatzes Durocher u. a. (2007), S. 30–32.

der in Frage stehenden Bilanzierungsthemen durchgeführt[136] sowie der Erfolg der Stellungnehmer durch die abstrahierte Erfassung der Positionen als Zustimmung oder Ablehnung im Sinne von „votes"[137] gemessen[138]. Der Fokus von qualitativen Inhaltsanalysen liegt hingegen auf der Bedeutungserschließung der einzelnen Stellungnahmen und damit auf der Erfassung auch latenter Inhalte und Zusammenhänge. Die Identifizierung verwendeter Argumente oder die Bewertung der Positionen, etwa durch Überprüfung der Stellungnahmen im Hinblick auf den Grad ihrer Ablehnung, verlangen – im Gegensatz zu einer Analyse primär anhand von „qualifiers" – eine Interpretation der untersuchten Stellungnahmen und folglich ein qualitativ-inhaltsanalytisches Vorgehen.[139] So kann bspw. die Entscheidungsnützlichkeit eines Regelungsvorschlags durch die Diskussion verschiedener Beispiele in Frage gestellt werden, ohne dass ein expliziter Verweis auf die einzelnen Rahmenkonzeptanforderungen erfolgt. Zudem können Stellungnahmen im Hinblick auf die Zuordnung der Positionen aufgrund der gewählten Formulierungen abweichen, jedoch substanziell die gleiche Regelung präferieren, wie bspw. die Ablehnung eines Regelungsvorschlags mit der Begründung, dass nicht in allen Situationen ein angemessenes Ergebnis erreicht wird, und die Zustimmung zu einem Regelungsvorschlag, mit der Empfehlung eine Ausnahmeregelung für bestimmte Situationen zu ergänzen.[140]

Neben Stellungnahmen werden auch Standardsetzungsdokumente und finale Standards durch ein qualitativ-inhaltsanalytisches Vorgehen untersucht, um Einblicke in die Begründungen des Standardsetzers[141] und die Umsetzung einer angestrebten Standardausrichtung[142] zu erlangen. So können im Gegensatz zur quantitativen Erfassung vorgenommener Änderungen mithilfe qualitativer Analysen bspw. die Bedeutungsentwicklung einer Regelung, wie etwa die Anforderung der glaubwürdigen Darstellung,[143] sowie die Rechtfertigungsstrategie des Standardsetzers[144] untersucht werden. Die Methode der qualitativen Inhaltsanalyse

---

[136] Vgl. etwa Jorissen u. a. (2012), S. 703–717.

[137] Vgl. zur Kritik Walker/Robinson (1993), S. 11–15 (auch Zitat, S. 11).

[138] Vgl. etwa Giner/Arce (2012), S. 664 f.

[139] Vgl. O'Keefe/Soloman (1985), S. 73 f. (auch Zitat, S. 73); Yen u. a. (2007), S. 61–63; Bamber/McMeeking (2016), S. 65 f.; Wüstemann (2018), S. 19–22.

[140] Vgl. zum Unterschied zwischen „substantive" und „drafting issues" Walker/Robinson (1993), S. 13–15.

[141] Vgl. etwa Young (2006), S. 592–595.

[142] Vgl. etwa Bradbury/Schröder (2012), S. 3 f.

[143] Vgl. Erb/Pelger (2015a), S. 26–34.

[144] Vgl. Young (2003), S. 628–634; Masocha/Weetman (2007), S. 80–95.

eignet sich daher auch für eine kombinierte Analyse der Stellungnahmen und der Standarddokumente, insbesondere da die Entwicklung der Regelungsvorschriften als diskursive Auseinandersetzung verstanden wird.

3.1.3.1.2 Diskursanalyse

Durch die konstruktivistische Betrachtung des Standardsetzungsprozesses soll der „argumentative struggle"[145] um die Entwicklung von Rechnungslegungsregeln in den Mittelpunkt der Untersuchung gestellt werden. Die Standardsetzung als sozial strukturierter Prozess basiert auf Annahmen und Werten, die sich im Prozess widerspiegeln und wiederum durch dominante Sprachpraktiken zu einem wesentlichen Bestandteil des Prozesses werden.[146] Gleichzeitig zeichnet sich er Due Process durch seine politische Komponente und damit der strategischen Einflussnahme der am Prozess Beteiligten aus. Als Dimensionen des Diskurses lassen sich daher der Sprachgebrauch, die Kognition sowie die soziale Interaktion charakterisieren, wobei die Diskursanalyse der Untersuchung dieser Dimensionen sowie ihres Zusammenhangs dient,[147] mithin gesellschaftliche und politische Effekte von Diskursen identifiziert. Im Rahmen der Diskursforschung ist grundsätzlich zwischen der sog. discourse analysis, die der Analyse von Gesprächssituationen im Sinne eines analytisch-pragmatischen Diskursverständnisses dient, und diskurstheoretischen Ansätzen wie etwa Habermas Diskursethik, die die Idee eines herrschaftsfreien Diskurses als Grundlage eines normativen Modells verfolgt,[148] und Foucaults Diskurstheorie, die der Untersuchung der Funktion des Diskurses als Sinnproduktion dient,[149] zu unterscheiden.[150] Die Diskursanalyse als Untersuchungsperspektive wird in Abhängigkeit der diskurstheoretischen Perspektive für eine Vielzahl unterschiedlicher Forschungsansätze eingesetzt bzw. konkretisiert; neben sprachwissenschaftlichen oder kulturalistischen Untersuchungen finden Diskursanalysen besonders im Rahmen der politikwissenschaftlichen Diskursforschung Anwendung.[151] So werden etwa mithilfe argumentativer Diskursanalysen diskursive Strukturen in einer Diskussion offengelegt,[152] um zu

---

[145] Hajer (1995), S. 53.

[146] Vgl. Stenka/Jaworska (2019), S. 3.

[147] Vgl. van Dijk (1997), S. 2.

[148] Vgl. insgesamt Habermas (1973).

[149] Vgl. insgesamt Foucault (1994).

[150] Vgl. Kerchner/Schneider (2006), S. 9 f.; Keller (2011), S. 13–58.

[151] Vgl. etwa zum Überblick verschiedener Ansätze Keller (2011), S. 13–64; spezifisch zur politischen Diskursanalyse Nonhoff (2006), S. 40–42.

[152] Vgl. Hajer (2006), S. 67.

verstehen, wie sich bestimmte Bedeutungen einzelner Problemfelder gegenüber anderen durchsetzen, auf welche Art und Weise diese dargestellt werden und wie Diskurskoalitionen entstehen.[153]

Diskursanalysen bedienen sich je nach Untersuchungsschwerpunkt unterschiedlicher Methoden, beruhen jedoch häufig auf Textanalysen.[154] Neben formalen Untersuchungen der Diskursbeiträge ist die Analyse von Diskursen meist durch ein qualitativ-inhaltsanalytisches Vorgehen gekennzeichnet, das auch eine Erfassung der rhetorisch-sprachlichen Dimension umfasst.[155] Die Codierung diskursiver Beiträge zur Erfassung der von Diskursteilnehmern angesprochenen Themen kann etwa durch inhaltsanalytische Kategorien erfolgen, wobei durch die Identifizierung von Gemeinsamkeiten und Unterschieden die Verbreitung verschiedener Deutungen und Argumente zwischen den Akteuren rekonstruiert werden kann.[156] Die übereinstimmende Verwendung von Argumenten weist insofern auf geteilte Deutungen hin, wohingegen Unterschiede mögliche Konflikte aufzeigen; dies kann Aufschluss „über die kollektive Reichweite oder den Institutionalisierungsgrad einzelner Deutungsangebote" ermöglichen.[157]

Zur Untersuchung der Diskursetablierung eignet sich zudem eine rhetorische Analyse, die den Fokus auf den Überzeugungsprozess legt.[158] Durch die Erfassung von „persuasive 'devices'"[159] können Einblicke in die „diskursive Erzeugung von Zustimmung" bzw. Ablehnung erlangt werden.[160] Unter Rhetorik wird insofern der Einsatz von Überzeugungskraft verstanden, um eine bestimmte Einstellung bzw. ein bestimmtes Verhalten oder Änderungen dieser herbeizuführen, mithin ein Instrument der Kommunikation und Interaktion, das Möglichkeiten der Einflussnahme eröffnet.[161] Rhetorik lässt sich in Anschluss an Aristoteles anhand der Art der Überzeugung durch Ethos, d. h. Glaubwürdigkeit, die etwa durch den Verweis auf Gemeinsamkeiten und Expertise erlangt wird, Logos, d. h. Rationalität, die bspw. durch eine logische Argumentation und Nachweise oder Beispiele erzeugt wird, und Pathos, d. h. Emotionen, die durch

---

[153] Vgl. Hajer (1995), S. 44.

[154] Vgl. Keller (2011), S. 75–81.

[155] Vgl. Keller (2011), S. 97–112.

[156] Vgl. Schwab-Trapp (2008), S. 174 f.

[157] Vgl. Schwab-Trapp (2008), S. 174–179 (auch Zitat, S. 179).

[158] Vgl. Carter/Jackson (2004), S. 476.

[159] van Dijk (1997), S. 12.

[160] Vgl. Hartz/Fassauer (2017), S. 474–477 (auch Zitat, S. 477).

[161] Vgl. Cheney u. a. (2008), S. 84.

emotionale Appelle erreicht werden, unterscheiden.[162] Eine rhetorische Analyse umfasst dabei auch eine Untersuchung der verwendeten rhetorischen Stilmittel, wie etwa Metaphern oder Metonymien.[163]

Die diskursanalytischen Studien zur Rechnungslegungsforschung sind durch eine Vielzahl verschiedener theoretischer und methodischer Ansätze gekennzeichnet,[164] wobei methodisch sowohl quantitative[165] als auch qualitative[166] und gemischte[167] inhaltsanalytische Verfahren angewendet werden. So liegt der Fokus etwa auf der Untersuchung der gesellschaftlichen Bedeutung von Diskursen, wie z. B. im Zusammenhang mit der Etablierung des Rechenschaftszwecks und der Entwicklung des Rahmenkonzepts[168] oder den ideologischen Auswirkungen von Rechnungslegungsdiskursen[169]. Verschiedene Studien sind zudem durch rhetorische Analysen geprägt, die bspw. durch Analysen von Mythen die Wissensvermittlung in Gesetzgebungsprozessen ergründen[170] oder durch Metaphern- und Kollokationsanalysen von Standardsetzungsdokumenten die Konstruktion des (fiktiven) Nutzers oder die Überzeugungsstrategie des Standardsetzers untersuchen[171].

Unter Berücksichtigung der in der Rechnungslegungsforschung bestehenden Lobbying- und diskursanalytischen Studien wird in der folgenden Analyse der in der politikwissenschaftlichen Forschung verwendete Ansatz der argumentativen Diskursanalyse[172] einbezogen. Diskurs wird demnach definiert „als ein spezifisches Ensemble von Ideen, Konzepten und Kategorisierungen, das sich in einem spezifischen Set sozialer Praktiken produziert, reproduziert und transformiert",

---

[162] Vgl. insgesamt Aristoteles/transl. by H. C. Lawson-Tancred (1991); Aho (1985), S. 23; Cockcroft/Cockcroft (1992), S. 1–8; Green (2004), S. 659 f.; Higgins/Walker (2012), S. 197 f.; Stenka (2014), S. 15; La Torre u. a. (2020), S. 5–7.

[163] Vgl. zur Übersicht verschiedener Stilmittel Kallendorf/Kallendorf (1985), S. 36 f.

[164] Vgl. für einen Überblick insgesamt Beattie (2014).

[165] Vgl. etwa folgende insgesamt Robb/Zarzeski (2001); Cho u. a. (2010).

[166] Vgl. etwa folgende insgesamt Young (2003); Masocha/Weetman (2007); Nielsen/Madsen (2009); Duval u. a. (2015); Lupu/Sandu (2017); Stolowy u. a. (2019).

[167] Vgl. etwa folgende insgesamt Bamber/McMeeking (2016); Baudot u. a. (2017).

[168] Vgl. Murphy u. a. (2013), S. 77–87.

[169] Vgl. Zhang/Andrew (2016), S. 3–17.

[170] Vgl. Hoffmann/Zülch (2014), S. 719–721.

[171] Vgl. etwa folgende insgesamt Walters-York (1996); Young (2001); Young (2003); Young (2006); Masocha/Weetman (2007); Walters/Young (2008); Amernic/Craig (2009); Amernic (2013); Young (2013); Stenka/Jaworska (2019).

[172] Vgl. Hajer (1993), S. 44–48; Neumann (2016), S. 288–290; Kurze (2018), S. 99–121.

wobei bestimmte Diskurse identifiziert werden können, „die Muster für legitimes Handeln vorgeben und als Wegweiser innerhalb der institutionellen Praktiken fungieren."[173] Dabei lassen sich von den beteiligten Akteuren verwendete charakteristische story-lines nachweisen, durch die bestimmte Sichtweisen produziert bzw. reproduziert werden und die eine unterschiedliche Anschlussfähigkeit aufweisen.[174] Story-lines erfüllen demnach die Funktion, die diskursive Komplexität eines Problems zu reduzieren und Möglichkeiten der Problemlösung zu schaffen; sie können sich im Fall der Akzeptanz der Akteure etablieren und zur Rechtfertigung einer spezifischen Herangehensweise für ein scheinbar einheitliches Problem dienen.[175] Mithilfe von story-lines lassen sich Akteure positionieren sowie bestimmte Ideen und Vorstellungen zuschreiben.[176] Zudem können Diskurskoalitionen identifiziert werden, die sich durch die gemeinsame Verwendung bestimmter story-lines auszeichnen.[177] Vor diesem Hintergrund ist ein Bestandteil der Analyse herauszuarbeiten, inwieweit die Etablierung der Regelungsvorschriften für Bilanzierungsprobleme im Zusammenhang mit der Umsatzerfassung aus Mehrkomponentengeschäften von dem Ergebnis diskursiver Interaktion abhängt und Prozesse des Wandels durch die in diesem Zusammenhang stehenden Diskurse beeinflusst werden.

3.1.3.2 Kategoriensystem
3.1.3.2.1 Methodisches Vorgehen
Für die Ermittlung des Einflusses von Unternehmen und dem IASB auf die Standardsetzung wurde eine qualitative Inhaltsanalyse durchgeführt, die als bedeutungserschließende Untersuchungsmethode eine systematische Identifizierung von Gemeinsamkeiten und Unterschieden sowie Mustern in dem zu analysierenden Datensatz ermöglicht. Die manuelle Erfassung der Inhalte sowie ihre Auswertung erfolgte dabei computergestützt mithilfe des Programms QDAMiner.[178] Für die Codierung in QDAMiner wurden die Stellungnahmen und Standardentwürfe in einem ersten Schritt formatiert und mithilfe von Acrobat/Adobe Pro in Textdateien umgewandelt. Anschließend erfolgte die manuelle Aufbereitung der Word-Dateien, wobei insbesondere Fehler der OCR-Texterkennung behoben

---

[173] Vgl. Hajer (1997), S. 111 (auch Zitate, Hervorhebungen im Original).

[174] Vgl. Hajer (1997), S. 111.

[175] Vgl. Hajer (1995), S. 63–65.

[176] Vgl. Hajer (1995), S. 64 f.

[177] Vgl. Hajer (1995), S. 65–67.

[178] Vgl. etwa zur Verwendung von QDA-Software Bamber/McMeeking (2016), S. 64 f.

sowie nicht codierbare Textfelder, wie bspw. Grafiken und Firmenlogos, ent-
fernt wurden. Mithilfe von QDAMiner wurde der aufbereitete Datensatz durch
inhaltlich strukturierende Verfahren codiert.

Die Entwicklung der theoretischen Haupt- sowie Subkategorien erfolgte
im Rahmen der inhaltlich strukturierenden Analyse deduktiv-induktiv, mithin
theoriebasiert auf Basis der bestehenden Literatur und durchgeführten Studien
zur Rechnungslegungsstandardsetzung und Unternehmensberichterstattung sowie
Ergänzungen am Material im Zuge der Datenanalyse; die thematischen Kategorien wurden induktiv am Material gebildet.[179] Das Kategoriensystem ist folglich
hierarchisch aufgebaut, wobei die inhaltliche Ausrichtung sowie die Rhetorik
als übergeordnete Hauptkategorien verwendet und durch Subkategorien unterschiedlicher über- und untergeordneter Ebenen ergänzt wurden.[180] Im Rahmen
der Codierung wurden Textstellen, die mit einer bestimmten Kategorie in Verbindung stehen, einer vorab gebildeten Kategorie zugeordnet oder in eine dabei
generierte Kategorie überführt.[181] Die Länge bzw. der Umfang einer zu codieren-
den Textstelle wurde dabei nicht festgelegt, sondern entspricht der der Kategorie
zugehörigen Sinneinheit.[182] Aufgrund der thematisch-analytischen Codierung
kann eine Textstelle mit mehr als einer Kategorie in Verbindung stehen, mithin auch mehreren Kategorien zugeordnet worden sein, bspw. weil in einem
Textabschnitt mehrere, unterschiedliche Themen adressiert oder unterschiedliche Überzeugungsarten verwendet wurden.[183] Die Subkategorien der inhaltlichen
Zielrichtung zu den Regelungen zur Vertragszusammenfassung sowie zur Aufteilung von Leistungsverpflichtungen und zur Aufteilung des Transaktionspreises
dienten der selektiven Beschränkung des Datensatzes auf den aus der Forschungsfrage folgenden Fokus auf Mehrkomponentengeschäfte.[184] Stellungnahmen, die
ausschließlich Themen außerhalb des Forschungsinteresses adressierten und folglich keine Äußerungen zu Bilanzierungsproblemen beinhalteten, die einer der
Subkategorien der inhaltlichen Ausrichtung zuordenbar waren, wurden in einer
Restkategorie erfasst.[185]

---

[179] Vgl. zu den unterschiedlichen Kategorien und den Arten der Kategorienbildung Kuckartz
(2018), S. 34, 63–96, 101 f.

[180] Vgl. Kuckartz (2018), S. 38 f.

[181] Vgl. zu Unterschieden des Codierens Strauss/Corbin (1990), S. 61–142.

[182] Vgl. Kuckartz (2018), S. 103 f.

[183] Vgl. Kuckartz (2018), S. 44, 102 f.

[184] Vgl. zum selektiven Vorgehen und Ausschluss nicht untersuchungsrelevanter Äußerungen Hoffmann/Zülch (2014), S. 715.

[185] Vgl. Kuckartz (2018), S. 66 f.

Die manuelle Codierung erfolgte auf Basis des erstellen Kategoriensystems[186], d. h. durch Kategorienzuordnung im Rahmen sequenzieller Textdurchsicht,[187] ohne die Verwendung quantitativer Verfahren, wie etwa durch Stichwortsuche oder Frequenzwörterbücher[188]. Um die im Rahmen dieses qualitativen Vorgehens erforderliche Interpretationsnotwendigkeit zu validieren, wurden als Gütekriterium der Kategorienzuordnung präzise Kategorienbeschreibungen und Codier-Indikatoren festgelegt.[189] Die Zuverlässigkeit der Codierung wurde durch eine zweifache Textdurchsicht des gesamten Datensatzes auf Basis des erstellen Kategoriensystems optimiert.

Die inhaltlich strukturierende Codierung ermöglichte zudem die Identifikation typischer Muster und Elemente[190] im Datensatz. Durch die Zusammenfassung bzw. Kombination verschiedener Fälle, die Ähnlichkeiten in bestimmten Ausprägungen in dem auf Basis der codierten Kategorien gebildeten Merkmalsraum aufweisen,[191] erfolgte eine Typisierung verwendeter story-lines[192]. Für die diskursanalytische Rekonstruktion wurden folglich verschiedene Kategorien in Beziehung zueinander betrachtet und dabei erkennbare Wiederholungen bzw. Verbindungen „zusammengeführt, über einen roten Faden, eine story-line integriert".[193] Das induktive Vorgehen wurde von der Forschungsfrage nach der Konstituierung der Rechnungslegungsvorschriften geleitet und daher auf den diskursiven Zielkonflikt zwischen einer konzeptionellen Standardsetzung und einer praxisgerechten Standardanwendung ausgerichtet. Die einzelnen story-lines wurden mithilfe von Ankerbeispielen in Form aussagekräftiger Textauszüge veranschaulicht, um die Transparenz und Nachvollziehbarkeit zu gewährleisten.[194]

3.1.3.2.2 Formale Zuordnung der Stellungnahmen nach Herkunft und Branchenzugehörigkeit

Für einen differenzierten Überblick der beteiligten Unternehmen und als formale Anknüpfung für die spätere Auswertung wurde den Stellungnahmen unabhängig

---

[186] Vgl. zum Überblick des Kategoriensystems der übergeordneten Kategorien Appendix, II.

[187] Vgl. Kuckartz (2018), S. 102 f.; zum analogen Vorgehen Bamber/McMeeking (2016), S. 65.

[188] Vgl. etwa Weber (1990), S. 44–53.

[189] Vgl. Kuckartz (2018), S. 66 f.; zu den Kategorienbeschreibungen Appendix, III.

[190] Vgl. Keller (2008), S. 92.

[191] Vgl. zur typenbildenden Inhaltsanalyse Kuckartz (2018), S. 143–148.

[192] Vgl. Kurze (2018), S. 177–182.

[193] Vgl. Keller (2008), S. 89 f. (auch Zitat, S. 90, Hervorhebungen im Original).

[194] Vgl. Kurze (2018), S. 180.

von der Codierung die Herkunft des Unternehmens sowie die jeweilige Branche zugeordnet.[195] Beide Charakteristika dienen dazu, die erzielten Ergebnisse im Hinblick auf mögliche Einflüsse institutioneller Faktoren,[196] wie etwa dem zugrundeliegenden Rechtskreis[197] oder industriespezifischen Eigenschaften[198], zu beurteilen. Die Herkunft wurde in Anlehnung an die Comment-Letter-Zuteilung des IASB – abgesehen von der Schweiz sowie Kanada – in Regionen aggregiert erfasst.[199] Die Erfassung der Schweiz und Kanadas erfolgte separat, da beide Länder ein von der kontinentalen Herkunft abweichendes Rechnungslegungssystem aufweisen. Die vom IASB verwendete Kategorie „Multinationals" wurde nicht übernommen; die Zuordnung erfolgte in Abhängigkeit des Unternehmenssitzes. Aus diesem Vorgehen ergab sich eine Einteilung in die in Tabelle 3.2 abgebildeten acht Herkunftsregionen.

Tabelle 3.2 Herkunftseinteilung der Unternehmen	**Herkunftseinteilung der Unternehmen**
	• Afrika/Middle East/Indien
	• Asien
	• Australien/Neuseeland
	• Europa
	• Kanada
	• Schweiz
	• US-Amerika
	• Zentral- und Südamerika

Die Einteilung und Abgrenzung einzelner Branchen erfolgte entsprechend der Sektorklassifizierung der Deutschen Börse.[200] Aus Gründen der Übersichtlichkeit wurde die Branchenzugehörigkeit auf übergeordneter Ebene, den sog. Supersektoren, aggregiert erfasst. So gehören etwa zur Fertigungsindustrie verschiedene Industriezweige, wie z. B. Maschinen-, Gebäude- und Anlagenbau oder auch Transportdienstleistungen. Hieraus folgte eine Einordnung anhand der in Tabelle 3.3 abgebildeten acht Branchen.

---

[195] In QDAMiner wurden die Herkunft und Branche als „Variables" festgelegt.

[196] Vgl. Jorissen u. a. (2013), S. 242–246.

[197] Vgl. etwa Bamber/McMeeking (2016), S. 63.

[198] Vgl. Elbannan/McKinley (2006), S. 614–616.

[199] Vgl. Technical Staff (2009a), Agenda Paper 14 A/119 A, Rz. 3.

[200] Vgl. Deutsche Börse (2019), S. 62–66; Lam (2016), S. 285 f.

Tabelle 3.3 Brancheneinteilung der Unternehmen	**Brancheneinteilung der Unternehmen**
	• Fertigungsindustrie (Industrials)
	• Pharmaindustrie (Pharma & Healthcare)
	• Software und Informationstechnologie (Information Technology)
	• Telekommunikation (Telecommunication)
	• Rohstoffe (Basic Materials)
	• Verbraucherdienstleistungen (Consumer Services)
	• Verbrauchsgüter (Consumer Goods)
	• Versorgungswirtschaft (Utilities)

3.1.3.2.3 Kategorienüberblick
3.1.3.2.3.1 Inhaltliche Zielrichtung
3.1.3.2.3.1.1 Bilanzierungsalternativen für Mehrkomponentengeschäfte

Das für die Inhaltsanalyse verwendete Kategoriensystem wurde aus den Fragestellungen zur inhaltlichen Zielrichtung sowie zur Rhetorik abgeleitet, die die beiden Hauptkategorien darstellen. Die inhaltliche Zielrichtung umfasst dabei zwei Ebenen: Den Inhalt der Regelungsvorschriften, d. h. die möglichen Bilanzierungsalternativen für Mehrkomponentengeschäfte, und die Form der Regelungsvorschriften, d. h. die Umsetzungsmöglichkeiten im Rahmen der Standardausgestaltung. Die thematischen Kategorien für den Inhalt der Regelungsvorschriften wurden aufgrund des Forschungsinteresses an Mehrkomponentengeschäften zunächst durch Fokus auf die Vertragszusammenfassung, die Aufteilung von Leistungsverpflichtungen und die Aufteilung des Transaktionspreises gebildet und durch die in den Standardentwürfen sowie den Stellungnahmen hierzu geäußerten Bilanzierungslösungen konkretisiert (Tabelle 3.4). Während des Standardsetzungsprozesses wurden als Bilanzierungsalternativen in Bezug auf die *Zusammenfassung von Verträgen* auch die *Portfoliobetrachtung* sowie die *Aufteilung eines Vertrags in mehrere Einzelverträge* diskutiert, die im Rahmen der Kategorienbildung daher unter der Kategorie der *Ausnahmen vom einzelvertragsbasierten Ansatz* subsumiert wurden.

Als Bilanzierungsalternativen für die *Aufteilung von Leistungsverpflichtungen* wurden sieben Subkategorien identifiziert. Zusätzlich zur Kategorie der *Anknüpfung an den Erfüllungszeitpunkt* sowie der Kategorie für Äußerungen, die eine *vertragsübergreifende Beurteilung* adressierten, wurden das *Distinct-Kriterium* sowie mit diesem im Zusammenhang stehende Kriterien als Kategorien festgelegt. Obwohl die Beurteilung der *Interdependenz*, der *Risiken*, der *Gewinnmarge* und der *Einzelveräußerung* von Leistungsverpflichtungen in Verbindung mit dem Distinct-Kriterium steht, wurden alle Kriterien als separate Kategorien erfasst, um ein differenziertes Verständnis für die Konkretisierung des Kriteriums der Eigenständigkeit zu erlangen. Die einzelnen Kategorien wurden indes nicht unter dem Distinct-Kriterium subsumiert, da das Kriterium auch ohne den Bezug zu den einzelnen Faktoren adressiert werden konnte. Eine Überschneidung der Kategorien ist mithin möglich.

Die *Aufteilung des Transaktionspreises* umfasst neben der Kategorie des *relativen Einzelveräußerungspreises* drei weitere Kategorien für die im Standardsetzungsprozess diskutierten Bewertungsansätze. Während die *Contingent-Revenue-Cap-Methode* und die *Residualwertmethode* als in der Standardsetzung und Praxis relevante Methoden als eigenständige Kategorien abgegrenzt wurden, erfolgte eine aggregierte Erfassung der sonstig adressierten *alternativen Bewertungsmaßstäbe*.

Tabelle 3.4 Subkategorien der Kategorie „Bilanzierungsalternativen für Mehrkomponentengeschäfte"

Bilanzierungsalternativen für Mehrkomponentengeschäfte
• Ausnahmen vom einzelvertragsbasierten Ansatz
• Aufteilung eines Vertrags in mehrere Einzelverträge
• Portfoliobetrachtung
• Zusammenfassung von Verträgen
• Aufteilung von Leistungsverpflichtungen
• Anknüpfung an den Erfüllungszeitpunkt
• Distinct-Kriterium
• Einzelveräußerung
• Interdependenz
• Gewinnmarge
• Risiken
• Vertragsübergreifende Beurteilung
• Aufteilung des Transaktionspreises
• Alternativer Bewertungsmaßstab
• Contingent-Revenue-Cap-Methode
• Relativer Einzelveräußerungspreis
• Residualwertmethode
• Restkategorie

Die Kategorien für die Bilanzierungsalternativen für Mehrkomponentenge-schäfte ermöglichen das Bilanzierungsverständnis der am Standardsetzungspro-zess Beteiligten zu erfassen. Im Gegensatz zu evaluativen Kategorien, die bspw. eine Positionierung der Beteiligten anhand der Reichweite ihrer Zustimmung oder Ablehnung vornehmen, bilden die thematischen Kategorien unterschied-liche Bedeutungsgehalte ab, mithilfe derer die Reichweite des Einflusses und folglich der Etablierung einzelner Regelungen nachvollzogen werden kann. Stel-lungnahmen, die keine dieser Kategorien adressierten, wurden daher in einer *Restkategorie* erfasst, demzufolge auch nicht im Hinblick auf die Kategorien der Umsetzungsmöglichkeiten und der Rhetorik untersucht.

3.1.3.2.3.1.2 Umsetzungsmöglichkeiten im Rahmen der Standardausgestaltung

Die inhaltliche Ausrichtung umfasst neben dem Inhalt der Regelungsvorschrif-ten auch die Form der Regelungsvorschriften. Der Fokus liegt hierbei auf den Umsetzungsmöglichkeiten im Rahmen der Standardausgestaltung und knüpft insofern an die Frage einer prinzipienorientierten oder regelbasierten Standardset-zung an. Die Kategorienbildung erfolgte daher zunächst theoriebasiert. Während eine regelorientierte Standardsetzung durch die Entwicklung eines branchen-spezifischen, sehr detaillierten und möglichst jegliche Bilanzierungssachverhalte umfassenden Regelwerks gekennzeichnet ist, ist eine prinzipienorientierte Stan-dardsetzung von allgemeingültigen Prinzipien geprägt, die unter Anwendung sachgemäßen Ermessens der Unternehmen die Bilanzierung unterschiedlicher Sachverhalte abdecken.[201] Der Fokus der Kategorienbildung für die Umsetzungs-möglichkeiten lag demzufolge auf dem Umfang und der Verbindlichkeit der Regelausgestaltung (Tabelle 3.5). Die Detailliertheit der Regelungen bezieht sich sowohl auf Beispiele und Anwendungsleitlinien als auch auf die Verständlich-keit des Standardtexts und wird von der Kategorie *Umfang der Guidance* erfasst. Die Verbindlichkeit einer Regelungsvorschrift wurde als *industriespezifische Aus-nahmeregelung* und als *Determiniertheit der Regelungsvorschriften* kategorisiert, die die Bestimmtheit der Regelungen, wie etwa die Ausprägung von Wahlrech-ten, umfasst. Die drei Subkategorien wurden im Rahmen der Datenanalyse durch die Kategorie der *Übernahme alter Regelungsvorschriften* ergänzt, die als the-matische Kategorie nur mittelbar an die Prinzipien- oder Regelorientiertheit der Standardsetzung anknüpft, jedoch eine Umsetzungsmöglichkeit für die inhaltliche Standardausgestaltung der Bilanzierungsalternativen darstellt.

---

[201] Vgl. Schipper (2003), S. 62–71; Benston u. a. (2006), S. 167–171; Wüs-temann/Wüstemann (2010), S. 14–21.

Tabelle 3.5 Subkategorien der Kategorie „Umsetzungsmöglichkeiten im Rahmen der Standardausgestaltung"	**Umsetzungsmöglichkeiten im Rahmen der Standardausgestaltung**
	• Determiniertheit der Regelungsvorschriften
	• Industriespezifische Ausnahmeregelung
	• Umfang der Guidance
	• Übernahme alter Regelungsvorschriften

3.1.3.2.3.2 Rhetorik

3.1.3.2.3.2.1 Ethos: Erzeugung von Glaubwürdigkeit

Die Anschlussfähigkeit einer Problemlösungsalternative wird nicht allein von ihrer inhaltlichen Zielrichtung, sondern auch von ihrer Überzeugungskraft bestimmt, weshalb neben der inhaltlichen Dimension auch die rhetorische Dimension des Standardsetzungsprozesses analysiert wird. Rhetorik stellt daher die zweite Hauptkategorie dar und umfasst die unterschiedlichen, dennoch zusammenwirkenden Überzeugungsarten, d. h. die „means of persuasion" zur Erzeugung von Glaubwürdigkeit (Ethos), Emotionen (Pathos) und Rationalität (Logos), sowie die stilistischen Mittel, die das „stylistic repertoire" darstellen.[202] Die Kategorienbildung erfolgte theoriebasiert in Anlehnung an die in existierenden Studien zur Untersuchung der Rhetorik in der Unternehmensberichterstattung verwendeten Kategorien,[203] die durch Kategorien auf Basis der Literatur zur Rechnungslegungsstandardsetzung und durch Bildung thematischer Kategorien am Material ergänzt wurden.

Die übergeordnete Subkategorie Ethos beinhaltet die Kategorien zur Überzeugung durch Glaubwürdigkeit, die auf dem Charakter und der „self-presentation"[204] der sich äußernden Beteiligten gründet.[205] Ethos bezieht sich demnach auf die „personality" des Autors, etwa in Form des persönlichen Images, des Charismas und seiner Expertise, und dessen „stance", d. h. seiner Stellung und Grundhaltung sowie der Vermittlung dieser.[206] Die Erzeugung von Glaubwürdigkeit zur Überzeugung der Adressaten beruht auf der Annahme, dass die Akzeptanz einer Äußerung in Zusammenhang mit dem Vertrauen in den und

---

[202] Vgl. Cockcroft/Cockcroft (1992), S. 3 (auch Zitat), S. 114 f. (auch Zitat, S. 115).

[203] Vgl. Higgins/Walker (2012), S. 197 f.; La Torre u. a. (2020), S. 5–7.

[204] Warnock (1992), S. 183.

[205] Vgl. Higgins/Walker (2012), S. 197.

[206] Vgl. Cockcroft/Cockcroft (1992), S. 19–23.

dem Respekt vor dem Autor steht.[207] Im Rahmen des Standardsetzungsprozesses geht es folglich um die Erlangung von Glaubwürdigkeit hinsichtlich der Rolle, Positionierung und Charakterisierung des Unternehmens respektive des Standardsetzers.

Die Überzeugungsart Ethos wurde anhand von sechs Subkategorien operationalisiert (Tabelle 3.6). Die Kategorie *Gemeinsamkeiten* beschreibt die Erzeugung von Glaubwürdigkeit durch das Aufzeigen von Ähnlichkeiten sowie geteilten Hintergründen, Zielen und Werten zwischen dem Autor und den Adressaten, was eine Identifikation ermöglicht und Einigkeit nahelegt.[208] Sie umfasst dabei auch die Verwendung von Schmeicheleien, die den Autor sympathisch wirken lassen.[209] Durch die Bezugnahme auf Adressaten bzw. ihre Ansichten sowie durch Aufforderung der Adressaten, ihre Meinung zu äußern, wird Freundlichkeit und Anerkennung vermittelt, was als *Respekt* kategorisiert wurde.[210] Glaubwürdigkeit wird zudem durch die *Expertise* eines Autors in Bezug auf das spezifische Thema erreicht, wobei die Anknüpfung an Qualifikationen, Erfahrungen und Fachwissen überzeugend wirkt.[211] Die Kategorie der *Autorität* umfasst sowohl die Vermittlung eigener Autorität, bspw. durch den *Bezug auf den eigenen Vorschlag, persönliche Treffen* zwischen Autor und Adressaten und *Branchentreffen* zwischen verschiedenen Autoren, als auch fremder Autorität, etwa durch den *Verweis auf andere Institutionen* oder den *Verweis auf andere Standards*.[212] Durch den Bezug auf die (ökonomische) *Realität* und die *Darstellung der Vermögens- und Ertragslage* wird an ein Objekt „out there" angeknüpft,[213] weshalb beide Kategorien ebenfalls unter der Kategorie der Autorität erfasst wurden.

---

[207] Vgl. Beason (1991), S. 326.

[208] Vgl. Beason (1991), S. 331–333; Allen/Caillouet (1994), S. 48; Higgins/Walker (2012), S. 198; La Torre u. a. (2020), S. 6.

[209] Vgl. Allen/Caillouet (1994), S. 48; zur Subsumtion unter der Kategorie Gemeinsamkeiten La Torre u. a. (2020), S. 5 f.

[210] Vgl. Beason (1991), S. 333–335; Higgins/Walker (2012), S. 198; La Torre u. a. (2020), S. 6, 10.

[211] Vgl. Beason (1991), S. 337 f.; Higgins/Walker (2012), S. 198; La Torre u. a. (2020), S. 6, 10.

[212] Vgl. zur Kategorie der Autorität unter Ethos La Torre u. a. (2020), S. 6.

[213] Vgl. Young (2003), S. 628 (auch Zitat, Hervorhebung im Original).

Tabelle 3.6 Subkategorien
der Kategorie „Ethos:
Erzeugung von
Glaubwürdigkeit"

Ethos: Erzeugung von Glaubwürdigkeit
• Autorität

• Bezug auf eigenen Vorschlag
    • Branchentreffen
    • Darstellung der Vermögens- und Ertragslage
    • Persönliche Treffen
    • Realität
    • Verweis auf andere Institutionen
    • Verweis auf andere Standards

• Erfolgsorientierung
• Expertise
• Gemeinsamkeiten
• Respekt
• Selbstkritik

Als weitere Kategorien wurden die *Erfolgsorientierung*, wonach auf vergangene Leistungen oder künftige Erfolge des Autors aufmerksam gemacht wird, und die *Selbstkritik* festgelegt, die auf der Vermittlung von Glaubwürdigkeit durch Zugeständnisse eigener Fehler oder Defizite beruht.[214]

3.1.3.2.3.2.2 Pathos: Erzeugung von Emotionen

Die Überzeugungsart Pathos gründet auf der Erzeugung von Emotionen beim Adressaten. Der Fokus liegt auf dem emotionalen Engagement, das auf die Bedürfnisse und Gefühle der Adressaten gerichtet ist und das Verständnis dieser durch den Autor vermittelt.[215] Emotionales Engagement erfordert dabei „orientation", d. h. die emotionale Orientierung bzw. Ausrichtung der Äußerung, sowie „actualisation", d. h. die Umsetzung bzw. die Art, wie Adressaten durch Emotionen überzeugt werden, etwa durch eine bildhafte Sprache oder die Anknüpfung an soziale sowie kulturelle Werte.[216] In einzelnen Studien zur Untersuchung der Unternehmensberichterstattung wird Pathos durch Subkategorien in Form

---

[214] Vgl. Beason (1991), S. 335–340; Higgins/Walker (2012), S. 198; La Torre u. a. (2020), S. 6.

[215] Vgl. Higgins/Walker (2012), S. 198; La Torre u. a. (2020), S. 6.

[216] Vgl. Cockcroft/Cockcroft (1992), S. 40–50 (auch Zitate, S. 40); Higgins/Walker (2012), S. 198; La Torre u. a. (2020), S. 6 f., 11 f.

von rhetorischen Figuren unterteilt.[217] Im Gegensatz hierzu wurden die Stilmittel jedoch als sprachliche Umsetzung der rhetorischen Strategie verstanden, die insofern unterschiedlichen Überzeugungsarten dienen können. Es erfolgte daher eine separate Kategorisierung der rhetorischen Stilmittel und folglich keine Untergliederung der Kategorie Pathos.

3.1.3.2.3.2.3 Logos: Erzeugung von Rationalität

Die Überzeugung durch Logos umfasst als Mittel die Argumentation und kann durch die Ebenen „invention", d. h. die Entwicklung von Argumenten zu einem bestimmten Thema, und „judgement", die die anschließende Abwägung dieser betrifft, charakterisiert werden.[218] Logos legt den Fokus demnach auf den Gegenstand der Diskussion anstatt auf die Teilnehmenden[219] und knüpft folglich an die Rationalität und Widerspruchsfreiheit eines Arguments an[220]. Die Rationalität einer Begründung basiert für Zwecke der Rhetorik dabei nicht zwingend auf den gleichen Ansprüchen bzw. Beweispflichten wie die der Logik, um überzeugend zu sein, sondern kann vielmehr auf dem Anschein von Rationalität gründen.[221] Maßgeblich ist hierfür die Schlüssigkeit einer Argumentation: Während die Verwendung von Fakten, quantitativen Daten und empirischen Nachweisen die Unbefangenheit und Stichhaltigkeit adressiert und eine logische Schlussfolgerung ermöglicht, beruht die Überzeugungskraft abstrakter und ungenauer Konzepte sowie das Fehlen etwaiger Nachweise auf einer „commonsense"[222] Schlüssigkeit.[223]

Die Operationalisierung der Überzeugungsart Logos erfolgte zunächst theoriebasiert anhand der in Lobbying-Studien verwendeten Einteilung in *konzeptionelle Gründe* und *ökonomische Gründe* (Tabelle 3.7).[224] Die Kategorie der konzeptionellen Gründe umfasst Argumente, deren Schlüssigkeit auf Rechnungslegungsprinzipien und theoretischen Konzepten gründet.[225] Als Begründungsmaßstab für die einzelnen Bilanzierungsalternativen kann insofern das Rahmenkonzept

---

[217] Vgl. etwa Higgins/Walker (2012), S. 198; La Torre u. a. (2020), S. 6.

[218] Vgl. Cockcroft/Cockcroft (1992), S. 58 f.

[219] Vgl. Warnock (1992), S. 183.

[220] Vgl. Holt/Macpherson (2010), S. 26.

[221] Vgl. Holt/Macpherson (2010), S. 26; Higgins/Walker (2012), S. 198.

[222] Higgins/Walker (2012), S. 198.

[223] Vgl. Nørreklit (2003), S. 593–596; La Torre u. a. (2020), S. 7.

[224] Vgl. zur Einteilung in konzeptionelle und ökonomische Gründe Tuttici u. a. (1994), S. 94–98; Giner/Arce (2012), S. 670–674; Wüstemann (2018), S. 15 f.

[225] Vgl. Stenka/Taylor (2010), S. 118.

verwendet werden.[226] Auf Basis der im Rahmenkonzept verankerten Zwecksetzung und qualitativen Merkmale wurden im Zuge der Datenanalyse daher
die *Entscheidungsnützlichkeit*, die *glaubwürdige Darstellung*, die *Relevanz*, die
Vergleichbarkeit, die *Verlässlichkeit* und die *Verständlichkeit* als Subkategorien
identifiziert. Zudem wurde die konsistente Ausgestaltung der Regelungsvorschriften mit der Subkategorie der *Konsistenz* festgelegt. In der Kategorie der
ökonomischen Gründe beruht die Schlüssigkeit der Argumente hingegen auf
den ökonomischen Folgen der Bilanzierungsalternativen.[227] Als Subkategorien
wurden daher die *Praktikabilität*, die *Kosten* und der *Nutzen* festgelegt.

Neben den Kategorien der konzeptionellen und ökonomischen Gründe wurde
zudem die Verwendung von *Beispielen* als eigenständige Kategorie erfasst, da
Beispiele bzw. beispielhafte Erläuterungen als Nachweise fungieren, mithin der
Überzeugung durch Rationalität dienen.[228]

Tabelle 3.7 Subkategorien der Kategorie „Logos: Erzeugung von Rationalität"

Logos: Erzeugung von Rationalität
• Beispiele
• Konzeptionelle Gründe

• Entscheidungsnützlichkeit
  • Glaubwürdige Darstellung
  • Konsistenz
  • Relevanz
  • Vergleichbarkeit
  • Verlässlichkeit
  • Verständlichkeit

• Ökonomische Gründe

• Kosten
  • Nutzen
  • Praktikabilität

3.1.3.2.3.2.4 Rhetorische Stilmittel

Während die Unterscheidung in Ethos, Pathos und Logos an die Überzeugungsart anknüpft, bezieht sich das „persuasive repertoire" auf die linguistische

---

[226] Vgl. etwa Tutticci u. a. (1994), S. 94.

[227] Vgl. Stenka/Taylor (2010), S. 118.

[228] Vgl. zum „examples-based reasoning" im Rahmen der Standardanwendung
Clor-Proell/Nelson (2007), S. 700 f.; Capps u. a. (2017), S. 583.

Komponente des Überzeugungsprozesses.[229] Zur Darstellung eines individuellen Gedankens wird ein Autor den Sprachstil bzw. die Ausdruckweise verwenden, die für die jeweilige Situation, die Adressaten sowie die Nachricht angemessen scheint.[230] Als Mittel fungieren dabei die Wortwahl und das Lautmuster sowie rhetorische Figuren und der schematische Aufbau, wobei die letztgenannten als „figures of rhetoric"[231] in der Analyse durch die Kategorie der rhetorischen Stilmittel erfasst wurden. Diese rhetorischen Figuren ermöglichen es einem Autor, Ideen und Gedanken auf eine Art und Weise zu formulieren und zu präsentieren, die die Glaubwürdigkeit des Autors, die Emotionen der Adressaten und/oder die Rationalität der Argumentation bedienen.[232]

Die Kategorisierung der rhetorischen Stilmittel erfolgte theoriebasiert in Einklang mit bestehenden Studien zur Untersuchung der Rhetorik von Rechnungslegungsstandardsetzern,[233] wonach als relevante rhetorische Figuren die *Metapher* und die *Metonymie* identifiziert wurden (Tabelle 3.8). Metaphern rufen als bildliche Gegenüberstellung Assoziationen hervor, die Emotionen transportieren, abstrakte Konzepte greifbar machen und Themen abstrahieren,[234] wie bspw. die vom FASB in verschiedenen Rechnungslegungsstandards verwendeten „risk"-Metaphern[235] oder die metaphorische Konstruktion der „reporting entity"[236]. Metaphern sind insofern imstande Diskurse im Standardsetzungsprozess zu gestalten.[237] Auch durch Metonymien erfolgt eine Abstraktion, jedoch in Form einer Reduktion auf Teile eines Ganzen, d. h. „eine Substitution von Begriffen, die durch eine materielle oder logische Beziehung bestimmt werden."[238] So ermöglichen etwa die Metonymie der „public interest" oder die metonymische Beschreibung des Standardsetzer als „the Board" eine kollektive Identifikation bzw. die Vermittlung einer kollektiven Autorität.[239] Im Rahmen der Datenanalyse wurden der Verweis auf die *User* als „assumed audience of

---

[229] Vgl. Cockcroft/Cockcroft (1992), S. 114 f. (auch Zitat, S. 114).

[230] Vgl. Cockcroft/Cockcroft (1992), S. 114.

[231] Vgl. Cockcroft/Cockcroft (1992), S. 115–136 (auch Zitat, S. 125).

[232] Vgl. Kallendorf/Kallendorf (1985), S. 43.

[233] Vgl. folgende insgesamt Young (2003); Masocha/Weetman (2007); Stenka (2013); Stenka/Jaworska (2019).

[234] Vgl. Walters-York (1996), S. 54–58.

[235] Vgl. Young (2001), S. 611–618 (auch Zitat, S. 611).

[236] Vgl. Amernic (2013), S. 86 – 89 (auch Zitat, S. 86).

[237] Vgl. Walters/Young (2008), S. 811–829.

[238] Vgl. Sillince/Barker (2011), S. 10 (auch Zitat, Übersetzung der Verfasserin).

[239] Vgl. Masocha/Weetman (2007), S. 85 (auch Zitate).

financial statements"[240] sowie die Verwendung von *Most/Some* zur Beschreibung der Adressaten bzw. der am Standardsetzungsprozess Beteiligten als Metonymien identifiziert und als Subkategorien festgelegt.[241] Als weitere rhetorische Stilmittel wurden die *Antithese*, durch die gegensätzliche Ideen bzw. Aussagen miteinander verbunden werden,[242] die *Hyperbel* als Übertreibung und die *Wiederholung*[243] sowie die *rhetorische Frage*, durch die eine Zustimmung oder Ablehnung impliziert wird,[244] als einzelne Subkategorien erfasst.

Tabelle 3.8 Subkategorien der Kategorie „Rhetorische Stilmittel"	**Rhetorische Stilmittel**
	• Antithese
	• Hyperbel
	• Metapher
	• Metonymie
	• User
	• Most/Some
	• Rhetorische Frage
	• Wiederholung

3.1.4 Datensatzspezifische und methodische Einschränkungen

Die durchgeführte Analyse unterliegt aufgrund des gewählten Datensatzes sowie der Methodik einzelnen Einschränkungen. Durch die Begrenzung der Datenbasis auf Stellungnahmen[245] und Standardentwürfe werden andere Formen der diskursiven Auseinandersetzung, wie etwa zwischen den Board- oder Staff-Mitgliedern,

---

[240] Young (2003), S. 629.

[241] Vgl. Stenka (2014), S. 18 f.

[242] Vgl. Kallendorf/Kallendorf (1985), S. 36; Masocha/Weetman (2007), S. 86 f.; Stenka (2014), S. 21.

[243] Vgl. Cockcroft/Cockcroft (1992), S. 131–133.

[244] Vgl. Kallendorf/Kallendorf (1985), S. 37.

[245] Vgl. etwa kritisch zu den Limitationen einer Analyse auf Basis von Stellungnahmen Königsgruber (2009), S. 1318; Camfferman/Zeff (2018), S. 302 f.

die bspw. in Form von Interviews[246] mit den Beteiligten, Audioaufzeichnungen[247] dieser Treffen oder durch Staff-Paper[248] untersucht werden könnten, nicht berücksichtigt. Auch der Einfluss von informellen Treffen zwischen den am Standardsetzungsprozess Beteiligten und den Standardsetzern, die unter Ausschluss der Öffentlichkeit stattfinden,[249] kann anhand der gewählten Datenbasis nicht abgebildet werden. Die Eingrenzung der Analyse auf Stellungnahmen von Unternehmen stellt eine weitere Einschränkung dar, da nicht der Einfluss aller am Standardsetzungsprozess beteiligten Akteure untersucht wurde und hierdurch mögliche Diskurselemente nicht abgebildet werden. Die Analyse umfasst insofern „only a limited extract of reality", der jedoch nicht willkürlich festgelegt, sondern systematisch aus der Forschungsfrage und den hieraus abgeleiteten Fragestellungen hergeleitet wurde.[250]

Methodische Einschränkungen bestehen aufgrund der der qualitativen Inhaltsanalyse immanenten subjektiven Komponente. Sowohl die Kategorienbildung als auch die Codierung des Materials basiert auf dem eigenen Vorverständnis und der individuellen Durchführung, weshalb Fehler bei der manuellen Codierung nicht ausgeschlossen werden können. Das qualitativ-inhaltsanalytische Vorgehen ist methodisch jedoch etabliert,[251] besonders wenn eine inhaltliche Erkenntnisgewinnung statt einer quantitativen Erkenntnisverifizierung angestrebt wird. Die Objektivität der Analyse wird durch ihre Nachvollziehbarkeit erreicht, die weniger die Ermittlung einer Intercoder-Übereinstimmung[252] als vielmehr eine präzise Kategorienbeschreibungen erfordert. Auf Basis des dokumentierten Kategoriensystems sowie des öffentlich verfügbaren Datensatzes kann die Analyse demnach repliziert werden.[253]

Die Analyse ist neben der gewählten Datenbasis in Form von Unternehmensstellungnahmen und der verwendeten Methodik in Form der qualitativen Inhaltsanalyse zudem auf die Regelungsvorschriften des IFRS 15 beschränkt, was die Generalisierbarkeit der Analyseergebnisse per se einschränkt.[254] Die im

---

[246] Vgl. etwa Pelger (2016), S. 52.

[247] Vgl. etwa Klein/Fülbier (2018), S. 9.

[248] Vgl. etwa Baudot (2018), S. 664 f.

[249] Vgl. etwa zur Nutzung nicht-öffentlicher Lobbying-Methoden Georgiou (2004), S. 229–233.

[250] Vgl. Hoffmann (2011), S. 119 f. (auch Zitat, S. 120).

[251] Vgl. Hoffmann (2011), S. 119.

[252] Vgl. Kuckartz (2018), S. 206–217.

[253] Vgl. Hoffmann (2011), S. 118.

[254] Vgl. auch Bamber/McMeeking (2016), S. 70.

Rahmen der Auswertung gewonnenen Erkenntnisse sowie die darauf basierenden Rückschlüsse können jedoch auf andere Standardsetzungsprozesse übertragen
werden und hierdurch Verallgemeinerbarkeit erlangen.

3.2   Darstellung und Diskussion der Ergebnisse

3.2.1 Deskriptiver Überblick untersuchter Stellungnahmen

Die Auswertung der Analyseergebnisse erfolgt dreischrittig; sie beinhaltet einen
Überblick über die Unternehmensbeteiligung der einbezogenen Stellungnahmen,
eine Beurteilung der inhaltlichen Zielrichtung und der Rhetorik sowie die Rekonstruktion der relevanten story-lines. Die untersuchten Stellungnahmen stammen
von 384 Unternehmen,[255] die in vier Kommentierungsphasen insgesamt 512 Stellungnahmen abgegeben haben, was einer relativen Beteiligung von 31,35 %
entspricht.[256] Entgegen der theoretischen Annahme, dass eine Beteiligung zu
Beginn des Standardsetzungsprozesses aufgrund der beim Standardsetzer noch
nicht verfestigten „preliminary views"[257] effektiver ist,[258] bestätigen sowohl
die absolute Gesamtbeteiligung als auch die absolute Unternehmensbeteiligung
während der einzelnen Kommentierungsphasen die Ergebnisse von Beteiligungsstudien zu Rechnungslegungsstandardsetzungsprozessen, wonach eine geringere
Teilnahme zu Beginn des Prozesses als in späteren Phasen festzustellen ist
(Abbildung 3.1).[259]

---

[255] Vgl. zur Übersicht aller teilnehmenden Unternehmen in den einzelnen Kommentierungsphasen Appendix, I.

[256] Vgl. Tabelle 3.1.

[257] Vgl. etwa DP (2008), S3 f. (auch Zitat, S3).

[258] Vgl. Sutton (1984), S. 88 f.

[259] Vgl. Georgiou (2004), S. 225–228; Kurz (2009), S. 172 f.; Georgiou (2010), S. 108 f.; zu
einem abweichenden Ergebnis Giner/Arce (2012), S. 666–670.

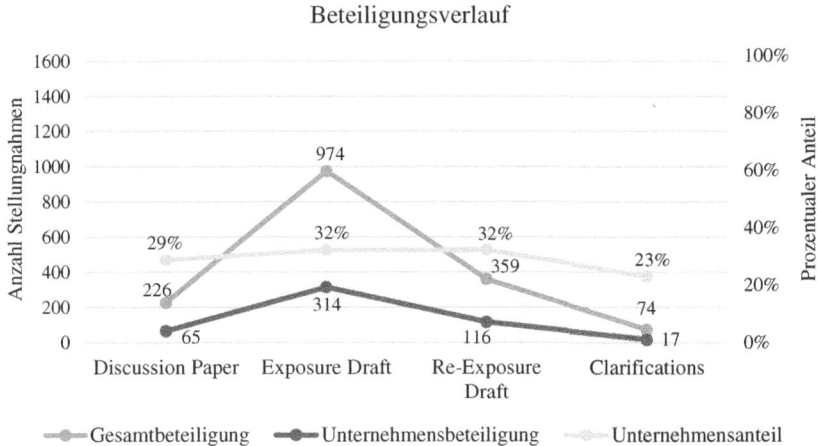

Abbildung 3.1 Beteiligungsverlauf in jeweiliger Kommentierungsphase

Ein möglicher Grund für die am Prozessanfang geringere Beteiligung könnte der zu Beginn des Projekts noch unklare, in der Ferne liegende Anwendungszeitpunkt darstellen, der zunächst keine Notwendigkeit der Auseinandersetzung hervorrief.[260] Trotz der im Vergleich zum Discussion Paper höheren Beteiligung in den späteren Kommentierungsphasen besteht vom Exposure Draft zum Re-Exposure Draft ein Beteiligungsrückgang, der als Akzeptanz des überarbeiteten Entwurfs gedeutet werden kann.[261] Die im Vergleich zu den anderen Kommentierungsphasen sehr niedrige Beteiligung im Rahmen der nachträglichen Klarstellung lässt sich in Einklang mit durchgeführten Studien zum Zusammenhang zwischen dem Ausmaß der Beteiligung und der Relevanz des Standards für die Beteiligten mit dem themenspezifischen Fokus des Standardentwurfs erklären.[262] Der relative Beteiligungsanteil der Unternehmen in den einzelnen Kommentierungsphasen ist hingegen überwiegend konstant bei etwa 30 %, was das für die Auswahl der Interessengruppe angenommene kontinuierlich hohe Beteiligungsverhalten bestätigt.

---

[260] Vgl. Kurz (2009), S. 173.

[261] Vgl. Pelger (2012), S. 103; Technical Staff (2012c), Agenda Paper 7 A/160 A, Rz. 6–9.

[262] Vgl. Tandy/Wilburn (1992), S. 54; Larson/Herz (2013), S. 125–128.

Die Verteilung der 512 untersuchten Stellungnahmen auf die acht Herkunftsregionen zeigt eine – mit 66 % deutliche – Mehrheit der US-amerikanischen
Beteiligung (Abbildung 3.2).[263]

Herkunftsverteilung der Stellungnahmen

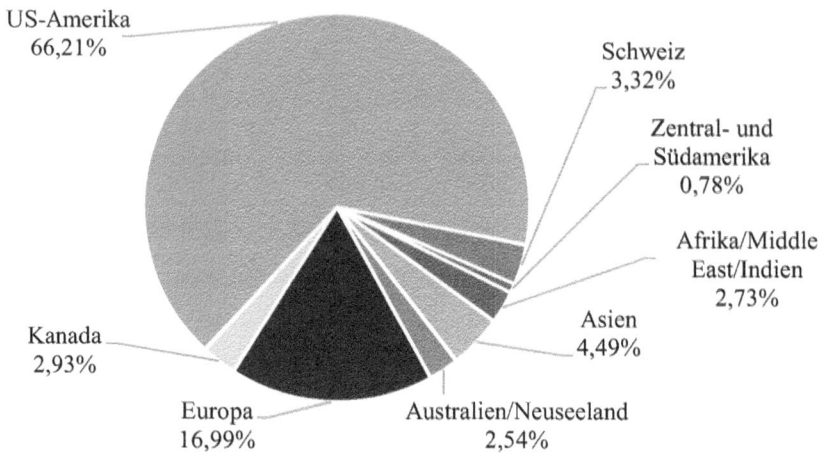

Abbildung 3.2 Herkunftsverteilung der Stellungnahmen

Die hohe Beteiligungsrate US-amerikanischer Unternehmen im Vergleich zu
anderen Herkunftsregionen lässt sich durch das regulatorische Umfeld begründen.
So ist die Anwendung der US-GAAP für eine viel größere Anzahl an Unternehmen verpflichtend als etwa die Anwendung der IFRS für kapitalmarktorientierte
Unternehmen innerhalb der EU. Zudem lässt sich das höhere Beteiligungsverhalten US-amerikanischer Unternehmen auf die Erfahrung mit öffentlichen
Standardsetzungsverfahren zurückführen; im Gegensatz hierzu sind die Teilnah-
mehürden für Unternehmen größer, deren Gesetzgebung auf nationaler Ebene
durch staatlich delegierte Verfahren erfolgt und die daher wenig Partizipati-
onserfahrung haben.[264] Die besonders niedrige Rate von 0,78 % zentral- und
südamerikanischer Stellungnahmen sowie der niedrige Anteil afrikanischer und
nahöstlicher Stellungnahmen mit 2,73 % kann neben diesen regulatorischen

---

[263] Vgl. zur Anzahl und zum Anteil der Stellungnahmen nach Herkunft Appendix, IV.
[264] Vgl. Orens u. a. (2011), S. 217.

Bedingungen etwa durch die meist in Entwicklungsländern fehlenden Ressourcen zur Teilnahme sowie die Sprachbarriere[265] begründet werden.[266] Trotz der Bestrebung des IASB nach einer geographisch breiten Teilnahme am Standardsetzungsprozess wird die Wahrnehmung „that the IASB is [...] much of a get-together between the USA and Europe"[267] insofern durch die Ergebnisse der Herkunftsverteilung bestätigt.[268]

Im Hinblick auf die Branchenverteilung der 512 Stellungnahmen ist eine Dominanz der Branche der Fertigungsindustrie festzustellen (Abbildung 3.3)[269], die mit 48,24 % fast die Hälfte der untersuchten Stellungnahmen abbildet. Die höhere Beteiligung im Vergleich zu anderen Branchen kann auf die zur Branche der Fertigungsindustrie gehörenden Vielzahl an Industriezweigen und der damit einhergehenden Anzahl sowohl großer als auch kleinerer Unternehmen zurückgeführt werden. Zudem lässt sich die hohe Teilnahme mit der Betroffenheit der Unternehmen dieser Branche aufgrund der anfänglich geplanten Abschaffung der – für diese Branche relevanten – Percentage-of-Completion-Methode begründen.[270]

Das Ausmaß der Standardänderung im Vergleich zur bestehenden Bilanzierungspraxis gilt gleichermaßen für den Beteiligungsgrad der anderen Branchen.[271] So weist bspw. die Telekommunikationsbranche eine Beteiligungsrate von 10,55 % auf, die mit den Regelungsänderungen zur Contingent-Revenue-Cap-Methode in Zusammenhang gebracht werden kann, wohingegen sich Unternehmen der Dienstleistungsbranche, für die sich während des Standardsetzungsprozesses wenig Änderungen andeuteten, mit einem Anteil von 2,54 % nur wenig beteiligten.

Von den 384 Unternehmen haben 38 Unternehmen in allen drei Kommentierungsphasen zum Discussion Paper, Exposure Draft und Re-Exposure Draft teilgenommen, vier dieser Unternehmen beteiligten sich zusätzlich auch in der Phase der nachträglichen Klarstellung.[272] Die relative Beteiligung von 9,9 % der Unternehmen bestätigt die Ergebnisse von Beteiligungsstudien, wonach eine

---

[265] Vgl. Standish (2003), S. 189; Jorissen u. a. (2013), S. 254.

[266] Vgl. Larson/Herz (2013), S. 131.

[267] Hoogervorst (2011).

[268] Vgl. ebenso etwa Auste (2011), S. 129 f.; Larson/Herz (2013), S. 113–117.

[269] Vgl. zur Anzahl und zum Anteil der Stellungnahmen nach Branche Appendix, V.

[270] Vgl. Hüfner/Meyer (2018), S. 169.

[271] Vgl. Elbannan/McKinley (2006), S. 610 f.

[272] Vgl. zur Übersicht der Unternehmen mit Beteiligung in allen Kommentierungsphasen Appendix, VI.

Branchenverteilung der Stellungnahmen

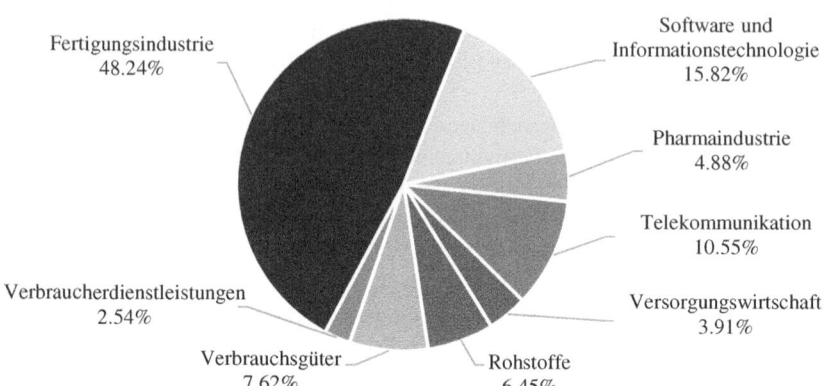

Abbildung 3.3 Branchenverteilung der Stellungnahmen

regelmäßige Teilnahme von den weltweit größten Unternehmen festzustellen ist.[273] In Einklang mit der Herkunfts- und Branchenverteilung handelt es sich bei der Mehrheit der Unternehmen um US-amerikanische sowie europäische Unternehmen der Fertigungsindustrie, Telekommunikations- und Softwarebranche.

3.2.2 Inhaltliche Zielrichtung und Rhetorik im Standardsetzungsprozess von IFRS 15

3.2.2.1 Unternehmenseinfluss auf die inhaltliche Zielrichtung
3.2.2.1.1 Häufigkeit kommentierter Bilanzierungsalternativen und Kookkurrenz der Umsetzungsmöglichkeiten
Nach dem Überblick der beteiligten Unternehmen wird im Folgenden zunächst die inhaltliche Zielrichtung der Unternehmen sowie der Standardsetzer ausgewertet, um Erkenntnisse über den wechselseitigen Einfluss der Standardsetzer und der Unternehmen auf das Standardergebnis zu erlangen. Die Auswertung erfolgt auf Basis von Themenübersichten, die die Häufigkeit der kommentierten Bilanzierungsalternativen im Verhältnis zur Unternehmensbeteiligung sowie

---

[273] Vgl. etwa Larson (1997), S. 189 f.

die von den Standardsetzern diskutierten Bilanzierungsalternativen (mit * gekenn-zeichnet) abbilden,[274] insofern jedoch nicht mit der Zustimmung oder Ablehnung der Unternehmen und Standardsetzer zu der jeweiligen Bilanzierungsalternative gleichzusetzen sind. So lehnten etwa die Standardsetzer die Möglichkeit Leis-tungsverpflichtungen nicht aufzuteilen ab, diskutierten sie indes trotzdem in der Basis for Conclusions zum Exposure Draft.[275] Durch die thematische Erfassung wird dem qualitativen Inhalt, d. h. der Bezugnahme auf die konkreten Äußerun-gen, der Stellungnahmen und Standarddokumente Rechnung getragen;[276] gleich-zeitig sind jedoch quantifizierbare Aussagen über die Themenschwerpunkte und den Verlauf der diskutierten Bilanzierungsalternativen und Umsetzungsmöglich-keiten in den einzelnen Kommentierungsphasen möglich. Die Ergebnisse werden zudem anhand von Auszügen aus den Stellungnahmen und Standardentwürfen beispielhaft veranschaulicht. Die kommentierten Umsetzungsmöglichkeiten wer-den mithilfe der Kookkurrenz der adressierten Bilanzierungsalternativen, d. h. dem gemeinsamen Auftreten der Kategorien, berücksichtigt, um den Zusammen-hang zwischen dem Inhalt und der Form der Standardausgestaltung beurteilen zu können.[277]

3.2.2.1.2 Anknüpfung an alte Regelungsvorschriften und praxisorientierte Regelungen bei den Ausnahmen vom einzelvertragsbasierten Ansatz

Im Hinblick auf die untersuchten Bilanzierungsalternativen zu den Ausnahmen vom vertragsbasierten Ansatz (Tabelle 3.9) adressierte in der Kommentierungs-phase zum Discussion Paper etwa jedes fünfte Unternehmen die Zusammenfas-sung von Verträgen.

Obwohl das Discussion Paper die Vertragszusammenfassung als „a matter not discussed" behandelte,[278] nutzten 21,54 % der Unternehmen die Kommen-tierungsphase, um zu diesem Thema Stellung zu nehmen, was den proaktiven Einfluss von Unternehmen auf die Regelungsausgestaltung verdeutlicht. Die

---

[274] Vgl. zur Gesamtübersicht der Häufigkeit kommentierter Bilanzierungsalternativen und Umsetzungsmöglichkeiten in den einzelnen Kommentierungsphasen Appendix, VII.

[275] Vgl. ED BC (2010), BC46.

[276] Vgl. zur Beziehung zwischen Kategorie und Ausgangsmaterial Kuckartz (2018), S. 42 f.

[277] In QDAMiner wird die Kookkurrenz mithilfe der Coding-Co-occurrences getestet, wobei die Berechnung für die inhaltliche Zielrichtung jeweils auf Unternehmensebene erfolgte, d. h. mehrfache Kookkurrenzen in einer Unternehmensstellungnahme wurden nur einfach gewertet.

[278] Vgl. DP (2008), 7.27.

Tabelle 3.9 Anteil der Unternehmensstellungnahmen zu den Ausnahmen vom vertragsbasierten Ansatz in den einzelnen Kommentierungsphasen

Ausnahmen vertragsbasierter Ansatz	DP	ED	Re-ED	CL
Aufteilung eines Vertrags in mehrere Einzelverträge	–	14,65 %*	0,86 %*	–
Portfoliobetrachtung	6,15 %	2,55 %	7,76 %*	–
Zusammenfassung von Verträgen	21,54 %*	24,52 %*	2,59 %*	–

beteiligten Unternehmen waren fast ausschließlich US-amerikanische Unternehmen der Fertigungsindustrie, die sich überwiegend für die Übernahme alter Regelungen aussprachen,[279] was die Vermutung bekräftigt, dass bei Änderungen eines Rechnungslegungsstandards Unternehmen auf die Beibehaltung bestehender Regelungsvorschriften hinwirken.

> „We believe combining contracts [...] is appropriate and the guidance in SOP 81-1 should be retained." (Boeing)[280]

> „In addition, we believe there should be a provision allowing the aggregation of a group of E&C contracts as provided by SOP 81-1." (Kiewit)[281]

Auch das noch vor dem Ende der Kommentierungsfrist erlangte Ergebnis des Staff, die Zusammenfassung von Verträgen an das Prinzip der Preisinterdependenz zu knüpfen, basierte auf den alten Regelungen des SOP 81-1 sowie des IAS 11.[282] Die Boards begründeten die vorgenommenen Änderungen im Exposure Draft übereinstimmend mit den Staff-Empfehlungen und Begründungen, ohne jeglichen Verweis auf die Stellungnahmen.[283] Die Anknüpfung an die alten Regelungsvorschriften zur Ausgestaltung der Regelungen zur Vertragszusammenfassung kann angesichts der fehlenden Bezugnahme insofern nicht direkt mit dem Unternehmenseinfluss in Verbindung gebracht werden, wenngleich sie vor dem Hintergrund der zwischen den Standardsetzern und Unternehmen bestehenden

---

[279] Die Kokkurrenz zwischen Zusammenfassung von Verträgen und Übernahme alter Regelungsvorschriften zeigt 10 von 14 Unternehmen, mithin 71,43 %. Von den 10 Unternehmen sind 7 Unternehmen aus der Fertigungsindustrie mit US-amerikanischer Herkunft (70,00 %).

[280] Boeing (2009), S. 3.

[281] Kiewit (2009), S. 5.

[282] Vgl. Technical Staff (2009b), Agenda Paper 7B/118B, Rz. 7–18.

[283] Vgl. ED BC (2010), BC36.

Einigkeit die konsensfähige Bilanzierungsalternative darstellte. In den Stellung-nahmen zum Exposure Draft adressierten dennoch etwa die Hälfte der zu diesem Thema beteiligten Unternehmen die vorgesehenen Regelungen in Bezug auf den Umfang und die Ausgestaltung der Indikatoren oder befürworteten zusätzliche Anwendungshilfen,[284] wobei die Relevanz des „negotiated business intent"[285] für Unternehmen als Faktor deutlich wurde.

> „The terminology used here should potentially be amended so that it refers to sub-stance of two contracts and that if the goods or services of one contract are linked in terms of delivery and customer usage." (EasyJet)[286]

Die Anforderung der Preisinterdependenz wurde im Re-Exposure Draft und letztlich auch im finalen Standard nicht mehr als notwendiges, sondern als hin-reichendes Kriterium neben der Anforderung des gemeinsamen wirtschaftlichen Zwecks festgelegt,[287] was insofern eine Annäherung an die vorherigen Rege-lungen des SOP 81-1 darstellte. Die explizite Bezugnahme der Boards auf die „respondents" in der Basis for Conclusions[288] und die insoweit übereinstimmende Änderung in Einklang mit den von Unternehmen adressierten Umsetzungsmög-lichkeiten sowie der auf 2,59 % gesunkene Anteil an Unternehmen, die die Regelungen im Re-Exposure Draft kommentierten, legt für die Regelungen zur Vertragszusammenfassung einen Unternehmenseinfluss nahe.

Im Zuge des Exposure Drafts normierten die Standardsetzer die Preisinter-dependenz nicht nur als Kriterium zur Vertragszusammenfassung, sondern auch als Kriterium zur Aufteilung eines Vertrags in mehrere Einzelverträge.[289] Die zu diesem Thema beteiligten Unternehmen stellten in der Kommentierungs-phase zum Exposure Draft die Notwendigkeit des Regelungsvorschlags hingegen überwiegend in Frage. Dabei wurde insbesondere die Aufteilung eines Ver-trags in Einzelverträge im Verhältnis zur Aufteilung von Leistungsverpflichtungen kritisiert.

---

[284] Die Kookkurrenz zwischen Zusammenfassung von Verträgen, Umfang der Guidance und Determiniertheit der Regelungsvorschriften zeigt 38 von 77 Unternehmen, mithin 49,35 %.

[285] Intel (2010), S. 5.

[286] EasyJet (2010), S. 2.

[287] Vgl. Re-ED (2011), 17; Re-ED BC (2011), BC51–BC53.

[288] Vgl. Re-ED BC (2011), BC53 (auch Zitat).

[289] Vgl. ED (2010), 15.

„However, we question the necessity of this additional step and whether the accounting result would be different in most cases than if an entity simply identified separate performance obligations." (IBM)[290]

„We believe that the two-step process of segmenting a contract and then identifying separate performance obligations is unnecessarily complex and provides little incremental benefit. Accordingly, we recommend that the Boards merge the two-step process into a single one based on the identification of distinct performance obligations." (Lockheed Martin)[291]

Die Überschneidung beider Kriterien wurde auch vom Staff bei der Auswertung aller Stellungnahmen als Kritikpunkt identifiziert und ein „single step approach" empfohlen,[292] was insoweit in Einklang mit den Unternehmensstellungnahmen stand. Die Boards begründeten die Abschaffung der Regelung im Re-Exposure Draft indes zwar ohne Bezug zu den Stellungnahmen, die Begründung weist jedoch eine hohe Übereinstimmung mit den Unternehmenskommentierungen auf.

„In their re-deliberations on the 2010 exposure draft, the boards decided to eliminate the step of segmenting a contract into separate (hypothetical) contracts because that step is unnecessary. The boards noted that the proposed requirement to identify the separate performance obligations in a contract achieves the same result as accounting for the separate components of a contract." (IASB/FASB)[293]

Diese Kongruenz sowie die ausgebliebenen Stellungnahmen zu diesem Thema sowohl zum Discussion Paper als auch zum Re-Exposure Draft, die auf die fehlende Relevanz der Bilanzierungsalternative für Unternehmen hindeuten, unterstützen die Annahme, dass die Nicht-Umsetzung der Regelungsvorschriften zur Aufteilung eines Vertrags in mehrere Einzelverträge auch auf die Unternehmensstellungnahmen zurückgeführt werden kann.

Im Gegensatz zur Einzelvertragsaufteilung zeigt die proaktive Kommentierung des Portfolio-Ansatzes die Relevanz dieser Bilanzierungsalternative für Unternehmen, wobei es sich fast ausschließlich um Unternehmen der Telekommunikationsbranche[294] handelte und insofern auf eine branchenspezifische Bilanzierungsalternative hindeutet. In der Kommentierungsphase zum Discussion

---

[290] IBM (2010), S. 5.

[291] Lockheed Martin (2010), S. 2.

[292] Vgl. Technical Staff (2011a), Agenda Paper 6B/135B, Rz. 6 f., 12 (auch Zitat, Rz. 7).

[293] Re-ED BC (2011), BC49.

[294] Im Discussion Paper waren 3 der 4 Unternehmen und im Exposure Draft 6 der 8 Unternehmen aus der Telekommunikationsbranche (75,00 %).

Paper als auch zum Exposure Draft befürworteten 6,15 % bzw. 2,55 % der Unternehmen eine Portfolio-Betrachtung von Verträgen bzw. Leistungsverpflichtungen, ohne dass eine derartige Bilanzierungsmöglichkeit von den Standardsetzern diskutiert wurde.

> „Recognising assets and liabilities using a portfolio basis would be easier to implement and we do believe that the information provided in the financial statements would not be different." (Deutsche Telekom)[295]

> „For industries similar to ours, we believe that an option to use a portfolio based approach for homogeneous transactions would make this standard easier to implement while not materially changing the financial statements." (Sprint Nextel)[296]

Die Portfolio-Option wurde vom Staff in einer auf dem Feedback der Beteiligten basierenden Zusammenfassung der Standardauswirkungen für Telekommunikationsunternehmen als Möglichkeit empfohlen, die Bedenken dieser Unternehmen ohne Überarbeitung des Umsatzerfassungsmodells zu adressieren.[297] In Einklang hierzu führten die Boards im Re-Exposure Draft die Portfolio-Option als „practical expedient" ein (IFRS 15.4) und begründeten dies unter expliziter Bezugnahme auf die „entities",[298] was einen Unternehmenseinfluss bestätigt. Der Anstieg der Unternehmenskommentierungen zum Portfolio-Ansatz auf 7,76 % in der Kommentierungsphase zum Re-Exposure Draft ist vor diesem Hintergrund überraschend, insbesondere aufgrund der von Unternehmen nunmehr geäußerten Bedenken.

> „Although we appreciate the Board's clarification on the application of a portfolio approach, we are still firmly convinced that applying this practical expedient would not be feasible." (Deutsche Telekom)[299]

> „While the portfolio approach could provide some relief (while also introducing another element of aggregation risk which could reduce comparability) from the cost and complexity of implementation, this would still be a significant task for many entities both at implementation and prospectively on an ongoing basis." (Sprint Nextel)[300]

---

[295] Deutsche Telekom (2009), S. 6.

[296] Sprint Nextel (2010), S. 4 f.

[297] Vgl. Technical Staff (2011b), Agenda Paper 4B/147B, Rz. 18 (c).

[298] Vgl. Re-ED (2011), 6 (auch Zitat); Re-ED BC (2011), BC341 (auch Zitat).

[299] Deutsche Telekom, S. 2.

[300] Sprint Nextel (2012), S. 4.

Diese Widersprüchlichkeit kann zumindest teilweise auf die (fehlende) Umsetzung der Bilanzierungsalternativen zur Residualwertmethode und Contingent-Revenue-Cap-Methode zurückgeführt werden,[301] sie zeigt jedoch gleichzeitig die Grenzen des Unternehmenseinflusses auf. So behielten die Boards den Portfolio-Ansatz auch im finalen Standard bei und betonten den branchenspezifischen Nutzen, besonders für die Telekommunikationsbranche.[302] Diese Kontinuität der Standardsetzer sowie die Ausgestaltung als allgemeine Regelung anstatt als industriespezifische Ausnahmeregelung verdeutlicht den Kompromiss zwischen der Berücksichtigung von Stellungnahmen der Unternehmen und der Umsetzung der von den Standardsetzern angestrebten Standardsetzungsziele.

3.2.2.1.3 Anwendungsorientierte Konkretisierung der Regelungen zur Aufteilung von Leistungsverpflichtungen

Die Aufteilung eines Vertrags in einzelne Leistungsverpflichtungen wurde im Discussion Paper zunächst an den Zeitpunkt der Verpflichtungserfüllung geknüpft. Eine Separierung war demnach erforderlich, wenn der Kunde die vereinbarten Güter oder Dienstleistungen zu unterschiedlichen Zeitpunkten erhält.[303]

Tabelle 3.10 Anteil der Unternehmensstellungnahmen zur Aufteilung von Leistungsverpflichtungen in den einzelnen Kommentierungsphasen

Aufteilung Leistungsverpflichtungen	DP	ED	Re-ED	CL
Anknüpfung an den Erfüllungszeitpunkt	36,92 %*	1,27 %*	–	–
Distinct-Kriterium	–	23,57 %*	22,41 %*	94,12 %*
Interdependenz	9,23 %	26,11 %*	7,76 %*	17,65 %*
Gewinnmarge	10,77 %	24,20 %*	–*	–
Einzelveräußerung	33,85 %*	4,46 %*	1,72 %*	–
Risiken	–	24,84 %*	–*	
Vertragsübergreifende Beurteilung	36,92 %	36,94 %*	0,86 %	–

Die Anknüpfung an den Erfüllungszeitpunkt wurde im Hinblick auf die Bilanzierungsalternativen zur Aufteilung von Leistungsverpflichtungen (Tabelle 3.10) im Discussion Paper von 36,92 % der Unternehmen kommentiert, wobei viele

---

[301] Die Kookkurrenz zwischen Portfoliobetrachtung und Residualwertmethode sowie Contingent-Revenue-Cap-Methode zeigt 4 von 9 Unternehmen, mithin 44,44 %.

[302] IFRS 15.BC69 f.

[303] Vgl. DP (2008), 3.24.

Unternehmen Bedenken äußerten und bspw. die Unbestimmtheit des Kriteriums bzw. den Umfang der Guidance kritisierten.[304]

„Furthermore it seems to us that the definition for separating performance obligation is not clear enough." (Swatch Group)[305]

„The Discussion Paper does not address how performance obligations should be aggregated or disaggregated, other than to state that performance obligations that are transferred to customers at different times should be separated. We believe additional guidance is necessary." (Intel)[306]

Als Alternativvorschlag ist die von ebenfalls 36,92 % der Unternehmen befürwortete vertragsübergreifende Beurteilung zu werten, wonach der gesamte Vertrag als wirtschaftliche Einheit zu betrachten ist. Bei den Unternehmen handelte es sich überwiegend um Unternehmen aus der Fertigungsindustrie sowie mit US-amerikanischer Herkunft,[307] die hierfür die Übernahme alter branchenspezifischer Regelungen vorschlugen.[308]

„We believe the inclusion of elements of SOP 81-1 in the proposed model would better fit the economic rationale for our contracts, versus requiring us to account for contract elements based on timing of delivery. We thus recommend the Boards consider the contract as the appropriate unit of account and include the separation criteria under SOP 81-1 in the proposed model, adding further guiding principles to promote consistency in application." (Northrop Grumman)[309]

„Thus, we recommend that the Discussion Paper be modified to presume that the contract is the basic unit of account and to provide guidance on when it is appropriate to overcome this presumption [...]. This guidance could borrow from the concepts in SOP 81-1 and IAS 11." (General Dynamics)[310]

---

[304] Die Kookkurrenz zwischen Anknüpfung an den Erfüllungszeitpunkt und Umfang der Guidance zeigt 12 von 26 Unternehmen, mithin 46,15 %.

[305] Swatch Group (2009), S. 3.

[306] Intel (2009), S. 3.

[307] Von den 24 Unternehmen sind 17 Unternehmen aus der Fertigungsindustrie (70,83 %) und 14 Unternehmen hiervon sind US-amerikanischer Herkunft (58,33 %).

[308] Die Kookkurrenz zwischen Vertragsübergreifender Ansatz und Übernahme alter Regelungen zeigt 11 von 24 Unternehmen, mithin 45,83 %.

[309] Northrop Grumman (2009), Attachment, S. 4.

[310] General Dynamics (2009), S. 3.

In Zusammenhang mit der vertragsübergreifenden Beurteilung bezogen sich 10,77 % der Unternehmen auf die Gewinnmarge des Vertrags.[311] Hierbei handelte es sich ausschließlich um US-amerikanische Unternehmen aus der Fertigungsindustrie, die eine Separierung auf Basis des Erfüllungszeitpunkts aufgrund vertragsübergreifender Margen kritisierten.

> „We generally negotiate contracts as a single project with an overall profit margin […]. In such circumstances, the entire contract should represent a single performance obligation unless the economics of the contract clearly indicate that there are components that should be accounted for separately […]." (Northrop Grumman)[312]

Für die Aufteilung von Leistungsverpflichtungen verwiesen 9,23 % der wiederum fast ausschließlich aus der Fertigungsindustrie stammenden Unternehmen zudem auf die Interdependenzen bzw. funktionale Abhängigkeit der einzelnen Leistungsverpflichtungen.[313]

> „[A]pplying the guidance under the proposed model and unnaturally disaggregating performance obligations could be interpreted to result in immediate loss recognition with respect to that apparent onerous element. We believe this is counter to the way the overall contract is managed and, more importantly, counter to the overall economics of the transaction. On many long-term construction / production-type contracts, the various tasks are deeply interrelated." (Raytheon)[314]

Das Vorliegen unterschiedlicher „profit margins" sowie von „interrelated or interdependent" Vertragskomponenten wurde von den Standardsetzern im Discussion Paper nicht adressiert. Beide Anforderungen galten jedoch nach den für die Fertigungsindustrie relevanten Standards SOP 81-1 bzw. IAS 11 als Kriterien für die Zusammenfassung bzw. Separierung von Verträgen,[315] was wiederum zeigt, dass Unternehmen bei Standardüberarbeitungen zunächst an der etablierten Bilanzierungspraxis festhalten.

Für die Abgrenzung von Leistungsverpflichtungen bezogen sich 33,85 % der Unternehmen zudem auf die Möglichkeit der Einzelveräußerung der Güter und Dienstleistungen, die von den Standardsetzern im Discussion Paper als „evidence" der Separierbarkeit, nicht jedoch als maßgebliches Kriterium angeführt

---

[311] Die Kookkurrenz zwischen Gewinnmarge und Vertragsübergreifender Ansatz zeigt 7 von 7 Unternehmen, mithin 100 %.

[312] Northrop Grumman (2009), S. 3.

[313] Von den 6 Unternehmen sind 5 Unternehmen aus der Fertigungsindustrie (83,33 %).

[314] Raytheon (2009), S. 3.

[315] Vgl. SOP 81-1.35–1.41; IAS 11.4, 8–10.

wurde[316]. Bei der Hälfte der Unternehmen handelte es sich um Unternehmen der Software- und Telekommunikationsbranche,[317] die den Einzelveräußerungswert für den Kunden als (zusätzliche) Anforderung für die Aufteilung von Leistungsverpflichtungen forcierten[318].

> „The company proposes that the definition of a performance obligation [...] be amended to include the concept that the performance obligation must have stand-alone customer value as a good or service." (IBM)[319]

> „However, some additional criteria should be met when identifying a performance obligation. Performance obligations should be determined with reference to whether the customer would purchase the asset on a standalone basis in normal circumstances." (Telefónica)[320]

Im Gegensatz zu den Unternehmen der Fertigungsindustrie verwiesen die Unternehmen der Software- und Telekommunikationsbranche überwiegend nicht explizit auf die vorherigen Regelungsvorschriften, der „value to the customer on a standalone basis" stellte jedoch in den für diese Branche einschlägigen Standards EITF 00-21[321] bzw. ASC 605-25[322] das Kriterium zur Abgrenzung dar. Dies bestätigt wiederum die Erkenntnis, dass Unternehmen bei Standardänderungen die geplanten Regelungen zugunsten bestehender Vorschriften zu beeinflussen versuchen.

Auf die Anknüpfung an die jeweils branchenspezifischen Regelungen in den Unternehmensstellungnahmen wurde sowohl vom Staff in der Comment-Letter-Auswertung[323] als auch von den Standardsetzern in der Basis for Conclusions zum Exposure Draft explizit Bezug genommen und die Einführung des Distinct-Kriteriums sowie der konkretisierenden Anforderungen in Zusammenhang mit den Ergebnissen der Stellungnahmen begründet.[324]

---

[316] Vgl. DP (2008), 3.11, 3.21, 4.28 (auch Zitat, 4.28).

[317] Von den 22 Unternehmen sind 6 Unternehmen aus der Telekommunikations- und 5 Unternehmen aus der Softwarebranche (50,00 %).

[318] Die Kookkurrenz zwischen Einzelveräußerung und Umfang der Guidance zeigt 4 von 6 Unternehmen der Telekommunikationsbranche und 4 von 5 Unternehmen der Softwarebranche, mithin 72,73 %.

[319] IBM (2009), S. 3.

[320] Telefónica (2009), S. 8.

[321] Vgl. EITF 00-21.9 (auch Zitat).

[322] Vgl. ASC 605-25-25-5.

[323] Vgl. Technical Staff (2009a), Agenda Paper 14 A/119 A, Rz. 40–46.

[324] Vgl. ED BC (2010), BC45–BC49.

„Representatives from the construction industry preferred to account for all the promised goods or services in a contract as a single performance obligation unless a part
of the contract is regularly sold separately. […]

In contrast, representatives from other industries (for example, the technology industry) preferred to account for an individual good or service as a separate performance
obligation even if it is not sold separately. […]

Consequently, when considering how entities across various industries should identify separate performance obligations, […] the boards decided that an entity should
account for a promise of a good or service as a separate performance obligation only
if that good or service is distinct." (IASB/FASB)[325]

Die Konkretisierung durch die Anforderungen der „distinct function" sowie der
„distinct profit margin" stand dabei in Einklang mit den Unternehmenskommentierungen zum Discussion Paper und insofern mit den vorherigen Regelungen.
Dies zeigt den Einfluss der Unternehmen auf die Regelungsausgestaltung,
gleichzeitig auch die Grenzen einer konzeptionellen Neuausrichtung auf.

Der Rückgang der Unternehmensstellungnahmen im Exposure Draft zur
Anknüpfung an den Erfüllungszeitpunkt und zur Einzelveräußerung sowie die
demgegenüber gestiegene Beteiligung zu den anderen Bilanzierungsalternativen
verdeutlicht die Rekursivität des Standardsetzungsprozesses, da die Unternehmen auf die Änderungen der Standardsetzer eingehen und diese wiederum
konkretisieren, gleichzeitig jedoch in der vorherigen Regelungspraxis verhaftet
sind.

„Telefónica supports the separation of performance obligations, but we consider that
the notion of "distinct" is not clear enough. […] Further, we believe that determining
how to unbundle performance obligations […] should not include deliverables that do
not have value to the customer on a standalone basis […]." (Telefónica)[326]

In Bezug auf das Distinct-Kriterium forderten etwa die Hälfte der 23,57 %
beteiligten Unternehmen zusätzliche Anwendungsleitlinien,[327] was erneut die
Akzeptanz des Kriteriums, zugleich jedoch auch die Konkretisierungsbestrebung
zugunsten einer anwendungsorientierten Regelungsausgestaltung, widerspiegelt.

---

[325] ED BC (2010), BC46.

[326] Telefónica (2010), S. 3.

[327] Die Kookkurrenz zwischen Distinct-Kriterium und Umfang der Guidance zeigt 36 von
73 Unternehmen, mithin 49,32 %.

„We believe that the concept of "distinct" is a reasonable basis for identifying separate performance obligations. However, we request additional guidance and examples to clarify the application of this concept in practice." (Nokia)[328]

„We believe further clarification is needed for the proposed principle of determining when a good or service is distinct. [...] We believe it would be helpful if the Board developed more complex examples (perhaps as an extension to existing example 10) in the proposed guidance." (XenoPort)[329]

Etwa jedes vierte Unternehmen bezog sich konkret auf die Anforderung der eigenständigen Gewinnmarge sowie der eigenständigen Funktion. Im Hinblick auf die Verbindlichkeit der Anforderung der Gewinnmarge sowie den Umfang der Anwendungsleitlinien äußerten sich etwa 30 % der Unternehmen kritisch, wobei es sich hierbei überwiegend um Unternehmen der Softwarebranche handelte.[330]

„Distinct profit margin should be an indicator rather than specific criteria." (Dell)[331]

„We propose that the Boards please clarify the distinct profit margin standard and consider that a good or service can have a distinct profit margin if the entity has a reasonable basis to estimate a profit margin." (Symantec)[332]

„We support the idea of identifying the individual performance obligations within a contract and separately accounting for each obligation, but we would seek additional guidance on the application of the distinct profit margin guidance in determining contract performance obligations." (IHS Inc.)[333]

Für das Vorliegen einer separaten Gewinnmarge wurde von den Standardsetzern in der Basis for Conclusions zum Exposure Draft auf die separaten Risiken der Güter oder Dienstleistungen verwiesen und diese für die Fertigungsindustrie exemplarisch erläutert.[334] Die Beteiligung von 24,84 % erfolgte in Einklang hierzu fast ausschließlich von Unternehmen der Fertigungsindustrie,

---

[328] Nokia (2010), S. 2.

[329] Xenoport (2010), S. 1.

[330] Die Kookkurrenz zwischen Gewinnmarge und Determiniertheit der Regelungsvorschriften sowie Umfang der Guidance zeigt 23 von 76 Unternehmen, mithin 30,26 %, wobei 14 von 23 Unternehmen aus der Softwarebranche stammen (60,87 %).

[331] Dell (2010), S. 8.

[332] Symantec (2010), S. 2.

[333] IHS Inc. (2010), Appendix, S. 1.

[334] Vgl. ED BC (2010), BC56–BC59.

die eine Aufteilung von Leistungsverpflichtungen aufgrund vertragsübergreifender Risiken kritisierten bzw. vor diesem Hintergrund die Risikobeurteilung als Konkretisierung des Distinct-Kriteriums im Standard befürworteten.[335]

> „Specifically, we request that the Boards recognize that in most cases, all construction activities for a given project […] have overall risks which are inseparable. Therefore, construction companies like ourselves lack a basis for determining the price at which it would sell the components of a contract separately. Characteristics of distinct profit margin will not be met (in most cases) and hence there is typically no more than a single performance obligation for most construction contracts." (MYR Group)[336]

> „We appreciate that the Board has acknowledged in the application guidance in Paragraphs BC56 – BC59 that, in many instances, it does not make sense to separate long-term contracts into multiple performance obligations due to significant overarching contract management services and pervasive risks involved in the production of highly complex deliverables. We believe that this concept should have more prominence in the proposed standard, supplementing the guidance provided in paragraphs 23 (a) and (b) for determining whether a good or service, or a bundle of goods or services, is distinct." (Bombardier)[337]

Auch die Anforderung der separaten Funktion wurde überwiegend von Unternehmen der Fertigungsindustrie sowie von Unternehmen der Softwarebranche kommentiert und durch verschiedene Indikatoren, etwa der Kundenspezifizierung und der Integrationsleistung, konkretisiert.[338]

> „We believe the Boards should consider the following indicators when determining whether a contract represents a single performance obligation: The product or services delivered are highly customized, integrated, customer specific and delivered over an extended period." (Lockheed Martin)[339]

---

[335] Von 78 Unternehmen sind 71 Unternehmen aus der Fertigungsindustrie (91,03 %). Die Kookkurrenz zwischen Risiken und Vertragsübergreifender Ansatz zeigt 57 von 71 Unternehmen, mithin 80,28 %. Die Kookkurrenz zwischen Risiken und der Determiniertheit der Regelungsvorschriften sowie Umfang der Guidance zeigt 7 von 71 Unternehmen, mithin 9,86 %.

[336] MYR Group (2010), S. 2.

[337] Bombardier (2010), S. 4.

[338] Von den 82 Unternehmen sind 67 aus der Fertigungsindustrie (81,71 %) und 10 Unternehmen aus der Softwarebranche (12,20 %).

[339] Lockheed Martin (2010), S. 3.

> „[F]or software arrangements the topics of functional interdependence (e.g. essentiality and services for significant production, modification, or customization of the software) should be covered [...]." (SAP)[340]

Mit 36,94 % befürworteten indes auch im Exposure Draft ein im Vergleich zum Discussion Paper fast gleicher Anteil an Unternehmen einen vertragsübergreifenden Ansatz. Hiervon handelte es sich bei 40,52 % um annähernd identische Stellungnahmen von ausschließlich US-amerikanischen Unternehmen der Fertigungsindustrie,[341] was auf Absprachen zwischen diesen Unternehmen hindeutet. In Zusammenhang mit dem vertragsübergreifenden Ansatz forderten Unternehmen sowohl die Übernahme branchenspezifischer Regelungen als auch eine Klarstellung der vorgeschlagenen Kriterien zugunsten einer gesamtvertraglichen Bilanzierung.[342]

> „We propose you keep the guidance provided in SOP 81-1, allowing long term construction contracts to be viewed as a single distinct obligation." (National Oilwell Varco)[343]

> „We believe that the standard should allow for the determination of a single performance obligation as a possible outcome when contract activities are performed in an overlapping, concurrent and/or highly interrelated manner and the pricing of the related activities is not distinct or readily determinable in the market." (ST Marine)[344]

> „We suggest that the Board consider amending the proposed principles such that when an entity negotiates a long-term contract and prices as a single large profit margin for the contract as a whole, it is not necessary to apply the proposed recognition and measurement requirements to each performance obligation separately [...]." (MWH Global)[345]

---

[340] SAP (2010), S. A2.

[341] Von den 116 Unternehmen haben 47 Unternehmen eine fast identische Stellungnahme abgegeben, mithin 40,52 %. Die Kookkurrenz zwischen Vertragsübergreifender Ansatz, Risiken und Interdependenz zeigt 49 Unternehmen, wovon 2 Stellungnahmen jedoch von den übrigen abweichen.

[342] Die Kookkurrenz zwischen Vertragsübergreifender Ansatz und Industriespezifische Ausnahmeregelung bzw. Übernahme alter Regelungen zeigt 47 von 116 Unternehmen, mithin 40,52 %. Die Kookkurrenz zwischen Vertragsübergreifender Ansatz und Umfang der Guidance bzw. Determiniertheit der Regelungsvorschriften zeigt 16 von 116 Unternehmen, mithin 13,79 %.

[343] National Oilwell Varco (2010), S. 3.

[344] ST Marine (2010), S. 2.

[345] MWH Global (2010), S. 4.

Die Kommentierungen zum Exposure Draft veranlassten den Staff und die Standardsetzer zur Überarbeitung einzelner Regelungsvorschriften, insbesondere auch dem Distinct-Kriterium, und der Veröffentlichung eines weiteren Standardentwurfs.

> „The staff was persuaded by many of the responses in the comment letters that the criterion proposed in the exposure draft that a good or service is distinct if "the entity, or another entity, sells an identical or similar good or service separately" was too rigid and could inadvertently deem some goods or services to be distinct even though those goods or services might not have a distinct function or distinct risks. Instead, the staff would prefer entities to judge whether the goods or services they promise to their customers possess those attributes." (Staff)[346]

> „Consequently, some of those respondents suggested that the boards might need to develop industry-specific guidance or create industry-specific exceptions to the general principles. The boards addressed those concerns during the re-deliberations of the proposals in the 2010 exposure draft. […] In some cases, the changes have resulted in revised requirements that align more closely with existing requirements or current practice than did the proposals in the 2010 exposure draft.

> […] The boards decided unanimously that it was appropriate to go beyond established due process and re-expose their revised revenue proposals because of the importance of the revenue number to all entities and the desire to avoid unintended consequences in the recognition of revenue for specific contracts or industries." (IASB/FASB)[347]

Die Änderungen des Distinct-Kriteriums, etwa in Form der Bilanzierung eines Leistungsbündels im Fall bestehender Interdependenzen oder Modifikationen, erfolgten dabei explizit auf Basis und in Einklang mit den Unternehmenskommentierungen.[348]

> „The boards developed the criterion specified in paragraph 29(a) using feedback on the 2010 exposure draft and suggestions from respondents (especially respondents from the construction and manufacturing industries) that the standard should include some of the discussion in the 2010 exposure draft's Basis for Conclusions on distinct profit margins." (IASB/FASB)[349]

---

[346] Technical Staff (2011c), Agenda Paper 6 C/135 C, Rz. 45.

[347] Re-ED BC (2011), BC12–BC14.

[348] Vgl. Re-ED BC (2011), BC67–BC81.

[349] Re-ED BC (2011), BC79.

Die im Re-Exposure Draft gesunkene bzw. fehlende Kommentierung einzelner Bilanzierungsalternativen, wie etwa der Gewinnmarge oder dem vertragsübergreifenden Ansatz, kann daher als Akzeptanz der Regelungsausgestaltung gewertet werden. Auch der insgesamt deutliche Rückgang der Unternehmensbeteiligung der Fertigungsindustrie zu den Kriterien zur Aufteilung von Leistungsverpflichtungen bestätigt dieses Ergebnis.[350] Die beteiligten Unternehmen bezogen sich insbesondere auf das Distinct-Kriterium und die Anforderung der Interdependenz. So forderten Unternehmen der Fertigungsindustrie und Softwarebranche mehrheitlich umfangreichere Anwendungsleitlinien zur Beurteilung eines Leistungsbündels.[351]

> „In order to avoid misapplication of the guidance as intended by the Boards, we recommend the Boards provide indicators in paragraph 29(a) to help companies determine whether the goods or services in a bundle are "highly interrelated"." (Boeing)[352]

> „We would ask the Boards to consider including the indicators/criteria set forth in ASC 985 or to include additional implementation guidance that would help companies understand when goods and services are deemed to be highly interrelated." (Cisco)[353]

23,08 % der Stellungnahmen zum Distinct-Kriterium stammten von Unternehmen aus der Rohstoffbranche und Versorgungswirtschaft, die eine Klarstellung der Regelung zur Erfassung einer Reihe eigenständiger Güter oder Dienstleistungen befürworteten.[354]

> „We believe that additional guidance is necessary to clarify whether, for example, a contract to supply oil or gas over a period of time is a single performance obligation satisfied over time, or a series of performance obligations, as described further on pages 8 and 9 of this letter." (BP)[355]

> „Therefore, we respectively request that the Boards provide additional implementation guidance and an example of how this guidance should be applied to a contract

---

[350] Von den 33 Unternehmen sind 9 Unternehmen aus der Fertigungsindustrie (27,27 %).

[351] Die Kookkurrenz von Interdependenz und Umfang der Guidance zeigt 5 von 7 Unternehmen, mithin 71,43 %.

[352] Boeing (2012), S. 3.

[353] Cisco (2012), S. 3.

[354] Von den 26 Unternehmen sind 6 Unternehmen aus der Rohstoff- und Versorgungswirtschaftsbranche (23,08 %).

[355] BP (2012), S. 2.

involving repetitive deliveries of the same good or service where the benefits asso-
ciated with those goods and services is instantaneously controlled and the consumed
upon delivery, in order to confirm our interpretation." (NextEra Energy)[356]

In Einklang hierzu wurde im Zuge der erstmaligen Veröffentlichung von IFRS 15
die wechselseitige Beziehung zwischen Gütern und Dienstleistungen als Indikator zur Beurteilung der Separierbarkeit (IFRS 15.29) aufgenommen sowie
die Regelung zur „series of distinct goods and services" klargestellt
(IFRS 15.22 (b)).

„The boards decided to include this notion as part of the definition of a performance
obligation to simplify the application of the model and to promote consistency in the
identification of performance obligations in circumstances in which the entity provides the same good or service consecutively over a period of time (for example, a
repetitive service arrangement)." (IASB/FASB)[357]

Obwohl diese Änderungen ohne Bezugnahme auf die Stellungnahmen erfolgten, wird deutlich, dass die Änderungen der Anwendbarkeit der Regelungen
dienten und mit den Stellungnahmen übereinstimmten. Die Entwicklung des
Distinct-Kriteriums zeigt dabei nicht nur die Rekursivität des Standardsetzungsprozesses, sondern vor allem den diskursiven Erfolg der Kommentierungen in
Form der erfolgreichen Etablierung bzw. Prägung der Regelungsinhalte und der
Ausgestaltungsform.

Gleichwohl kam es nach der erstmaligen Veröffentlichung von IFRS 15
zu zahlreichen Anwendungsfragen, die das IASB zur Überarbeitung sowie
Ergänzung der Beispiele in einer weiteren Standardsetzungsphase veranlassten.[358] In der Phase der nachträglichen Klarstellung wurden im Hinblick auf
die untersuchten Bilanzierungsalternativen von fast allen beteiligten Unternehmen das Distinct-Kriterium sowie vereinzelt zusätzlich die Anforderung der
Interdependenz kommentiert. Dies steht in Einklang mit den vom IASB überarbeiteten und zur Stellungnahme aufgeforderten Themen und zeigt insoweit,
dass Unternehmen die noch im Re-Exposure Draft hervorgebrachten Alternativvorschläge hinsichtlich anderer untersuchter Bilanzierungsthemen, wie bspw.
die von Telekommunikationsunternehmen geforderte Contingent-Revenue-Cap-
Methode, nicht erneut forcierten. Gleichzeitig forderten ein überwiegender Anteil
der Unternehmen weitreichendere Anwendungsleitlinien bzw. Klarstellungen zum

---

[356] NextEra Energy (2012), S. 4.
[357] IFRS 15.BC113.
[358] Vgl. ED Clarifications (2015), BC8–BC24.

Distinct-Kriterium und diskutierten die Übernahme der vom FASB angestrebten Ausnahmeregelung zur Bilanzierung von Versandtätigkeiten.[359]

„We do not agree with the IASB's approach to clarify the application of the concept of 'distinct' by only amending the Illustrative Examples. It is our view that amendments to the Standard are required to clarify the requirements of identifying performance obligations." (MTN Group)[360]

„The FASB has proposed an exemption relating to the accounting for shipping and handling activities that occur after the customer has obtained control of the goods. We consider that the IASB should propose the same exemption to address these issues in order to retain the benefits achieved by the converged standards." (Rio Tinto)[361]

Während das IASB den Standardtext zum Distinct-Kriterium im finalen Standard in Einklang mit dem FASB anpasste, lehnte es die Einführung eines Wahlrechts bzw. die Umsetzung einer Ausnahmeregelung aufgrund des angestrebten Standardsetzungsziels eines vertragsübergreifenden Umsatzerfassungsmodells ab.[362] Dies legt die Vermutung nahe, dass die nachträgliche Klarstellungsphase keine Basis für grundlegende Standardänderungen darstellt und das IASB in Bezug auf einzelfallspezifische Bilanzierungsprobleme an einer konzeptionell konsistenten Standardsetzung gegenüber einer praxisorientiert konvergenten Standardsetzung festhält.

3.2.2.1.4 Konzeptionell konsistente Ausgestaltung der Regelungen zur Aufteilung des Transaktionspreises unter Gewährung praxisgerechter Ermessensspielräume

Die Aufteilung des Transaktionspreises auf eigenständige Leistungsverpflichtungen wurde im Discussion Paper an die relativen (geschätzten) Einzelveräußerungspreise der Güter oder Dienstleistungen geknüpft und als Methoden zur Schätzung der Adjusted-Market-Assessment-Ansatz und der Expected-Cost-Plus-A-Margin-Ansatz als mögliche, jedoch nicht vorgeschriebene Methoden genannt.[363]

---

[359] Die Kookkurrenz von Distinct-Kriterium und Umfang der Guidance zeigt 9 von 16 Unternehmen, mithin 56,25 %, und die Kookkurrenz von Distinct-Kriterium und Determiniertheit der Regelungsvorschriften zeigt 11 von 16 Unternehmen, mithin 68.75 %, von denen 6 Unternehmen die Übernahme einer Ausnahmeregelung befürworteten.

[360] MTN Group (2015), S. 2.

[361] Rio Tinto (2015), S. 2.

[362] IFRS 15.BC116U.

[363] DP (2008), 5.45–5.48.

Tabelle 3.11 Anteil der Unternehmensstellungnahmen zur Aufteilung des Transaktionspreises in den einzelnen Kommentierungsphasen

Aufteilung Transaktionspreis	DP	ED	Re-ED	CL
Alternativer Bewertungsmaßstab	16,92 %	2,87 %	–	–
Contingent-Revenue-Cap-Methode	6,15 %	2,87 %*	6,90 %*	–
Relativer Einzelveräußerungspreis	60,00 %*	25,48 %*	12,93 %*	–
Residualwertmethode	12,31 %	6,69 %*	12,07 %*	–

Im Hinblick auf die Bilanzierungsalternativen zur Aufteilung des Transaktionspreises auf eigenständige Leistungsverpflichtungen (Tabelle 3.11) äußerten sich mehr als die Hälfte der zum Discussion Paper beteiligten Unternehmen (60,00 %) zum Bewertungsmaßstab des relativen Einzelveräußerungspreises größtenteils positiv, wobei Unternehmen der Softwarebranche überwiegend die Verbindlichkeit der Regelungen zur Schätzung des Einzelveräußerungspreises, etwa durch Aufnahme einer Anwendungshierarchie, diskutierten[364].

> „Yes we agree that if an entity does not sell a good or service separately it should be able to estimate the standalone selling price of that good or service. We believe there should be a hierarchy for estimation similar to the concepts proposed in EITF 08-1 […].“ (Dell)[365]

Die Unternehmen der Telekommunikationsbranche äußerten sich hingegen kritisch zur Aufteilung auf Basis geschätzter relativer Einzelveräußerungspreise und forcierten unter Verweis auf die vorherigen Regelungen die Contingent-Revenue-Cap-Methode und/oder die Residualwertmethode.[366]

> „The telecommunications industry currently applies the 'contingent revenue cap' principle, as per paragraph 14 of EITF 00-21 and EITF 08-1, which we believe to be

---

[364] Die Kookkurrenz zwischen Relativer Einzelveräußerungspreis, Determiniertheit der Regelungsvorschriften und Umfang der Guidance zeigt 14 von 39 Unternehmen, mithin 35,89 %. Von den 14 Unternehmen sind 7 Unternehmen aus der Softwarebranche (50,00 %).

[365] Dell (2009), S. 12.

[366] Von 8 Unternehmen sind 7 Unternehmen aus der Telekommunikationsbranche und 1 Unternehmen aus der Softwarebranche. Von den 7 Unternehmen äußerten sich 3 Unternehmen nur zur Residualwertmethode und 4 Unternehmen sowohl zur Residual- als auch zur Contingent-Revenue-Cap-Methode. Das Unternehmen der Softwarebranche äußerte sich zur Residualwertmethode.

compatible with IAS 18. [...] The Discussion Paper requires arrangement consideration to be allocated between performance obligations on the basis of relative standalone selling prices. We believe that for the telecommunications industry the contingent
revenue cap remains appropriate for the following reasons [...]." (Vodafone)[367]

„Only allowing the allocation of revenue based on the relative standalone selling price
of performance obligations is not practical to apply [...]. Specifically we believe that
the 'residual' or 'cash cap' method of allocation (as permissible under US GAAP
and also compatible under IAS 18) would better reflect the economics of a particular
transaction [...]." (BT)[368]

In den Stellungnahmen der Software- und Telekommunikationsunternehmen
werden die branchenspezifischen Besonderheiten der Bilanzierungsalternativen
deutlich, wobei die Unternehmen beider Branchen wiederum eine Regelungsausgestaltung zugunsten der bestehenden Bilanzierungspraxis vorantrieben. Andere
alternative Bewertungsmaßstäbe wurden zudem von 16,92 % der Unternehmen
hervorgebracht, die fast ausschließlich aus der Fertigungsindustrie stammten.[369]

„Thus, we believe that the allocation basis for the transaction price would be the
contractor's best estimates of the costs of various components of a project and their
relative costs and margin." (Shaw Group)[370]

Weder der Staff noch die Standardsetzer adressierten im Zuge des Exposure
Drafts etwaige alternative Maßstäbe; auch auf eine Umsatzbeschränkung im
Sinne der Contingent-Revenue-Cap-Methode wurde nur im Zusammenhang mit
der Transaktionspreisbeschränkung eingegangen.[371] Der Staff und die Boards
bestätigten vielmehr unter Bezugnahme auf die Stellungnahmen die Aufteilung
auf Basis der relativen (geschätzten) Einzelveräußerungspreise und lehnten eine
Festlegung zu verwendender Methoden, mithin auch eine Anwendungshierarchie, sowie die Aufteilung auf Basis der Residualwertmethode ab.[372] Gleichzeitig
eröffneten die Boards in der Basis for Conclusions jedoch die Möglichkeit, die
Residualwertmethode als Schätzungsmethode anzuwenden, was als Kompromiss
gewertet werden kann bzw. insofern zumindest einzelne Unternehmensbedenken
adressierte.

---

[367] Vodafone (2009), S. 2 f.

[368] BT (2009), S. 8.

[369] Von 11 Unternehmen sind 9 Unternehmen aus der Fertigungsindustrie (81,82 %).

[370] Shaw Group (2009), S. 16.

[371] Vgl. ED BC (2010), BC95.

[372] Vgl. Technical Staff (2009c), Agenda Paper 3 C/122 C, Rz. 14–29; ED BC (2010),
BC112–BC125.

„Some respondents to the discussion paper suggested that the proposed requirements should permit the residual method [...]. However, the boards noted that the residual method is unnecessary if an entity is required to estimate stand-alone selling prices. [...] Consequently, the boards confirmed their view that the residual method should not be used to allocate the transaction price to separate performance obligations. However, the boards noted that a residual (or reverse residual) technique may be an appropriate method for estimating a stand-alone selling price [...]." (IASB/FASB)[373]

Der deutliche Rückgang der Kommentierungen zum relativen Einzelveräußerungspreis sowie zu alternativen Bewertungsmaßstäben im Exposure Draft spricht für die überwiegende Akzeptanz der Regelungsvorschriften. 28,75 % der Unternehmen äußerten sich in Bezug auf den relativen Einzelveräußerungspreis zum Regelungsumfang, dabei jedoch unterschiedlich zum Verbindlichkeitsgrad der Regelungen.[374]

„Additionally we agree that as long as the method of estimating standalone selling price is consistent and maximizes the use of observable inputs, that no method of estimation should be precluded or prescribed." (Northrop Grumman)[375]

„We agree that an entity should allocate the transaction price to all separate performance obligations in a contract in proportion to the standalone selling price (estimated if necessary) [...]. However. we believe additional implementation guidance and examples on suitable estimation methods would be necessary specifically as it relates to suitable estimation methods for biotechnology entities." (Xenoport)[376]

Die Residualwertmethode wurde von 6,69 % der Unternehmen kommentiert, wobei es sich überwiegend um Unternehmen der Software- und Telekommunikationsbranche handelte,[377] die die Einführung der Residualwertmethode oder eine Klarstellung zur Verwendung des Residualwerts im Rahmen der Schätzung des Einzelveräußerungspreises forderten.

---

[373] ED BC (2010), BC123–BC125.

[374] Die Kookkurrenz zwischen Relativer Einzelveräußerungspreis, Umfang der Guidance und Determiniertheit der Regelungsvorschriften zeigt 23 von 80 Unternehmen, mithin 28,75 %.

[375] Northrop Grumman (2010), Attachment, S. 9.

[376] Xenoport (2010), S. 2.

[377] Von 21 Unternehmen sind 11 Unternehmen aus der Softwarebranche (52,38 %) und 7 Unternehmen aus der Telekommunikationsbranche (33,33 %).

„The exposure draft requires the "relative selling price" approach to be followed in allocating the transaction price to the performance obligations. [...] We recommend retaining the accounting policy choice of using either the relative fair value selling price approach or the residual method as currently available under IAS 18 - Revenue." (MTN Group)[378]

„We have noted para BC125 of the ED which states "that a residual (or reverse residual) technique may be an appropriate method [...]". We believe that this guidance should be in the text of the standard rather than in the basis for conclusion." (SAP)[379]

Vor dem Hintergrund der im Standardtext nur marginal erfolgten Änderungen sowie der expliziten Ablehnung der Residualwertmethode durch die Standardsetzer verdeutlichen die Kommentierungen die branchenspezifische Einflussnahme. Die Bezugnahme auf die Klarstellungen in der Basis for Conclusions zeigt dabei die Relevanz der Basis for Conclusions für die Regelungsentwicklung gleichsam die Rekursivität des Standardsetzungsprozesses, insofern als die Unternehmen die Begründungen des IASB einbeziehen. Auch die Stellungnahmen zur Contingent-Revenue-Cap-Methode sind als branchenspezifische Kommentierungen zu werten, da diese fast ausschließlich von Unternehmen der Telekommunikationsbranche stammten, die einheitlich die Übernahme der vorherigen Regelungen zur Beschränkung der Umsatzerfassung empfahlen oder die Vorteile dieser Methode diskutierten.

„We generally agree that the transaction price should be allocated to all separate performance obligations in a contract in proportion to the stand-alone selling price [...]. However, we strongly recommend maintaining the FASB's provision under ASC 605-25-30. That is, the amount allocable to a satisfied performance obligation should be limited to the amount that is not contingent upon the fulfilment of additional future performance obligations ("contingent revenue cap")." (Deutsche Telekom)[380]

„In order to avoid the inconsistencies described above regarding the recognition of handset and service revenues in our industry we suggest that the amount allocable to a satisfied performance obligation should be limited to the amount that is not contingent upon the fulfilment of additional future performance obligations ("contingent revenue cap")." (Telefónica)[381]

Während im Re-Exposure Draft der Residualwertansatz als Schätzungsmethode in den Standard aufgenommen und diese Änderung in der Basis for Conclusions

---

[378] MTN Group (2010), S. 1.

[379] SAP (2010), S. A10.

[380] Deutsche Telekom (2010), S. 12.

[381] Telefónica (2010), S. 7.

unter Verweis auf die Stellungnahmen sowie auf bestimmte – besonders für einzelne Branchen relevante – Verträge begründet wurde, lehnten die Standardsetzer die Einführung der Contingent-Revenue-Cap-Methode unter Bezugnahme auf die einschlägigen Kommentierungen ab.

„[T]hose respondents thought that the proposed requirements should clarify how and when an entity could use the residual approach as an estimation method. Therefore, paragraph 73(c) of the proposed requirements specifies the circumstances in which a residual approach would be a suitable method to estimate a stand-alone selling price. In specifying those circumstances, the boards were particularly mindful of the challenges in determining stand-alone selling prices in contracts for intellectual property and other intangible products [...].

However, the boards affirmed their proposal in the 2010 exposure draft not to carry forward the contingent revenue cap for the following reasons [...] Additionally, the boards decided not to introduce an exception to the revenue model for telecommunications and similar contracts because they do not view those contracts to be unique." (IASB/FASB)[382]

Die vorgenommenen Änderungen im Re-Exposure Draft spiegeln die Reichweite des Unternehmenseinflusses wider; sie stellen insofern einen Kompromiss dar, als die Boards einerseits einheitliche Regelungen zur Aufteilung des Transaktionspreises in Form der relativen Einzelveräußerungspreise ohne industriespezifische Ausnahmeregelung umsetzten, gleichzeitig jedoch anwendungsorientierte Ermessensspielräume in Bezug auf die Schätzungsmethoden ermöglichten.

Die fehlenden Stellungnahmen zu alternativen Bewertungsmaßstäben sowie der Rückgang der Stellungnahmen zum Einzelveräußerungspreis weisen wiederum auf die gestiegene Akzeptanz der Regelungsvorschriften im Re-Exposure Draft hin. Gleichzeitig stieg die Beteiligung zur Residualwertmethode sowie zur Contingent-Revenue-Cap-Methode, wobei überwiegend Unternehmen aus der Telekommunikationsbranche die Bilanzierungsalternativen kommentierten.[383] Während einzelne Unternehmen dabei weiterhin ausschließlich die Umsetzung der Contingent-Revenue-Cap-Methode forcierten, forderten andere Unternehmen alternativ die Ausweitung des Residualwertansatzes.

---

[382] Re-ED BC (2011), BC182, BC196 f.

[383] Im Re-ED sind zum Residualwertansatz 8 von 14 Unternehmen (57,14 %) und zur Contingent-Revenue-Cap-Methode 7 von 8 Unternehmen (87,50 %) aus der Telekommunikationsbranche.

„We believe that a restriction on revenue akin to the contingent revenue cap remains the best solution and addresses each of the adverse effects noted above." (Vodafone)[384]

„We request that the final standard retain the current contingent revenue cap. If this is not possible, then we request that additional practical expedients be introduced into the final standard. For instance, we request that the use of the residual technique be specifically allowable for contracts in the telecommunications industry." (Rogers Communication)[385]

Vor dem Hintergrund des im Re-Exposure Draft unter den Schätzungsmethoden aufgenommenen Residualwertansatzes kann die Forderung zur Umsetzung der Residualwertmethode als Versuch gewertet werden, die Regelungsgestaltung unter der Annahme zu konkretisieren, dass diese Methode gegenüber der Contingent-Revenue-Cap-Methode bei den Standardsetzern als eher durchsetzbar erschien.

Anstelle einer Ausweitung der Residualwertmethode als alternativer Aufteilungsmaßstab bestätigen die Standardsetzer in der Basis for Conclusions zum finalen Standard jedoch die Begrenzung des Ansatzes als Schätzungsmethode und schlossen darüber hinaus einen Residualwert von Null und damit ein der Contingent-Revenue-Cap-Methode ähnliches Ergebnis aus.[386] Für Anwendungsprobleme aufgrund der fehlenden Contingent-Revenue-Cap-Methode verwiesen die Standardsetzer vielmehr auf die eingeführte Portfolio-Option und adressierten hierbei explizit die Telekommunikationsindustrie,[387] was als Entgegenkommen gewertet werden kann.

Der Kompromiss zwischen einer konzeptionellen Standardsetzung und einer praxisorientierten Standardanwendbarkeit zeigt sich demzufolge auch bei den Regelungen zur Aufteilung des Transaktionspreises. Wie auch bei den Regelungen zur Vertragszusammenfassung und dem Portfolio-Ansatz sowie den Regelungen zur Aufteilung der Leistungsverpflichtungen werden von den Standardsetzern keine industriespezifischen Ausnahmeregelungen normiert, gleichzeitig erfolgt jedoch eine Einräumung von Ermessensspielräumen bzw. eine anwendungsorientierte Konkretisierung der Regelungsvorschriften. Die Regelungsausgestaltung der untersuchten Bilanzierungsalternativen erfolgte durch umfangreiche Anwendungsleitlinien sowie durch Orientierung an den vorherigen Bilanzierungsvorschriften, was in Einklang mit den von Unternehmen

---

[384] Vodafone (2012), S. 2.
[385] Rogers Communication (2012), S. 12.
[386] Vgl. IFRS 15.BC270–BC273.
[387] Vgl. IFRS 15.BC287–BC293.

adressierten Umsetzungsmöglichkeiten steht.[388] Die zunehmende Durchsetzung gefundener Bilanzierungslösungen sowie die bereits hinsichtlich des allgemeinen Beteiligungsrückgangs angenommene steigende Akzeptanz der Standardentwürfe im Laufe des Standardsetzungsprozesses wird auch durch den Anstieg der Restkategorie gestützt.[389]

Basierend auf den Ergebnissen zu den Bilanzierungsalternativen und Umsetzungsmöglichkeiten lässt sich hinsichtlich der Rekursivität des Standardsetzungsprozesses feststellen, dass die Stellungnahmen bei der Regelungsüberarbeitung einfließen und vom IASB berücksichtigt werden, die Änderungen und Erwägungen des IASB wiederum in die Stellungnahmen einbezogen und von den Unternehmen konkretisiert werden. Die Teilnahme durch Stellungnahmen am Standardsetzungsprozess ist folglich aus Unternehmensperspektive für die Standardanwendung sinnvoll, da sie eine konkrete Möglichkeit zur Prägung der Regelungsinhalte sowie ihrer Ausgestaltung darstellt und gleichzeitig zu einer frühzeitigen Auseinandersetzung mit möglichen Regelungsänderungen veranlasst. Aus Sicht der Standardsetzer kann einerseits durch die Berücksichtigung der Unternehmensstellungnahmen die Anwendbarkeit der Regelungsvorschriften sichergestellt und der Akzeptanz der gefundenen Regelungen sowie – hierdurch zumindest teilweise – dem Legitimationserfordernis Rechnung getragen werden. Andererseits wirkt sich der Einfluss jedoch auf den konzeptionellen Wandel von Rechnungslegungsvorschriften aus, insofern als eine Standardüberarbeitung in den Grenzen der Standardanwendung verläuft.

3.2.2.2 Rolle der Rhetorik bei der Standardsetzung

3.2.2.2.1 Häufigkeit verwendeter Überzeugungsarten und rhetorischer Stilmittel

Neben dem Einfluss auf die inhaltliche Zielrichtung wird im Folgenden die von Unternehmen und Standardsetzern verwendete Rhetorik für die untersuchten Bilanzierungsalternativen ausgewertet,[390] was Rückschlüsse auf die Reichweite

---

[388] Vgl. zur Übersicht der Häufigkeiten der adressierten Umsetzungsmöglichkeiten Appendix, VII.

[389] Vgl. zur Übersicht der Entwicklung der Restkategorie Appendix, VII.

[390] Die Subkategorien der Rhetorik wurden nur in Zusammenhang mit den untersuchten Bilanzierungsalternativen codiert. Die Codierung der Rhetorik bei den Standardsetzern erfolgte nur für die von den Standardsetzern verwendeten Überzeugungsarten und rhetorischen Stilmittel, d. h. die Wiedergabe bzw. Zusammenfassung von Unternehmensgründen wurde nicht codiert.

der Überzeugungsstrategien ermöglicht. Im Gegensatz zu den verwendeten Themenübersichten für die inhaltliche Zielrichtung, die die relative Häufigkeit
der Unternehmenskommentierungen zeigt, basiert die Auswertung der Rhetorik primär auf der absoluten Codier-Häufigkeit der einzelnen Kategorien in
den jeweiligen Kommentierungsphasen.[391] Hierdurch wird die Verteilung der
Überzeugungsarten und rhetorischen Stilmittel unter Berücksichtigung der mehr-
fachen Verwendung einzelner Überzeugungsmittel eines Unternehmens bzw.
der Standardsetzer dargestellt. Die Veranschaulichung der Rhetorik erfolgt wiederum unter Einbezug konkreter Beispiele aus den Stellungnahmen bzw. den
Standardsetzungsdokumenten. Zudem wird auch die Kookkurrenz der einzelnen
Überzeugungsarten und rhetorischen Stilmittel sowie der inhaltlichen Zielrichtung berücksichtigt,[392] wodurch Rückschlüsse auf den Zusammenhang zwischen
dem Inhalt und der Rhetorik gezogen werden können.

3.2.2.2.2 Verwendung von Pathos zur Verdeutlichung von Anwendungsproblemen

Während des Standardsetzungsprozesses von IFRS 15 bedienten sich die Unternehmen (Abbildung 3.4)[393] bei der Kommentierung sowie die Standardsetzer
(Abbildung 3.5)[394] bei der Rechtfertigung der untersuchten Bilanzierungsalternativen aller drei Überzeugungsarten, wobei Logos und Ethos deutlich häufiger
als Pathos eingesetzt wurden.

Die im Vergleich weitaus geringere Verwendung von Pathos kann vor dem
Hintergrund der technischen Natur des Standardsetzungsprozesses erklärt werden
und deutet darauf hin, dass die im Gegensatz hierzu stehende emotionale Überzeugungskraft sowohl von den Unternehmen als auch den Standardsetzern als
eher gering eingestuft wurde.

---

[391] Vgl. zu den Codier-Häufigkeiten und dem Anteil der Unternehmen je Kategorie Appendix, VIII und IX; zu den Codier-Häufigkeiten der Standardsetzer je Kategorie Appendix, X
und XI.

[392] Die Kookkurrenz für Kategorien der Rhetorik wurde auf Basis der Codier-Häufigkeiten
berechnet, d. h. mehrfache Kookkurrenzen in einer Stellungnahme wurden auch mehrfach
gewertet.

[393] Vgl. Appendix, VIII.

[394] Vgl. Appendix, X.

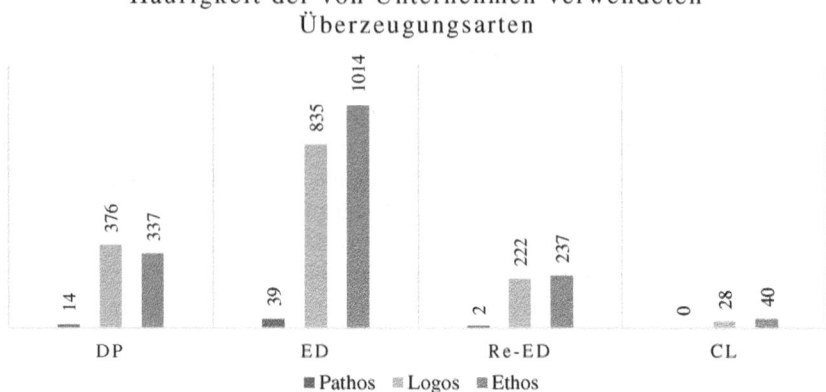

Abbildung 3.4 Codier-Häufigkeit der von Unternehmen verwendeten Überzeugungsarten in der jeweiligen Kommentierungsphase

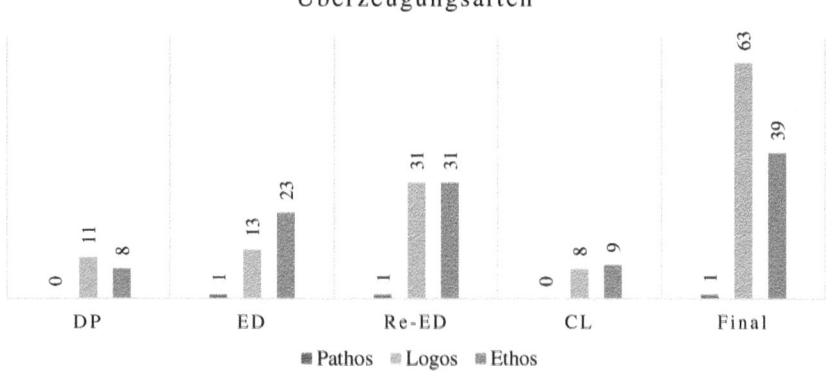

Abbildung 3.5 Codier-Häufigkeit der von den Standardsetzern verwendeten Überzeugungsarten in der jeweiligen Standardsetzungsphase

Im Discussion Paper äußerten sich indes trotzdem 12,31 % der Unternehmen in Form von Übertreibungen[395] zur Unmöglichkeit der Anwendbarkeit der

---

[395] Vgl. Appendix, IX.

Regelungen zur Aufteilung der Leistungsverpflichtungen und des Transaktionspreises,[396] wodurch anstelle von rational begründbaren Praktikabilitätsbedenken vielmehr die Nicht-Umsetzbarkeit der Regelungsvorschläge auf emotionaler Ebene betont wurde.

> „The number of performance obligations that would be identified, combined with the sheer volume of low value transactions, results in a number of relative standalone sales price that is simply impossible for a telecommunications company to apply." (Deutsche Telekom)[397]

Auch im Exposure Draft wurde Pathos überwiegend im Rahmen der Kommentierung eines vertragsübergreifenden Ansatzes bzw. der Ablehnung der Aufteilungskriterien eingesetzt.[398] Hierbei handelte es sich fast ausschließlich um US-amerikanische Unternehmen der Fertigungsindustrie,[399] die neben der unmöglichen Anwendbarkeit der Regelungen die ökonomischen Konsequenzen einer Standardänderung in Bezug auf die ohnehin schwierige wirtschaftliche Lage hervorhoben und hierdurch die Regelungskonsequenzen an einen Gefühlszustand anknüpften.[400]

> „Like the rest of the economy the construction industry is on hard times; however the construction economy is suffering far worse than our United States economy. This would not be a good time to introduce additional economic hardship to the construction industry." (Emerick)[401]

> „The cost of new software and additional accounting staff expenses will be an onerous burden on, particularly, smaller private companies. This will close some companies' doors and be a huge burden on our already struggling industry." (Vance Brown)[402]

Die Verwendung von Pathos erfolgte im Re-Exposure Draft durch lediglich zwei Unternehmen aus der Telekommunikationsbranche, die ihre Bedenken zur

---

[396] Die Kookkurrenz zwischen Pathos und Hyperbel zeigt 9 von 14 Codierungen, mithin 64,29 %.

[397] Deutsche Telekom (2009), S. 10.

[398] Die Kookkurrenz zwischen Pathos und den Subkategorien zur Aufteilung der Leistungsverpflichtungen zeigt 26 von 39 Codierungen, mithin 66,67 %.

[399] Von 30 Unternehmen sind 27 Unternehmen aus der Fertigungsindustrie und US-amerikanischer Herkunft (90,00 %).

[400] Vgl. Stenka (2014), S. 22.

[401] Emerick (2010), S. 1.

[402] Vance Brown (2010), S. 3.

Anwendbarkeit des Standards bzw. ihr Anliegen auf mögliche Änderungen zugunsten der Aufnahme einer Contingent-Revenue-Cap-Methode mit Nachdruck äußerten.

> „As a result of the field-testing we feel justified in our concerns that the proposed model will be impossible to apply for telecom operators, given the tremendous volume of transactions we face every day." (Deutsche Telekom)[403]

Pathos wurde demnach ausschließlich bei Bilanzierungsalternativen eingesetzt, die Alternativvorschläge gegenüber den von den Standardsetzern vorgeschlagenen Regelungsvorschriften darstellten und die Anwendbarkeit der Regelungen adressierten. Dies diente dazu, die Überlegenheit des Regelungsvorschlags gegenüber der bestehenden Bilanzierungspraxis in Frage zu stellen und die Aufmerksamkeit der Standardsetzer auf die praktische Umsetzbarkeit der Regelungen zu lenken.

Die Überzeugungskraft von Pathos, insbesondere von dem Verweis auf die unmögliche Anwendbarkeit, wird auch in den Basis for Conclusions zum Exposure Draft, Re-Exposure Draft und finalen Standard deutlich, in denen die Standardsetzer die Ausgestaltung der Anforderung der eigenständigen Funktion auf Basis der in alten Standards bestehenden Regelungen des „value to the customer on a standalone basis" ablehnten.

> „It would be difficult, if not impossible, for an entity to know the customer's intentions in any given contract." (IASB/FASB)[404]

Die Verwendung der Übertreibung kann als Überzeugungsversuch des Standardsetzers gewertet werden, in diesem Fall jedoch um die Überlegenheit des Regelungsvorschlags gegenüber den vorherigen Standards zu betonen. Gleichzeitig wird die Anschlussfähigkeit von Pathos deutlich, das zur Überzeugung der Nicht-Umsetzung eines Regelungsvorschlags eingesetzt wurde.

3.2.2.2.3 Verwendung von Logos zur Demonstration der rational underpinnings

Im Gegensatz zu der geringen Nutzung von Pathos zeichnen sich die Unternehmensstellungnahmen durch eine umfangreiche Verwendung von Logos aus, wobei eine Stellungnahme in der Regel mehrfache Begründungen beinhaltete. Während

---

[403] Deutsche Telekom (2012), S. 2.
[404] ED BC (2010), BC52; Re-ED BC (2011), BC76; IFRS 15.BC101.

Logos im Discussion Paper die am häufigsten genutzte Überzeugungsart darstellte, wurde Ethos in allen anderen Standardentwurfsphasen häufiger verwendet (Abbildung 3.4). Die Erzeugung von Rationalität erfolgte während des Standardsetzungsprozesses überwiegend durch konzeptionelle und ökonomische Gründe, die in allen Phasen etwa gleich häufig, im Exposure Draft und Re-Exposure Draft jedoch mit leichter Tendenz zu ökonomischen Gründen, eingesetzt wurden; Beispiele wurden indes fast weniger als halb so oft verwendet (Abbildung 3.6)[405]. Die in etwa gleiche Verteilung von konzeptionellen und ökonomischen Gründen bestätigt die Ergebnisse der Lobbying-Literatur, wonach Unternehmen ihre Argumentation sowohl auf ökonomische Konsequenzen als auch auf konzeptionelle Rechtfertigungen stützen.[406]

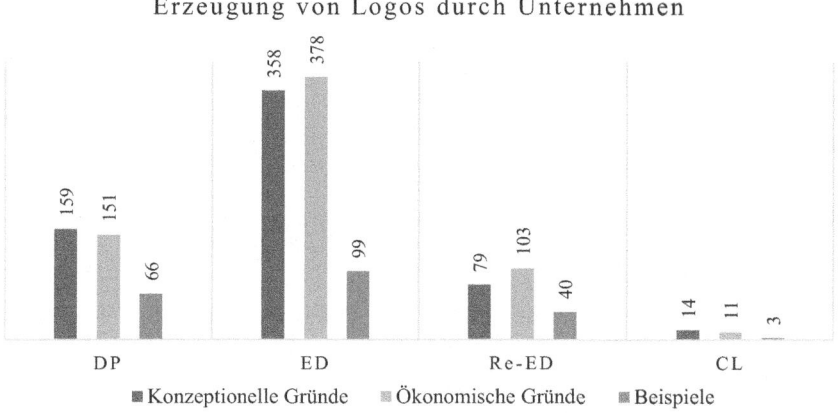

Abbildung 3.6 Codier-Häufigkeit der von Unternehmen verwendeten Subkategorien der Überzeugungsart Logos in der jeweiligen Kommentierungsphase

Von den Standardsetzern wurde Logos im Vergleich zu den anderen Überzeugungsarten im Discussion Paper und insbesondere im finalen Standard am häufigsten verwendet (Abbildung 3.5). Während für die Erzeugung von Rationalität im Discussion Paper und Exposure Draft sowohl konzeptionelle und ökonomische Gründe als auch Beispiele etwa gleich häufig eingesetzt wurden, dominierten ab dem Re-Exposure Draft die konzeptionellen Begründungen

---

[405] Vgl. Appendix, VIII.

[406] Vgl. Jupe (2000), S. 349–354; Stenka/Taylor (2010), S. 119–124.

(Abbildung 3.7)[407]. Dies steht in Einklang mit der vom Standardsetzer verfolgten, auf dem Rahmenkonzept basierenden, deduktiven Standardsetzung, zeigt gleichzeitig jedoch auch die, die ökonomischen Folgen berücksichtigende, induktive Komponente der Standardsetzung.

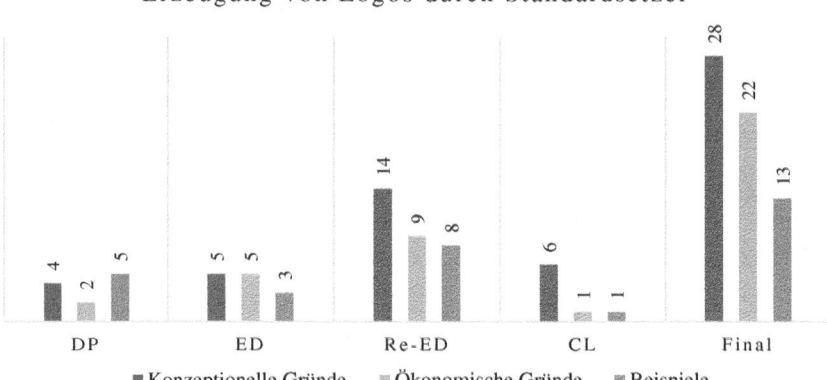

Abbildung 3.7 Codier-Häufigkeit der von den Standardsetzern verwendeten Subkategorien der Überzeugungsart Logos in der jeweiligen Standardsetzungsphase

Als konzeptionelle Gründe wurden von Unternehmen in allen Kommentierungsphasen die Entscheidungsnützlichkeit sowie die Vergleichbarkeit am häufigsten angeführt; die Begründungen zu den Clarifications beschränkten sich auf die Vergleichbarkeit sowie die Konsistenz der Regelungsausgestaltung.[408] Obwohl die Vergleichbarkeit seit der Rahmenkonzeptüberarbeitung (2010) nur eine ergänzende Anforderung darstellt und bereits im alten Rahmenkonzept der Konkretisierung der Entscheidungsnützlichkeit diente, dominierte sie in allen Standardentwurfsphasen zu IFRS 15 als konzeptionelle Begründung,[409] was auf die von Unternehmen wahrgenommene höhere Überzeugungskraft dieses Kriteriums hindeutet. Die Begründung der jeweiligen Bilanzierungsalternative anhand

---

[407] Vgl. Appendix, X.
[408] Vgl. Appendix, VIII.
[409] Vgl. auch Wüstemann (2018), S. 25.

der Vergleichbarkeit erfolgte dabei weniger im Kontext der Entscheidungsnützlichkeit als vielmehr in Zusammenhang mit ökonomischen Gründen sowie unter
Verwendung von Beispielen.[410]

> „As a result, it is not clear that the guidance will be able to be implemented in an
> objective, practical and consistent manner across all entities." (CSC)[411]

> „We believe that splitting E&C contracts into different performance obligations would
> be arbitrary. [...] One contractor might classify, for example, scaffolding and mobi-
> lization as deliverables; whereas another might classify them as indirect costs and
> spread them among other identified deliverables, leading to inconsistent revenue reco-
> gnition between the two contracts." (Kiewit)[412]

Die Vergleichbarkeit der Informationsvermittlung wird insofern an die vergleich-
bare Anwendung der Regelungsvorschrift geknüpft. Dies kann wiederum als
Überzeugungsstrategie gewertet werden, den Fokus auf die Anwendbarkeit der
Regelungen konzeptionell zu begründen.

Die Entscheidungsnützlichkeit wurde indes sowohl zusammen mit ökonomischen Gründen als auch in Verbindung mit anderen konzeptionellen Gründen
angeführt,[413] was die Auslegungsoffenheit der Zwecksetzung verdeutlicht.

> „The proposed standard currently calls for an entity to identify all of the elements
> in a contract [...] and then aggregate them into performance obligations [...]. The
> practical implementation issues are highly significant and may not lead to useful
> information for decision making." (CSC)[414]

> „[T]he exposure draft appears to ignore the intent of the parties who negotiated the
> contract, focusing instead on the unrelated possibility that the good or service "can"
> be sold separately. We believe this approach will produce financial results that are not

---

[410] Die Kookkurrenz von Vergleichbarkeit und Entscheidungsnützlichkeit zeigt im DP 4 von
57 (7,02 %), im ED 13 von 157 (8,28 %) und im Re-ED 7 von 36 Codierungen (19,44 %). Die
Kookkurrenz von Vergleichbarkeit und den Subkategorien der ökonomischen Gründe zeigt
im DP 14 von 57 (24,56 %), im ED 22 von 157 (14,01 %) und im Re-ED 7 von 36 Codierungen (19,44 %). Die Kookkurrenz von Vergleichbarkeit und Beispiele zeigt im DP 8 von
57 (14,04 %), im ED 15 von 157 (9,55 %) und im Re-ED 4 von 36 (11,11 %) Codierungen.

[411] CSC (2010), S. 5.

[412] Kiewit (2009), S. 4.

[413] Die Kookkurrenz von Entscheidungsnützlichkeit und den Subkategorien der ökonomischen Gründe als auch die Kookkurrenz zwischen Entscheidungsnützlichkeit und den Subkategorien der konzeptionellen Gründe zeigt jeweils 47 von 173 Codierungen, mithin jeweils
27,17 %.

[414] CSC (2010), S. 1 f.

relevant and could be misleading to financial statement users of companies involved in long-term construction projects." (National Oilwell Varco)[415]

Auch die Standardsetzer begründeten die Regelungsvorschläge häufiger unter Bezugnahme auf die Vergleichbarkeit als mit der Entscheidungsnützlichkeit;[416] vor dem Hintergrund der verfolgten deduktiven Standardsetzung wäre indes eine stärker zweckgerichtete Normbegründung erwartbar gewesen. Die Notwendigkeit neuer Regelungsvorschläge wird dabei durch die „diversity in practice" gerechtfertigt.[417] So begründeten die Standardsetzer verschiedene Standardsetzungsentscheidungen mit der im Vergleich zu den vorherigen Regelungen gesteigerten Vergleichbarkeit bzw. in den Clarifications und im finalen Standard mit der im Gegensatz zur Aufnahme einer Ausnahmeregelung höheren Vergleichbarkeit.

„The boards observed that even though IFRS 15 may result in significant differences in the allocation of the transaction price to performance obligations [...] in some industries, the change was necessary to provide greater consistency in the recognition of revenue across industries." (IASB/FASB)[418]

Dieses Ergebnis legt nahe, dass die Überzeugungskraft des Vergleichbarkeitsarguments auch von den Standardsetzern angenommenen wurde, was insoweit in Einklang mit den Unternehmensbegründungen steht und folglich auf die höhere Anschlussfähigkeit dieser Begründung im Vergleich zur Entscheidungsnützlichkeit hindeutet.

Als konzeptionelle Begründung wurde von Unternehmen zudem die konsistente Ausgestaltung der Regelungsvorschläge angeführt, die im Gegensatz zum Argument der Vergleichbarkeit jedoch kaum durch ökonomische Gründe konkretisiert wurde.[419] Während im Discussion Paper fast ausschließlich Unternehmen der Telekommunikationsbranche die Ablehnung zur Aufteilung des Transaktionspreises auf Basis relativer Einzelveräußerungspreise unter Verweis auf bestehende

---

[415] National Oilwell Varco (2010), S. 2.

[416] Vgl. Appendix, X.

[417] Vgl. Young (1994), S. 86 f. (auch Zitat, S. 86).

[418] IFRS 15.BC476.

[419] Die Kookkurrenz von Konsistenz und den Subkategorien der ökonomischen Gründe zeigt 6 von 47 Codierungen, mithin 12,77 %.

Inkonsistenzen begründeten, wurde im Exposure Draft die Konsistenz mehrheitlich bei der Ausgestaltung der Regelungen zur Vertragsaufteilung bzw. -zusammenfassung im Verhältnis zum Distinct-Kriterium angeführt.[420]

> „We see some inconsistencies in the underlying principles in the DP, as the contract is used as the base to identify performance obligations but the prices agreed in that contract are not used for the allocation of the transaction price to such obligations." (Telefónica)[421]

> „As written, we are concerned it could result in a proliferation of segmenting that would be inconsistent with the spirit of the related guidance on identifying performance obligations." (Bombardier)[422]

Auch im Re-Exposure Draft betonten Unternehmen der Telekommunikationsbranche die zum Rahmenkonzept inkonsistente Vermögenswerterfassung ohne eine Contingent-Revenue-Cap-Methode.

> „Our main arguments for introducing the contingent revenue cap into the proposed model were the following: The contract asset recognised for the amount exceeding the non-contingent amount does not fulfil the definition of an asset according to the Conceptual Framework." (Deutsche Telekom)[423]

Das Argument der Konsistenz wurde von den Standardsetzern im Laufe des Standardsetzungsprozesses mit zunehmender Häufigkeit verwendet, was auch darauf zurückgeführt werden kann, dass es zur Adressierung der Kommentierungen der Telekommunikationsbranche zur Umsetzung der Contingent-Revenue-Cap-Methode diente.[424] Die Nicht-Umsetzung wurde sowohl mit der inneren Konsistenz des Standards als auch mit der konsistenten Ausgestaltung zum Rahmenkonzept begründet.

---

[420] Im DP sind 4 von 5 Unternehmen aus der Telekommunikationsbranche (80,00 %); die Kookkurrenz von Konsistenz und den Subkategorien zur Aufteilung des Transaktionspreises zeigt 4 von 5 Codierungen, mithin 80,00 %. Die Kookkurrenz im ED zwischen Konsistenz und Aufteilung sowie Zusammenfassung von Verträgen zeigt 19 von 36 Codierungen, mithin 52,78 %.

[421] Telefónica (2009), S. 13.

[422] Bombardier (2010), S. 2.

[423] Deutsche Telekom (2012), S. 11.

[424] Die Kookkurrenz zwischen Konsistenz und Contingent-Revenue-Cap-Methode zeigt im Re-ED 3 von 5 Codierungen, mithin 60,00 %, und im finalen Standard 3 von 7 Codierungen, mithin 42,86 %.

„[L]imiting the amount of consideration that can be allocated to a satisfied separate performance obligation is tantamount to cash-basis accounting and does not meet the core principle of the proposed requirements.

[...] recognising a contract asset in the situation described in paragraph BC195 is appropriate because the entity clearly has a valuable contractual right as a result of satisfying a performance obligation and that right meets the definition of an asset." (IASB/FASB)[425]

Trotz gleicher konzeptioneller Gründe wurde von den Standardsetzern ein gegensätzliches Ergebnis begründet. Dieses steht jedoch in Einklang mit der Zielsetzung der Entwicklung eines konsistenten, branchenübergreifenden Umsatzerfassungsmodells.[426] Die Überzeugungskraft des Konsistenzarguments beruht insofern auf einer deduktiv-logischen Schlussfolgerung.

Eine weitere konzeptionelle Begründung stellte die Anforderung der Verlässlichkeit dar, die von Unternehmen im Discussion Paper deutlich häufiger als die Anforderung der glaubwürdigen Darstellung verwendet wurde; im Exposure Draft und Re-Exposure Draft zeichnete sich hingegen eine im Vergleich zunehmende Begründung auf Basis der glaubwürdigen Darstellung ab,[427] was mit den Änderungen der Rahmenkonzeptanforderungen in Einklang steht. Im Widerspruch zur Anschlussfähigkeit dieser Rahmenkonzeptänderungen steht indes die im Laufe des Standardsetzungsprozesses kontinuierliche Verwendung der Verlässlichkeit als Begründung von einzelnen Unternehmen, insbesondere aus der Telekommunikationsbranche.

„Furthermore, the proposed model involves the use of estimations to a greater extent thereby increasing complexity and potentially decreasing reliability and comparability of the information." (Telefónica)[428]

Auch die Standardsetzer benutzten das Argument der Verlässlichkeit, jedoch ausschließlich zur Begründung des Residualwerts als Schätzmethode.

„In those circumstances, the most reliable way of determining the stand-alone selling price in the contract will often be to use a residual approach." (IASB/FASB)[429]

---

[425] Re-ED BC (2011), BC196.

[426] Vgl. Wüstemann (2018) S. 32.

[427] Vgl. Appendix, VIII; auch Wüstemann (2018), S. 25.

[428] Telefónica (2012), S. 2.

[429] Re-ED BC (2011), BC182.

Im Vergleich zur Verlässlichkeit wurde die glaubwürdige Darstellung als Argument durch die Standardsetzer während des gesamten Standardsetzungsverfahrens wesentlich häufiger verwendet.[430] Die Begründung anhand der Verlässlichkeit deutet daher auf die Überzeugungskraft auf Basis eines punktuell geteilten Verständnisses der Anforderung in Bezug auf Bewertungsunsicherheiten hin. Gleichzeitig zeigt die häufigere Begründung anhand der glaubwürdigen Darstellung, dass die Standardsetzer einerseits die Rahmenkonzeptänderungen bereits im Discussion Paper antizipierten oder die Bedeutung von Verlässlichkeit bereits als glaubwürdige Darstellung interpretierten, andererseits der Anforderung eine für die Standardsetzung wesentliche Bedeutung beimessen. Die Überzeugungskraft beruht insofern auf der Unbestimmtheit bzw. der Interpretationsoffenheit der Anforderung, die eine subjektiv geprägte Begründung ermöglicht bzw. eine subjektiv geprägte Begründungserschließung erfordert.[431]

Im Hinblick auf die ökonomischen Gründe verwendeten Unternehmen in allen Standardentwurfsphasen am häufigsten das Argument der Praktikabilität; in Bezug auf die Kosten-Nutzen-Erwägungen wurde das Kostenargument häufiger angeführt.[432] Durch die Begründungen wurden die ökonomischen Folgen der Regelungsvorschläge betont, die vereinzelt durch die Verwendung von Pathos verstärkt wurden.

„A contract can indeed bundle separate performance obligations, and unbundling all separate performance obligations would be unnecessarily complex." (Roche)[433]

„[I]n theory, we do not have an issue with allocating the transaction price to all separate performance obligations. Our concern again is with the practical application of this principle." (Alcatel Lucent)[434]

„We are concerned that the "performance obligation" approach to revenue recognition will not improve the existing financial reports, for our particular industry, and will increase the cost of financial reporting and reduce the availability of surety credit to an industry that is already suffering amidst an economic downturn." (Hatcher Construction)[435]

---

[430] Vgl. Appendix, X.

[431] Vgl. auch La Torre u. a. (2020), S. 14 f.; Wüstemann (2018), S. 32.

[432] Vgl. Appendix, VIII.

[433] Roche (2009), S. 3.

[434] Alcatel Lucent (2010), S. 3.

[435] Hatcher Construction (2010), S. 1.

Als Kostengründe wurden ganz allgemein neben höheren administrativen Kosten der Umstellung im Speziellen die Kosten für zusätzliche Berichterstattungen, Kosten aufgrund von Änderungen und Umstellungen von IT-Systemen, die Zunahme etwaiger Steuereffekte sowie höhere Personal-, Kreditaufnahme- sowie Prüfungskosten genannt.[436]

Auch die Standardsetzer verwendeten ökonomische Gründe zur Rechtfertigung der Regelungsvorschläge, wobei ebenso wie bei Unternehmen die Praktikabilität der am häufigsten genannte Grund darstellte und das Kostenargument wiederum häufiger als das Nutzenargument angeführt wurde.[437]

> „Consequently, when considering how entities across various industries should identify separate performance obligations, the boards' objective was to develop requirements that would result in an entity recognising revenue and profit margins in a manner that faithfully depicts the transfer of goods or services to the customer and that would be practical." (IASB/FASB)[438]

> „These requirements were developed on the basis of extensive consultation and attempts to separate contracts in a meaningful and cost-effective way with intuitive outcomes." (IASB/FASB)[439]

Durch die Begründung anhand ökonomischer Gründe wird dem Erfordernis der Berücksichtigung der Regelungsanwendbarkeit Rechnung getragen, was gleichzeitig die Beachtung von Unternehmensinteressen impliziert. Die Argumentation auf Basis ökonomischer Gründe bezieht sich folglich auf die praktische Umsetzbarkeit sowie die Kosteneffizienz neuer Regelungen und erlangt ihre Überzeugungskraft insofern durch eine induktiv-logische Schlussfolgerung.

Neben konzeptionellen und ökonomischen Gründen nutzten sowohl Unternehmen als auch Standardsetzer Beispiele zur Erläuterung der einzelnen Bilanzierungsalternativen. Während die Unternehmen Beispiele am Anfang des Standardsetzungsprozesses, d. h. im Discussion Paper und Exposure Draft, häufiger verwendeten, zeichnete sich bei den Standardsetzern eine Zunahme beispielhafter Begründungen im Laufe des Prozesses ab.[440] Die Beispiele fungierten dabei als anschauliche Nachweise und trugen auf diese Weise zur Schlüssigkeit der Argumentation bei.

---

[436] Vgl. auch Wüstemann (2018), S. 27 f.

[437] Vgl. Appendix, X.

[438] ED BC (2010), BC48.

[439] IFRS 15.BC471.

[440] Vgl. Appendix, VIII und X.

„Specifically, the functional interdependence between deliverables within distinct arrangements is a factor that is not sufficiently covered by the current proposal. For example, consider two arrangements entered into and fulfilled in parallel with one deliverable each where the prices are fixed and equal the respective list prices but where the deliverable of the one arrangement is essential to the deliverable of the other arrangement [...]." (SAP)[441]

„The boards were concerned that requiring an entity to account separately (and estimate a stand-alone selling price) for a good or service that is not capable of providing a benefit to the customer might result in information that would not be relevant to users of financial statements. For example, if an entity transferred a machine to the customer, but the machine is only capable of providing a benefit to the customer after an installation process that only the entity can provide, the machine would not be distinct." (IASB/FASB)[442]

Die Erzeugung von Logos basiert folglich auf der Verwendung konzeptioneller und ökonomischer Gründe sowie von Beispielen, mithilfe derer die „rational underpinnings of the technical aspects"[443] der Normermittlung demonstriert werden.

3.2.2.2.4 Verwendung von Ethos zur Legitimation formaler und inhaltlicher Standardsetzungskompetenz

Neben Logos setzten Unternehmen auch Ethos häufig als Überzeugungsmittel ein, das ab dem Exposure Draft die am häufigsten verwendete Überzeugungsart darstellte (Abbildung 3.4). Glaubwürdigkeit wurde in allen Standardentwurfsphasen am häufigsten in Form von Expertise erzeugt; Respekt, Gemeinsamkeiten und Autorität wurden in etwa halb so häufig vermittelt (Abbildung 3.8)[444]. Eine Bezugnahme auf Erfolge oder Fehler des Unternehmens, die sie glaubwürdiger in Bezug auf die Standardsetzung erscheinen lassen, erfolgte hingegen nicht, was sich vor dem Hintergrund einer unerwünschten Vermittlung von Eigennutz bzw. Inkompetenz erklären lässt.

Von den Standardsetzern wurde Ethos im Vergleich zu den anderen Überzeugungsarten im Exposure Draft und den Clarifications am häufigsten verwendet; abgesehen vom Exposure Draft und dem finalen Standard war die Differenz zwischen Ethos und Logos jedoch in allen anderen Standardentwurfsphasen gering (Abbildung 3.5). Die Erzeugung von Glaubwürdigkeit erfolgte im gesamten

---

[441] SAP (2010), S. A1.

[442] IFRS 15.BC97.

[443] La Torre u. a. (2020), S. 13.

[444] Vgl. Appendix, VIII.

Erzeugung von Ethos durch Unternehmen

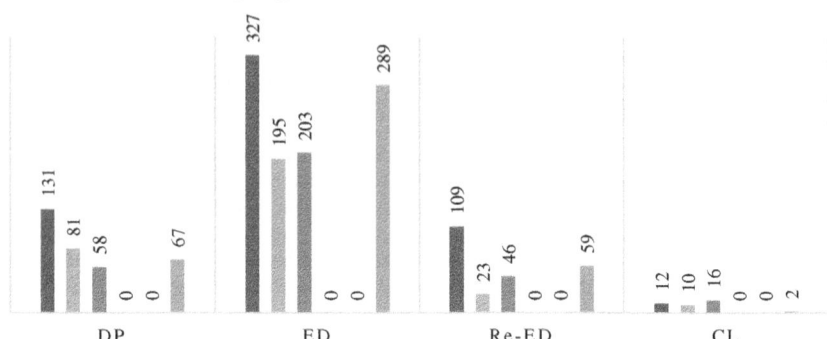

Abbildung 3.8 Codier-Häufigkeit der von Unternehmen verwendeten Subkategorien der Überzeugungsart Ethos in der jeweiligen Kommentierungsphase

Standardsetzungsprozess am häufigsten durch die Vermittlung von Respekt und Autorität, die in den Standardentwurfsphasen in etwa gleich häufig, im finalen Standard mit überwiegender Häufigkeit von Respekt verwendet wurden (Abbildung 3.9)[445]. Am Anfang eines Standardentwurfs bzw. im finalen Standard legten die Standardsetzer zudem die erfolgsversprechenden Standardsetzungsziele sowie die Defizite der alten Regelungen dar, was als Strategie zur Überzeugung von der Notwendigkeit der Standardüberarbeitung gewertet werden kann.

> „The next section considers some of the problems in US GAAP and IFRSs." (IASB/FASB)[446]

> „Because revenue is a crucial number to users of financial statements, the boards think that having a common standard on revenue for IFRSs and US GAAP is an important step towards achieving the goal of a single set of high quality global accounting standards." (IASB/FASB)[447]

Das Aufzeigen von Gemeinsamkeiten sowie der Expertise der Board-Mitglieder erfolgte hingegen nicht, was indes aufgrund der formal bestehenden Standardsetzungsbefugnis gerechtfertigt werden kann.

---

[445] Vgl. Appendix, X.

[446] DP (2008), 1.2.

[447] ED BC (2010), BC08.

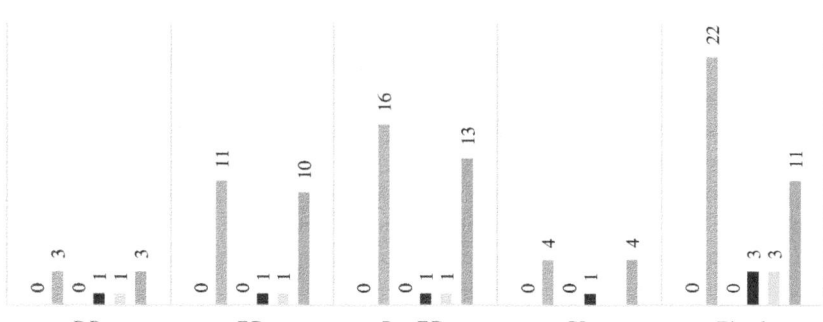

Erzeugung von Ethos durch Standardsetzer

■ Expertise ▨ Respekt ▦ Gemeinsamkeiten ■ Erfolgsorientierung ░ Selbstkritik ▨ Autorität

Abbildung 3.9 Codier-Häufigkeit der von den Standardsetzern verwendeten Subkategorien der Überzeugungsart Ethos in der jeweiligen Standardsetzungsphase

Im Gegensatz zu den Standardsetzern lässt sich für Unternehmen der Vermittlung von Expertise sowie Gemeinsamkeiten aufgrund der Häufigkeit der Verweise die Annahme einer hohen Überzeugungskraft zuschreiben. Die Darstellung des Fachwissens äußerte sich durch unternehmens- und/oder industriespezifische Erläuterungen der einzelnen Bilanzierungsalternativen und erfolgte sowohl in Zusammenhang mit Praktikabilitätsgründen als auch insbesondere unter Verwendung von Beispielen.[448]

„We believe that a contract by contract assessment of the treatment of these materials […] on this basis would be burdensome for any member of the E&C industry that operates in multiple jurisdictions (in fact, individual contracts can be constructed in multiple jurisdictions), and would result in otherwise similar transactions receiving different accounting." (Kiewit)[449]

„As written, it is also unclear whether paragraph 29 would apply to the software/services industry or whether it only applies to the construction of physical assets

---

[448] Die Kookkurrenz zwischen Expertise und Praktikabilität zeigt im DP 32 von 131 (24,43 %), im ED 36 von 327 (11,01 %), im Re-ED 17 von 109 (15,60 %) und in den CL 0 von 12 (0 %) der Codierungen. Die Kookkurrenz zwischen Expertise und Beispielen zeigt im DP 38 von 131 (29,01 %), im ED 72 von 327 (22,02 %), im Re-ED 32 von 109 (29,36 %) und in den CL 2 von 12 (16,67 %) der Codierungen.

[449] Kiewit (2009), S. 3.

such as buildings. For example, IBM sells "bundles" of software and services in which the software is significantly modified to meet the needs of the customer." (IBM)[450]

Hierdurch wurde Glaubwürdigkeit einerseits auf Basis von unternehmensspezifischem Fachwissen in Form von praktischen Erfahrungen sowie andererseits auf Basis der industriespezifischen Stellung der Unternehmen durch die Vermittlung branchenübergreifender Ansichten erzeugt. Der Fokus wurde insoweit weniger auf das Eigeninteresse, sondern vielmehr auf das jeweilige „industry or business setting" als Wissensbasis der Kommentierung gelegt.[451]

Unternehmen verwiesen zudem meist am Anfang ihrer Stellungnahmen – teils unter Betonung der Unternehmensstellung – auf Gemeinsamkeiten in Bezug auf die geteilten Ziele der Standardsetzer.

> „We support the Boards' efforts to simplify the complex framework of revenue recognition standards currently in place under U.S. Generally Accepted Accounting Principles (U.S. GAAP), and we agree that the goal of a single standard for revenue recognition across all industries is a worthy objective." (General Dynamics)[452]

> „NTT DOCOMO, INC. is a large mobile telecommunication services provider with operations principally in Japan. Our shares have been listed on the First Section of the Tokyo Stock Exchange. Our shares have been also quoted and traded through the New York Stock Exchange and the London Stock Exchange. Therefore, we are preparing our consolidated financial statements in accordance with accounting principles generally accepted in the United States of America ("U.S. GAAP"). In this regard, we fully support the International Accounting Standards Board and the Financial Accounting Standards Board's intention to develop a single principle for revenue recognition." (NTT Docomo)[453]

Der Verweis auf die Unternehmensstellung kann dabei als Versuch gewertet werden, das eigene Renommee zu betonen und hierdurch die Glaubwürdigkeit der Stellungnahme zu erhöhen, ist jedoch letztlich von der Auffassung der Standardsetzer abhängig. Das schmeichelhafte Vorgehen erzeugt insbesondere im Hinblick auf die Vermittlung der geteilten Zielsetzung indes ein Bild des guten Willens

---

[450] IBM (2012), S. 9.
[451] Vgl. auch Stenka (2014), S. 21 (auch Zitat).
[452] General Dynamics (2009), S. 1.
[453] NTT Docomo (2010), S. 1.

und der Aufgeschlossenheit,[454] das vor allem im Fall kritischer Kommentierungen zur Überzeugung von der Legitimität[455] der Unternehmensäußerungen für Standardsetzungsfragen diente.

Die Erzeugung von Ethos erfolgte zudem durch die Vermittlung von Respekt gegenüber den Standardsetzern. Durch eine reflexive Würdigung der Regelungsvorschläge bzw. der Standardsetzungsentscheidungen äußerten Unternehmen ihre Ansichten dabei in Relation zu den Standardsetzern.

„The Boards have defined a performance obligation as "a promise in a contract with a customer to transfer an asset (such as a good or a service) to that customer." We generally agree with the Boards' definition of a performance obligation but believe this area requires further clarification." (Apple)[456]

„The solution of allocating the transaction price to separate performance obligations contemplated by the board is quite understandable from our point of view. In our opinion it leads to sensible outcomes. Nevertheless, we consider the allocation of the transaction price to separate performance obligations to be only necessary for a few industrial sectors." (Volkswagen)[457]

Die Überzeugungskraft beruhte insofern auf dem Ausdruck von Anerkennung, was die Auseinandersetzung der Unternehmen mit den Regelungsvorschlägen demonstriert.

Bei den Standardsetzern stellte die Vermittlung von Respekt gegenüber den Unternehmen das häufigste Mittel zur Erzeugung von Glaubwürdigkeit dar. Dies lässt sich darauf zurückführen, dass auf diese Weise der Einbezug der Adressaten in den Standardsetzungsprozess verdeutlicht werden konnte.[458]

„This discussion paper invites comments on the boards' preliminary views on a single, contract-based revenue recognition model." (IASB/FASB)[459]

„In response to questions from respondents, the boards decided to specify that a residual approach might be a suitable technique for estimating the stand-alone selling price of a good or service." (IASB/FASB)[460]

---

[454] Vgl. auch Stenka (2014), S. 21.

[455] Vgl. zur Legitimität durch Einschmeicheln Allen/Caillouet (1994), S. 48.

[456] Apple (2009), S. 2.

[457] Volkswagen (2012), S. 5.

[458] Vgl. auch Stenka (2014), S. 18.

[459] DP (2008), S3.

[460] IFRS 15.BC270.

Glaubwürdigkeit wurde zudem durch die Vermittlung von Autorität erzeugt, die auf eigener und fremder Geltungswirkung beruhte. Während die Unternehmen im Standardsetzungsprozess am häufigsten auf die ökonomische Realität sowie besonders im Exposure Draft auch auf andere Institutionen und damit auf fremde Autorität Bezug nahmen, verwiesen die Standardsetzer am häufigsten auf den eigenen Regelungsvorschlag und folglich auf die eigene Autorität.[461] Die ökonomische Realität eignete sich für Unternehmen als äußerer Maßstab, der insofern eine objektive Überzeugungskraft aufweist.

> „As the standard is currently drafted, we believe we may be precluded from separating software license and PCS obligations in bundled transactions since the resources, costs and profit margin would not be separately identifiable. This would result in financial statements that are not reflective of the economics of the transaction." (Blackbaud)[462]

> „We believe application of the model proposed by the Revised ASU will result in accounting for items as performance obligations when they are no more than sales incentives, which will result in accounting for these items in a manner that is different from the way in which the underlying business is managed." (General Motors)[463]

Auch durch den Verweis von Unternehmen auf andere Institutionen, wie etwa Bürgschaftsbanken oder andere Standardsetzungskomitees, wurde auf eine fremde Autorität verwiesen, die als objektiver Bezugspunkt den Äußerungen Glaubwürdigkeit verlieh.

> „There are significant concerns in the surety community about any approach that diminishes consistency and increases subjectivity." (DPR Construction)[464]

> „We agree with EFRAG that only the entity's own customary business practice should be considered when determining distinct goods and services, rather than the business practice of any other entity." (Maersk)[465]

Die Standardsetzer nahmen indes häufig auf eigene Vorschläge Bezug, wodurch die Autorität auf die eigene Standardsetzungskompetenz gestützt wurde. Auch vorgenommene Änderungen konnten hierdurch aufgezeigt werden, was wiederum den Einbezug der Adressaten bei gleichzeitigem Aufzeigen des Fortschritts der Regelungsentwicklung verdeutlichte.

---

[461] Vgl. Appendix, VIII und X.

[462] Blackbaud (2010), S. 4.

[463] General Motors (2012), S. 5.

[464] DPR Construction (2010), S. 1.

[465] Maersk (2010), S. 2.

„Compared with the proposals in the discussion paper, there would be fewer instances under the proposed requirements in which the transaction price would be allocated using estimates of stand-alone selling prices." (IASB/FASB)[466]

„Hence, the boards affirmed their proposal in the 2010 exposure draft not to specify a hierarchy. Instead, the boards decided that it was important to emphasise that an entity should maximise the use of observable inputs when developing estimates of stand-alone selling prices" (IASB/FASB)[467]

Im Hinblick auf die rhetorische Strategie von Unternehmen legt die während des gesamten Standardsetzungsprozesses häufigere Verwendung von Ethos gegenüber Logos in Verbindung mit der hohen Verwendung von Expertise sowie der Anknüpfung an die ökonomische Realität folglich nahe, dass Unternehmen sich durch fachspezifische, auf die wirtschaftliche Realität bezugnehmende Kommentierungen der Bilanzierungsalternativen als standardsetzungskompetent positionieren, um hierdurch Glaubwürdigkeit zu erlangen und die Standardsetzer zu überzeugen. In Bezug auf die rhetorische Strategie der Standardsetzer zeigt die während des Standardsetzungsprozesses tendenziell häufigere Verwendung von Logos in Verbindung mit der im Rahmen von Ethos häufigen Verwendung von Respekt sowie der Betonung der eigenen Standardsetzungskompetenz, dass die Standardsetzer Entscheidungen auf Basis rationaler, ihre Zuständigkeit betonenden Begründungen, indes unter Berücksichtigung bzw. Adressierung der Stellungnahmen rechtfertigen, um hierdurch die Akzeptanz der Regelungsvorschriften sicherzustellen und dem Legitimationserfordernis Rechnung zu tragen.

3.2.2.2.5 Verwendung rhetorischer Stilmittel bei allen Überzeugungsarten

Als rhetorische Stilmittel wurden von den Unternehmen bei den untersuchten Bilanzierungsalternativen am häufigsten die User-Metonymie sowie die Antithese verwendet (Abbildung 3.10)[468]. Metaphern und Übertreibungen wurden weniger als halb so häufig genutzt; die Verwendung von Wiederholungen und rhetorischen Fragen erfolgte verhältnismäßig selten. Der metonymische Verweis in Form von Most/Some wurde nicht verwendet, was jedoch in der standardsetzerspezifischen Anknüpfung des Stilmittels begründet liegt.

---

[466] ED BC (2010), BC117.
[467] Re-ED BC (2011), BC185.
[468] Vgl. Appendix, IX.

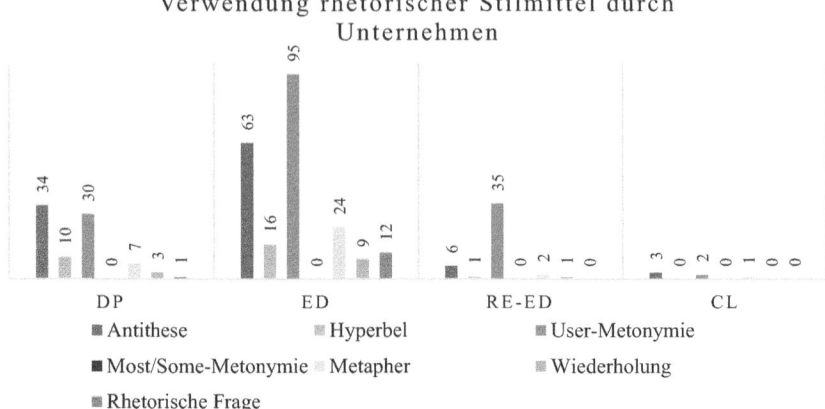

Abbildung 3.10 Codier-Häufigkeit der von Unternehmen verwendeten rhetorischen Stilmittel in der jeweiligen Kommentierungsphase

Im Gegensatz hierzu stellte die Most/Some-Metonymie das von den Standardsetzern am häufigsten genutzte rhetorische Stilmittel dar (Abbildung 3.11)[469]. Diese sprachliche Wahl diente zum Aufzeigen des Einbezugs der am Standardsetzungsprozess Beteiligten und wurde ausschließlich in Zusammenhang mit der Vermittlung von Respekt, mithin zur Überzeugung durch Ethos, verwendet.[470] So wurde mit dem Verweis auf „most respondents" einerseits die Umsetzung einer bestimmten Bilanzierungsalternative durch Marginalisierung gegensätzlicher Regelungsvorschläge mit dem Verweis auf „some respondents" als mehrheitsfähige Lösung dargestellt.[471]

> „Most respondents agreed with the boards' proposals in the discussion paper, although some suggested that the boards should consider whether: [...] to constrain the use of estimates and specify a hierarchy for the basis of allocation [...].
>
> [...] The boards reaffirmed the view they expressed in the discussion paper that they will not preclude or prescribe any particular method for estimating a stand-alone selling price [...]." (IASB/FASB)[472]

---

[469] Vgl. Appendix, XI.

[470] Die Kookkurrenz von Most/Some und Respekt zeigt 42 von 42 Codierungen, mithin 100 %.

[471] Vgl. auch Stenka (2014), S. 18.

[472] ED BC (2010), BC114, BC120.

Andererseits wurden durch den Verweis auf „some respondents" jedoch auch Zugeständnisse als Kompromisslösung verdeutlicht.

> „The practical expedient is intended to address the concerns raised by some respondents that they frequently would have to identify numerous performance obligations and account for them separately." (IASB/FASB)[473]

Das rhetorische Stilmittel der Antithese wurde von den Standardsetzern am häufigsten im Discussion Paper eingesetzt; die Verwendung der User-Metonymie erfolgte während des Standardsetzungsprozesses indes in etwa konstant. Metaphern, Wiederholungen und rhetorische Fragen wurden von den Standardsetzern nicht verwendet, was auf die mit der Vermittlung von Pathos in Zusammenhang stehende Anknüpfung dieser Stilmittel zurückgeführt werden kann.

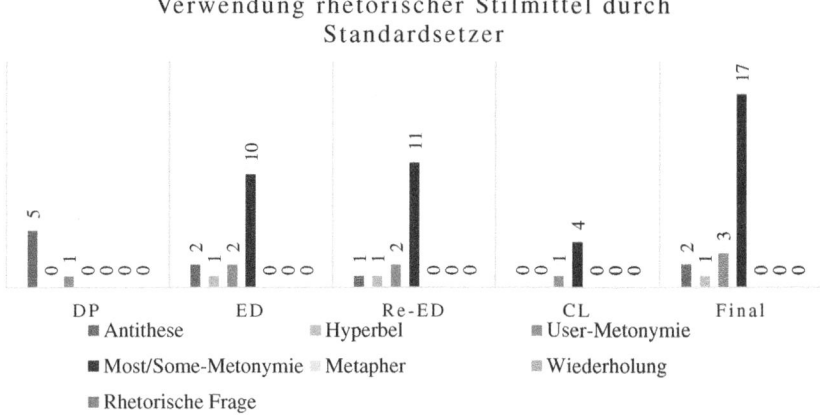

Verwendung rhetorischer Stilmittel durch Standardsetzer

■ Antithese   ■ Hyperbel   ■ User-Metonymie
■ Most/Some-Metonymie   ■ Metapher   ■ Wiederholung
■ Rhetorische Frage

Abbildung 3.11 Codier-Häufigkeit der von den Standardsetzern verwendeten rhetorischen Stilmittel in der jeweiligen Standardsetzungsphase

---

[473] Re-ED BC (2011), BC81.

Sowohl Unternehmen als auch Standardsetzer nutzten die User-Metonymie überwiegend in Zusammenhang mit konzeptionellen Gründen, mithin zur Überzeugung durch Logos,[474] was insoweit in Einklang mit der Zwecksetzung und Wortwahl des Rahmenkonzepts steht.

> „The company proposes that the definition of a performance obligation [...] be amended to include the concept that the performance obligation must have stand-alone customer value as a good or service. Otherwise, the company is concerned that performance obligations may be disaggregated to a level of detail which would be unnecessary and not useful to financial statement users." (IBM)[475]

> „When the goal is to improve overall contract profitability, reporting separate gain or loss on interdependent obligations within the contract is misleading to financial statement users who will only see a portion of the results of decisions that have been made." (Kiewit)[476]

> „The boards were concerned that requiring an entity to account separately (and estimate a stand-alone selling price) for a good or service that is not capable of providing a benefit to the customer might result in information that would not be relevant to users of financial statements." (IASB/FASB)[477]

Der User-Verweis fungiert insofern als zusätzliche Rechtfertigung einer Bilanzierungslösung, der als Metonymie keine Konkretisierung der Adressaten erfordert.[478]

Die Unternehmen verwendeten zudem Antithesen in Zusammenhang mit der Vermittlung von Respekt, mithin zur Überzeugung durch Ethos,[479] um ein gewisses Maß an Zustimmung und Anerkennung zu zeigen, was die darauffolgende Ablehnung bzw. Kritik glaubwürdiger erscheinen ließ.[480]

> „We generally agree that the transaction price should be allocated to all separate performance obligations in a contract in proportion to the stand-alone selling price of the

---

[474] Die Kookkurrenz von User und den Subkategorien der konzeptionellen Gründe zeigt für Unternehmen 108 von 162 Codierungen und für die Standardsetzer 6 von 9 Codierungen, mithin jeweils 66,67 %.

[475] IBM (2009), S. 3.

[476] Kiewit (2010), S. 4.

[477] IFRS 15.BC97.

[478] Vgl. auch Stenka (2014), S. 19; Young (2003), S. 629.

[479] Die Kookkurrenz von Antithese und Respekt zeigt 104 von 106 Codierungen, mithin 98,11 %.

[480] Vgl. auch Stenka (2014), S. 21.

good or service underlying each of those performance obligations. However, we strongly recommend maintaining the FASB's provision under ASC 605-25-30." (Deutsche Telekom)[481]

Die Standardsetzer verwendeten ebenfalls Antithesen, um Respekt gegenüber den Unternehmen sowie der Anwendbarkeit der Regelungen zu verdeutlichen und hierdurch die Akzeptanz für die Regelungsvorschläge sicherzustellen.[482]

„Because those goods and services are assets, the computer manufacturer's promise to deliver a computer could, in concept, be separated into many performance obligations. In practice, however, identifying many performance obligations in a contract such as the above example and accounting for them separately would be unnecessarily complex." (IASB/FASB)[483]

Die Verwendung rhetorischer Stilmittel verdeutlicht ebenso wie der Einsatz der einzelnen Überzeugungsarten den Einfluss sprachlich-rhetorischer Aspekte auf den Standardsetzungsprozess. Zentral für die Beurteilung der diskursiven Auseinandersetzung ist demzufolge das „Verständnis, dass Sprache integraler Bestandteil des gesellschaftlichen Lebens und grundlegend für politische Verhandlungen auf verschiedenen Ebenen ist."[484] In einem letzten Schritt werden daher die zwei dominanten story-lines erläutert, die unter Anwendung der argumentativen Diskursanalyse[485] bei den untersuchten Bilanzierungsalternativen im Standardsetzungsprozess von IFRS 15 identifiziert wurden.

3.2.3 Rekonstruktion relevanter story-lines im Sinne der argumentativen Diskursanalyse

3.2.3.1 Rekonstruktion der „user needs" story-line

Sowohl die Unternehmensstellungnahmen als auch die Standardsetzungsdokumente weisen in allen Standardsetzungsphasen zwei zentrale story-lines auf, mithilfe derer Regelungsänderungen erklärt werden. Hierbei handelt es sich um Darstellungen der „user needs" und der „economic reality", die durch ihre narrative Verwendung die Standardsetzung strukturieren. Beide story-lines sind

---

[481] Deutsche Telekom (2010), S. 12.

[482] Vgl. auch Masocha/Weetman (2007), S. 86 f.

[483] DP (2008), 3.21 f.

[484] Stenka (2014), S. 13 (Übersetzung der Verfasserin).

[485] Vgl. zur argumentativen Diskursanalyse Hajer (1997), S. 110–118.

dabei Ausdruck diskursiven Erfolgs, d. h. der Etablierung eines bestimmten Vokabulars sowie der Deutung des etablierten Vokabulars[486]. Als solche verdeutlichen sie die Anschlussfähigkeit ebenso wie die Marginalisierung bestimmter Bedeutungsgehalte.[487] Sie stellen die diskursiven Strukturen des Standardsetzungsprozesses und folglich den Rahmen, innerhalb derer ein Wandel von Rechnungslegungsvorschriften stattfindet,[488] dar.

Die story-line der Nutzerbedürfnisse gründet auf dem Zweck der Entscheidungsnützlichkeit und findet die prägnanteste Ausprägung in der metonymischen User-Verwendung. Die Bedürfnisse und Interessen der Nutzer werden dabei sowohl von den Unternehmen als auch von den Standardsetzern „through the prism of the conceptual framework" interpretiert und als Rechtfertigung für die Angemessenheit eines Regelungsvorschlags konstituiert.[489] Während Unternehmen sich durch die Darstellung der Nutzerbedürfnisse von einer eigennutzorientierten Kommentierung distanzieren bzw. mit der Nutzergruppe sympathisieren[490] und damit Kongruenz gegenüber den von den Standardsetzern normierten Rahmenkonzeptanforderungen signalisieren,[491] erfüllen die Standardsetzer durch die Narration der Nutzerbedürfnisse das Legitimationserfordernis, indem sie als Sprecher für diese Gruppe eintreten und Entscheidungen in ihrem Namen rechtfertigen.[492] Hierdurch wird ein Bild der Nutzer konstruiert, das als selbstverständliche und unzweifelhafte Referenz bei der Ausgestaltung von Rechnungslegungsvorschriften dient.[493]

Auch im Standardsetzungsprozess von IFRS 15 hat sich die story-line der Nutzerbedürfnisse etabliert, wobei sie nicht bei allen Bilanzierungsalternativen die gleiche Anschlussfähigkeit besaß. So stellten die Unternehmen bereits im Discussion Paper die Nutzerbedürfnisse bei den Kriterien zur Aufteilung der Leistungsverpflichtungen in den Vordergrund und rechtfertigten auf diese Weise die Notwendigkeit eines differenzierten Aufteilungskriteriums. Die gleiche story-line diente auch den Standardsetzern zur Rechtfertigung des überarbeiteten Regelungsvorschlags.

---

[486] Vgl. Baumann (2006), S. 135 f.

[487] Vgl. Brand (2012), S. 218.

[488] Vgl. Young (1994), S. 103.

[489] Vgl. Young (2006), S. 593–595 (auch Zitat, S. 594); Williams/Ravenscroft (2015), S. 765; Stenka/Jaworska (2019), S. 3.

[490] Vgl. Weetman u. a. (1996), S. 72, 75.

[491] Vgl. Stenka/Jaworska (2019), S. 9.

[492] Vgl. Young (2003), S. 629; Young (2006), S. 593.

[493] Vgl. Stenka/Jaworska (2019), S. 3.

„Current contract accounting standards require an estimate to be made of a single gross margin for all production units expected to be delivered. [...] A consistent profit margin estimate for all goods delivered under the contract provides financial statement users with more decision-useful contract information than separating performance obligations and potentially recognizing different profit margins on the same product under the same contract with a single customer." (United Technologies)[494]

„Even if a good or service has a distinct function, the boards decided that it should be accounted for as separate performance obligation only if it also has a distinct profit margin. If a good or service does not have a distinct profit margin, the boards were concerned that requiring an entity to estimate a selling price for that good or service might result in information that would not be useful to users of financial statements." (IASB/FASB)[495]

Die gleiche story-line wurde wiederum auch von den Unternehmen bei der Kommentierung des Exposure Drafts sowie von den Standardsetzern zur Rechtfertigung im Re-Exposure Draft verwendet.

„Our concern with applying a more theoretical view of what could potentially be sold separately will be difficult to apply in practice and will not result in more information for users of the financial statement." (Cisco)[496]

„In the 2010 exposure draft, the boards proposed that a good or service is distinct if it is sold separately (by the entity or by another entity) or if it could be sold separately. The boards were concerned that requiring an entity to account separately (and estimate a stand-alone selling price) for a good or service that is not capable of being sold separately might result in information that would not be useful to users of financial statements." (IASB/FASB)[497]

Hierbei wird deutlich, dass Unternehmen und Standardsetzer „einen passiven homogenen aber gleichzeitig abstrakten Nutzer konstruieren, es sich insoweit eher um ein vages rhetorisches Konstrukt als um einen greifbaren realen Stakeholder handelt."[498]

Der Standardsetzungsprozess von IFRS 15 zeigt hingegen auch die Grenzen der Anschlussfähigkeit dieser story-line bzw. die Dominanz der „economic substance" story-line. So wurden die Nutzerbedürfnisse im Discussion Paper und Re-Exposure Draft am häufigsten von Unternehmen der Telekommunikationsbranche

---

[494] United Technologies (2009), S. 5 f.

[495] ED BC (2010), BC53.

[496] Cisco (2010), S. 7.

[497] Re-ED BC (2011), BC69.

[498] Stenka/Jaworska (2019), S. 13 (Übersetzung der Verfasserin).

in Zusammenhang mit den Reglungsvorschlägen zur Aufteilung des Transaktionspreises dargestellt,[499] um die Notwendigkeit einer Regelungsänderung in Frage
zu stellen.

> „Current revenue recognition principles under US GAAP, and as generally applied
> by the telecommunications industry, ensure that revenue is not recognised for pay-
> ments from customers that are contingent on the delivery of future services. We
> believe that this is of great value to users of the financial statements as recognised
> revenue is closely related to billings and cash received from the customer and the
> impact of management estimation is reduced. It is our belief that discarding the con-
> tingent revenue cap would be viewed negatively by users of the financial statements."
> (Vodafone)[500]

> „Our primary concern with the proposed standard has been, and continues to be, the
> reduction in the usefulness of information to the users of our financial statements
> should this proposed standard become effective." (Sprint Nextel)[501]

Obwohl Feldstudien und Umfragen mit Nutzern die Darstellung der Nutzerbedürfnisse bestätigten und auch das Staff eine Ausweitung der Residualwertmethode unter Verwendung der user needs story-line empfahl,[502] lehnten die
Standardsetzer die Umsetzung einer im Ergebnis zu den vorherigen Regelungsvorschriften ähnlichen Bilanzierungslösung ab. Anstelle der story-line der Nutzerbedürfnisse begründeten die Standardsetzer ihre Entscheidung indes anhand
der „underlying economics"[503], die die zweite relevante story-line darstellt.

3.2.3.2 Rekonstruktion der „economic reality" story-line
Die story-line der ökonomischen Realität basiert auf dem Anspruch der Rechnungslegung, die zugrundeliegende wirtschaftliche Substanz einer Transaktion
abzubilden, und findet ihre Ausprägung in dem Realitätsbezug sowie den Ver-
weisen auf die glaubwürdige Darstellung. Die wirtschaftliche Substanz einer
Transaktion verlangt insofern an eine Realitätsabbildung, die eine „correspon-
dence between accounting and an object out there aufzeigt.[504] Die ökonomische

---

[499] Im Discussion Paper stammen 18 von 30 (60,00 %) und im Re-Exposure Draft 27 von 35
(77,14 %) Codierungen von Unternehmen der Telekommunikationsbranche.

[500] Vodafone (2009), S. 13.

[501] Sprint Nextel (2012), S. 1.

[502] Vgl. Technical Staff (2011b), Agenda Paper 4B/147B, Rz. 38 (b).

[503] IFRS 15.BC292.

[504] Vgl. Young (2003), S. 628 (auch Zitat, Hervorhebungen im Original).

Realität ist jedoch von der eingenommenen Perspektive abhängig,[505] weshalb es sich anstelle einer von den Rechnungslegungsvorschriften und der Rechnungslegungspraxis unabhängigen und folglich objektiv existierenden Realität[506] vielmehr um eine Darstellung dieser bzw. um ein von dieser konstruiertes Abbild[507] handelt. Durch „commonsense reasoning" wird diese Darstellung jedoch gerade als objektive Realität impliziert;[508] von Unternehmen als die der wirtschaftlichen Substanz entsprechende Bilanzierung der Transaktionen und von den Standardsetzern als die dem Rahmenkonzept entsprechende glaubwürdige Darstellung der wirtschaftlichen Substanz der Transaktionen.[509] Hierdurch wird ein Bild der ökonomischen Realität konstruiert, das im Standardsetzungsprozess – ebenso wie die Nutzerbedürfnisse – als rhetorisches Konstrukt bei der Regelungsausgestaltung dient.

Im Standardsetzungsprozess von IFRS 15 wurde die story-line der ökonomischen Realität sowohl von den Unternehmen als auch von den Standardsetzern verwendet, wobei die Bedeutung diskursiver Strukturen deutlich wird. So befürworteten Unternehmen der Softwarebranche im Discussion Paper etwa die Aufteilung des Transaktionspreises auf Basis der relativen Einzelveräußerungspreise aufgrund der hierdurch verbesserten Abbildung der wirtschaftlichen Realität.

> „We believe that the proposed model will improve upon existing revenue recognition guidance by allowing the allocation of the transaction price to the performance obligations on the basis of the entity's standalone selling prices of the goods or services underlying those performance obligations. [...] The change in the measurement approach from current practice to the proposed standard will allow companies to better reflect the underlying economics of an arrangement." (Intel)[510]

Unternehmen der Telekommunikationsbranche lehnten dieselbe Regelungsvorschrift hingegen unter Verwendung der gleichen story-line ab.

> „In multiple element transactions, the DP proposes the allocation, at the inception of the contract, of the transaction price in proportion to the stand-alone selling price of each performance obligation (the relative stand-alone selling price method). This method does not reflect the substance of the telecommunications business where the

---

[505] Vgl. Wüstemann/Wüstemann (2011), S. 12.

[506] Vgl. Lee (2006b), S. 2 f.; Alexander/Archer (2003), S. 5 f.

[507] Vgl. Loux (2006), S. 7 f.

[508] Vgl. Hines (1991), S. 315–322 (auch Zitat, S. 318).

[509] Vgl. Wüstemann/Wüstemann (2011), S. 13.

[510] Intel (2009), S. 16.

huge amount of capital expenditures for network is earned from the rendering of services rather than through the sale of equipments to customers." (Telecom Italia)[511]

Die Standardsetzer teilten indes das Verständnis der Softwarebranche und hielten an dem im Vergleich zur vorherigen Rechnungslegungspraxis geänderten Regelungsvorschlag fest.

„The boards proposed that an entity should allocate the transaction price in proportion to the stand-alone selling prices of the promised goods or services. They noted that an allocation based on stand-alone selling prices faithfully depicts the different margins that may apply to promised goods or services." (IASB/FASB)[512]

Die Telekommunikationsunternehmen lehnten die Aufteilung auf Basis relativer Einzelveräußerungspreise auch im Exposure Draft und Re-Exposure Draft aufgrund der von der ökonomischen Realität abweichenden Bilanzierung ab.

„For bundled arrangements including performance obligations that are fulfilled at different moments in time, revenue should only be allocated to those obligations to the extent that the allocated revenue does not exceed the legally enforceable payments due from the customer under the terms of the contract without the delivery of future services. We consider that applying the contingent revenue cap would result in financial information that better reflects the economics of this type of transactions." (Telefónica)[513]

„However, we believe that the proposed standard results in accounting which is even more disconnected from the underlying economics of our contracts and does not appropriately consider the value exchange from the customer' s perspective." (Sprint Nextel)[514]

Im Gegensatz hierzu bestätigten die Standardsetzer die Regelungsänderung gleichsam die Nicht-Umsetzung einer Contingent-Revenue-Cap-Methode damit, dass die Regelungen der Bilanzierung der zugrundeliegenden wirtschaftlichen Substanz – insbesondere im Hinblick auf den in der Praxis eigenständigen Nutzen von Mobilfunktelefonen –[515] eher gerecht werden.

---

[511] Telecom Italia (2009), S. 3.

[512] ED BC (2010), BC113.

[513] Telefónica (2010), S. 7.

[514] Sprint Nextel (2012), S. 4.

[515] Vgl. Teixeira (2014), S. 7.

„Additionally, the boards decided not to introduce an exception to the revenue model for telecommunications and similar contracts because they do not view those contracts to be unique. Furthermore, the boards decided that the proposed requirements would provide a more consistent basis for recognising revenue and would produce results in accounting that more closely match the underlying economics of transactions." (IASB/FASB)[516]

Dies verdeutlicht einerseits die Dominanz der story-line der ökonomischen Realität gegenüber der story-line der Nutzerbedürfnisse bei der Ausgestaltung der Regelungen zur Aufteilung des Transaktionspreises. Andererseits werden die diskursiven Grenzen des Standardsetzungsprozesses deutlich. So entspricht die unternehmens- bzw. branchenspezifische Deutung der ökonomischen Realität der Telekommunikationsunternehmen eher einer subjektiven anstatt der als objektiv konstruierten Realität, was die fehlende Überzeugungskraft dieser Unternehmenskommentierungen erklärt. Der Wandel von Rechnungslegungsvorschriften verläuft daher nicht nur in den Grenzen der Standardanwendung, sondern wird auch von den diskursiven Strukturen determiniert. Sowohl Unternehmen als auch Standardsetzer sollten sich dieser aufgrund ihres wesentlichen Einflusses auf das Ausmaß der Überarbeitung bestehender sowie der Entwicklung neuer Regelungsvorschriften bei der Standardsetzung bewusst sein.

---

[516] Re-ED BC (2011), BC197; IFRS 15.BC292.

Thesenförmige Zusammenfassung 4

1. Das IASB strebt mithilfe des Rahmenkonzepts eine deduktive Ermittlung von Rechnungslegungsvorschriften an. Die im Rahmenkonzept festgelegte Zwecksetzung sowie die qualitativen Anforderungen dienen dabei als Deduktionsgrundlage zur Ableitung konsistenter Regelungen auf Einzelstandardebene. Der Zweck der Entscheidungsnützlichkeit und die diesem untergeordnete Rechenschaftsfunktion sowie die Anforderung der Relevanz und der glaubwürdigen Darstellung erlauben jedoch unterschiedliche Konkretisierungsmöglichkeiten. Auch die in den vergangenen Jahren erfolgte Rahmenkonzeptüberarbeitung schränkt aufgrund der zeitgleichen Entwicklung neuer Standards und der fehlenden Anpassung alter Standards die Funktion des Rahmenkonzepts als normative Grundlage der Standardsetzung ein.

2. Die Standardsetzung des IASB weist zudem Anknüpfungspunkte einer induktiven Ermittlung von Rechnungslegungsvorschriften auf, die sich durch eine Orientierung an der Rechnungslegungspraxis und einzelfallspezifische Regelungen auszeichnet. Das Rahmenkonzept ermöglicht durch die faktische Berücksichtigung von Unternehmensaktivitäten sowie insbesondere aufgrund der in jedem Standardsetzungsprozess verpflichtenden Kosten-Nutzen-Abwägung induktiv geprägte Regelungsentscheidungen. Auch die Aufnahme von Vereinfachungsregelungen auf Einzelstandardebene sowie die Entwicklung branchenindividueller Standards entspricht einer praxisorientierten Regelungsentwicklung.

3. Anstelle der Einordnung der IFRS-Standardsetzung als deduktiv oder induktiv ist die Ermittlung von Rechnungslegungsvorschriften als rekursiver Normermittlungsprozess zu charakterisieren. Im Sinne des hermeneutischen

A. Jendreck, *Die Rolle von Unternehmen im IFRS-Standardsetzungsprozess,*
Rechnungswesen und Unternehmensüberwachung,
https://doi.org/10.1007/978-3-658-36129-7_4

Ansatzes kann die Regelungsentwicklung vor dem Hintergrund einer deduktiven Ableitung aus dem Rahmenkonzept sowie einer gleichzeitig induktiven Erschließung der Bilanzierungspraxis erklärt werden. Dieser rekursive Verstehensprozess spiegelt sich im Due Process durch den kontinuierlichen Austausch zwischen dem IASB und den am Standardsetzungsprozess Beteiligten wider. Der wechselseitige Einfluss von Standardsetzung und Standardanwendung stellt demnach eine wesentliche Determinante der Normermittlung dar.

4. Die IFRS führen als kodifizierte Rechnungslegungsstandards zur Regulierung der Rechnungslegung, weshalb die Standardsetzung nicht nur eine technische Aufgabe, sondern auch einen politischen Prozess darstellt. Die vom IASB entwickelten und noch nicht in EU-Recht übernommenen Rechnungslegungsstandards erfordern aufgrund der privatrechtlichen Organisation der IFRS Foundation respektive dem IASB die Akzeptanz der Betroffenen. Die Legitimation wird sowohl input-orientiert durch die Partizipationsmöglichkeiten im Rahmen des öffentlichen Standardsetzungsprozesses als auch output-orientiert durch die markteffiziente Ausrichtung der durch Experten erstellten Standards angestrebt. Der Due Process ermöglicht Interessengruppen eine Einflussnahme, wobei besonders bei Unternehmen als Anwender der Regelungen ein hoher Anreiz zur Teilnahme besteht. Um einer einseitigen Interessenberücksichtigung entgegenzuwirken, bedarf es im Rahmen der Regelungsentwicklung daher einer Interessenabwägung in Form einer Kompromissfindung.

5. Die Legitimationsfunktion des Due Process liegt in der Sicherstellung eines diskursiven Standardsetzungsprozesses. Neben den Partizipationsmöglichkeiten im Rahmen der Teilnahme in Beratungsgremien und Feldstudien sind als verpflichtender Verfahrensbestandteil sowohl bei der Agendasetzung als auch in den Projektphasen der Forschung, Standardsetzung sowie Implementierung und Instandhaltung öffentliche Konsultationen vorgesehen. Die Interessengruppen kommentieren die Regelungsvorschläge durch Stellungnahmen und können auf diese Weise Einfluss auf die Regelungsentwicklung nehmen. Das IASB erlangt durch die Stellungnahmen standardsetzungsrelevante Informationen und liefert in den Basis for Conclusions eine Regelungsbegründung. Die Entwicklung von Rechnungslegungsvorschriften und die Effizienz sowie die Dauer eines Standardsetzungsprozesses wird somit nicht nur durch die Kompromiss-, sondern auch durch die Kommunikationsfähigkeit des IASB und der beteiligten Akteure bedingt.

6. Der Kompromisscharakter der Regelungsvorschriften fördert Ermessensspielräume, die im Rahmen der Standardanwendung von Unternehmen zu

konkretisieren sind. Auch bei der Schließung von Regelungslücken agieren Unternehmen bei der Entwicklung sachgerechter Bilanzierungslösungen – unter Berücksichtigung ähnlicher Standards, des Rahmenkonzepts sowie von Rechnungslegungsstandards anderer Standardsetzer und anerkannter Branchenpraktiken – als Normentwickler. Die Standardanwendung beinhaltet insofern eine rechtsfortbildende Komponente. Sie kann einerseits Anstoß zu neuen Standardsetzungsverfahren geben, andererseits jedoch auch einen Wandel in der Standardsetzung beschränken, sofern eine im Vergleich zur etablierten Bilanzierungspraxis konzeptionelle Neuausrichtung mit einer im Sinne der Regelanwendbarkeit an der Bilanzierungspraxis orientierten Ausgestaltung der Rechnungslegungsvorschriften konfligiert.

7. Im Sinne des konstruktivistischen Forschungsansatzes kann der Einfluss von Unternehmen auf die Regelungsentwicklung durch einen konstitutiven Erklärungsansatz unter Berücksichtigung diskurstheoretischer Annahmen analysiert werden. Nicht nur die im Standardsetzungsprozess diskutierten Regelungsvorschläge und Ausgestaltungsmöglichkeiten als inhaltliche Zielrichtung, sondern auch die gewählte Rhetorik wird dabei für die Anschlussfähigkeit und Etablierung einer Regelungsvorschrift als maßgeblich erachtet. Sowohl Stellungnahmen als auch Standardentwürfe sind öffentlich verfügbar und stellen daher eine objektive Datenbasis dar. Während die Standardentwürfe Auskunft über die Ansichten des IASB ermöglichen, zeigen die Unternehmensstellungnahmen die Ansichten der Bilanzierungspraxis auf, wodurch sich dem rekursiven Verhältnis zwischen Standardsetzung und Standardanwendung genähert werden kann.

8. Die Entwicklung von Regelungsvorschriften zur Bilanzierung von Mehrkomponentengeschäften war als eines der Standardsetzungsziele von IFRS 15 zugleich einer der wesentlichen Gründe des IASB für die Überarbeitung der Standards zur Umsatzerfassung. Die für die Abgrenzung eines Mehrkomponentengeschäfts relevanten Regelungen des IFRS 15 zur Vertragszusammenfassung, zur Portfolio-Option, zur Aufteilung von Leistungsverpflichtungen anhand des Kriteriums der Eigenständigkeit sowie zur Aufteilung des Transaktionspreises auf Basis der relativen Einzelveräußerungspreise sind durch umfangreiche Kriterien und Erläuterungen in Form von Indikatoren und Beispielen gekennzeichnet. Trotz dieses Regelungskonglomerats eröffnen sich jedoch Ermessensspielräume, die wiederum eine Konkretisierung durch die Unternehmen im Rahmen der Standardanwendung erfordern.

9. Für die Analyse des Einflusses von Unternehmen auf die Regelungsentwicklung eignen sich inhaltsanalytische Verfahren, die durch eine systematische Kategorisierung von Texten eine von der Forschungsfrage geleitete Erfassung

sowie im Fall eines qualitativen Vorgehens eine Bedeutungserschließung relevanter Inhalte erlauben. Die für die Untersuchung der Einflussnahme von Interessengruppen im Rahmen von Rechnungslegungsstandardsetzungs-prozessen durchgeführten Studien fokussieren sich auf die Beteiligung der Interessengruppen, auf ihre inhaltlichen Positionen sowie auf den Erfolg ihrer Teilnahme. Mithilfe des Ansatzes der argumentativen Diskursanalyse können zudem diskursive Strukturen im Standardsetzungsprozess offengelegt werden, indem die von den beteiligten Akteuren verwendeten charakteristischen story-lines rekonstruiert werden, was Rückschlüsse auf die Etablierung bestimmter Bedeutungsgehalte und die Akzeptanz von Regelungsvorschriften ermöglicht.

10. Die Durchführung der qualitativen Inhaltsanalyse für die Regelungen zur Umsatzerfassung aus Mehrkomponentengeschäften erfolgte durch die Codie-rung der Unternehmensstellungnahmen und Standardentwürfe zu IFRS 15 anhand theoriebasierter und thematisch am Material gebildeter Kategorien, die die inhaltliche und rhetorische Dimension des Standardsetzungsprozes-ses umfassen. Unter der Hauptkategorie der inhaltlichen Zielrichtung wurden der Inhalt und die Form der Regelungsvorschriften, mithin sowohl die während des Standardsetzungsprozesses diskutierten Bilanzierungsalternativen als auch deren Umsetzungsmöglichkeiten, erfasst. Die Überzeugungsarten Ethos, Logos und Pathos, die der Erzeugung von Glaubwürdigkeit, Emo-tionen und Rationalität dienen, sowie die rhetorischen Stilmittel wurden unter der Hauptkategorie der Rhetorik subsumiert. Die inhaltlich struk-turierende Codierung bildete die Grundlage für die Identifikation der im Standardsetzungsprozess genutzten story-lines.

11. Die Verteilung der Unternehmensstellungnahmen im Standardsetzungspro-zess von IFRS 15 zeigt eine höhere Beteiligung von Unternehmen in späteren Standardentwurfsphasen als im Discussion Paper und war im Exposure Draft am höchsten; die relative Beteiligung von Unternehmen im Vergleich zu anderen Interessengruppen war im Verlauf des Standardsetzungsprozes-ses mit einem Anteil von etwa 30 % hingegen überwiegend konstant. Die Mehrheit der beteiligten Unternehmen war US-amerikanischer Herkunft, was in Zusammenhang mit der Entwicklung des Standards als Konvergenzpro-jekt mit dem FASB steht. Die Beteiligung europäischer Unternehmen lag bei 16,99 %, wohingegen die Beteiligung von Unternehmen zentral- und südamerikanischer Herkunft mit unter 1 % am geringsten war. Die Bran-chenverteilung zeigt mit fast 50 % eine Dominanz von Stellungnahmen von Unternehmen aus der Fertigungsindustrie.

12. Der Einfluss von Unternehmen auf die inhaltliche Zielrichtung wurde anhand der Häufigkeit der kommentierten Bilanzierungsalternativen auf Unternehmensebene und der Kookkurrenz der Umsetzungsmöglichkeiten unter Berücksichtigung der in den Standardentwürfen von den Standardsetzern begründeten Regelungsvorschriften beurteilt. Die Analyse zeigt einerseits, dass Unternehmen bei Änderungen eines Standards, der sich in der Bilanzierungspraxis etabliert hat, die Beibehaltung existierender Regelungsvorschriften forcieren, mithin einer konzeptionellen Neuausrichtung entgegenwirken. Andererseits stellen die im Laufe des Standardsetzungsprozesses von den Standardsetzern – teilweise explizit unter Verweis auf die Unternehmenskommentierungen – vorgenommenen Anpassungen der in Frage stehenden Bilanzierungsalternativen eine Annäherung an die vorherige Bilanzierungspraxis bzw. eine Ausgestaltung zugunsten der Anwendbarkeit einer Rechnungslegungsregelung dar.

13. Die Einflussnahme der Unternehmen resultierte in Kompromisslösungen, wie etwa der Portfolio-Option, dem Indikator der wechselseitigen Beziehung zwischen Gütern und Dienstleistungen zur Aufteilung von Leistungsverpflichtungen oder dem Residualwertansatz als Methode zur Schätzung des Einzelveräußerungspreises, durch die der konzeptionelle Anspruch eines branchenübergreifenden und vertragsbasierten Umsatzerfassungsmodells gewährleistet, gleichzeitig jedoch bilanzierungspraktische Anwendungsmöglichkeiten geschaffen wurden. Die Analyseergebnisse verdeutlichen daher das rekursive Verhältnis zwischen Standardsetzung und Standardanwendung.

14. Durch die Teilnahme am Standardsetzungsprozess können sich Unternehmen mit den geplanten Regelungsvorschriften frühzeitig auseinandersetzen und durch Stellungnahmen zu einer anwendungsorientierten Konkretisierung der Regelungen beitragen. Das IASB als Standardsetzer kann durch die Berücksichtigung der Stellungnahmen von Unternehmen die Anwendbarkeit der Regelungen sicherstellen und durch kompromissfähige Bilanzierungslösungen dem Legitimationserfordernis Rechnung tragen. Der Einfluss von Unternehmen auf den IFRS-Standardsetzungsprozess bedingt jedoch auch den konzeptionellen Wandel von Regelungsvorschriften, der insoweit in den Grenzen der Standardanwendung verläuft.

15. Der Einfluss der rhetorischen Strategie auf die Regelungsentwicklung wurde anhand der Häufigkeit und Kookkurrenz der verwendeten Überzeugungsarten und rhetorischen Stilmittel auf Ebene der Codier-Häufigkeiten beurteilt. Die Analyse legt nahe, dass die Überzeugungskraft von Emotionen von den Unternehmen und den Standardsetzern als gering angenommen wird.

Sofern Pathos verwendet wurde, erfolgte dies überwiegend in Zusammenhang mit der Anwendbarkeit einer Regelung. Während Unternehmen im Standardsetzungsverfahren in ihren Stellungnahmen tendenziell häufiger die Überzeugungsart Ethos nutzten, tendierten die Standardsetzer zur Überzeugung durch Logos.

16. Im Hinblick auf die Erzeugung von Rationalität konnten für Unternehmen die Ergebnisse anderer Lobbying-Studien bestätigt werden, wonach zwar sowohl konzeptionelle als auch ökonomische Gründe verwendet wurden, jedoch eine leichte Tendenz zur Begründung anhand ökonomischer Auswirkungen besteht. Die Standardsetzer verwendeten in Einklang mit der angestrebten rahmenkonzeptbasierten Standardsetzung überwiegend konzeptionelle Gründe, bezogen sich indes auch auf ökonomische Gründe, was wiederum die Berücksichtigung der Standardanwendbarkeit im Rahmen der Standardsetzung verdeutlicht.

17. Die Erzeugung von Glaubwürdigkeit diente den Unternehmen zur Überzeugung der Standardsetzer von ihrer Standardsetzungskompetenz, indem die eigene Expertise betont sowie Respekt gegenüber den Regelungsvorschlägen der Standardsetzer und ein geteiltes Verständnis der Standardsetzungsziele vermittelt wurden. Die Verwendung von Ethos äußerte sich bei den Standardsetzern hingegen in der Vermittlung von Respekt gegenüber den Stellungnehmern durch den Einbezug der Kommentierungen und der Betonung der eigenen Standardsetzungskompetenz, um die am Standardsetzungsprozess Beteiligten von der Legitimation ihrer Standardsetzungsbefugnis zu überzeugen.

18. Der Einsatz rhetorischer Stilmittel erfolgte bei allen Überzeugungsarten. Durch die Verwendung von Übertreibungen in Zusammenhang mit Pathos wurde die Vermittlung der Unmöglichkeit der Anwendbarkeit einer diskutierten Bilanzierungsalternative bezweckt. Die Unternehmen und die Standardsetzer verwendeten zudem häufig die User-Metonymie und die Antithese. Während der Verweis auf die Nutzer überwiegend in Zusammenhang mit konzeptionellen Gründen erfolgte und folglich die Überzeugung durch Logos stärkte, zielte der Einsatz von Antithesen auf die Vermittlung von Respekt und demzufolge auf die Vermittlung von Ethos. Die Standardsetzer nutzen zudem die Most/Some-Metonymie, um die Berücksichtigung der Stellungnahmen zu betonen, was wiederum der Erzeugung von Glaubwürdigkeit diente.

19. Unter Anwendung der argumentativen Diskursanalyse wurden bei den untersuchten Bilanzierungsalternativen im Standardsetzungsprozess von IFRS 15 zwei zentrale story-lines identifiziert, die als diskursiv etablierte Narrationen

die Standardsetzung strukturieren. Unter der „user needs" story-line werden die Bedürfnisse und Interessen der Rechnungslegungsnutzer und unter der „economic reality" story-line wird die Darstellung der ökonomischen Realität einer Transaktion als Rechtfertigung für die Angemessenheit einer Regelung konstituiert. Sowohl die Nutzerbedürfnisse als auch die ökonomische Realität werden von den Unternehmen und den Standardsetzern indes erst im Rahmen der diskursiven Auseinandersetzung konstruiert, gleichzeitig als rhetorische Konstrukte bei der Regelungsentwicklung verwendet. Beide story-lines verdeutlichen, dass sich der Standardsetzungsprozess in den Grenzen diskursiver Strukturen bewegt, die sich das IASB und die Unternehmen als am Standardsetzungsprozess Beteiligte vor dem Hintergrund ihrer für den Wandel von Regelungsvorschriften determinierenden Wirkung vergegenwärtigen sollten.

Verzeichnis zitierter Schriften

Achleitner, Ann-Kristin (1995): Die Normierung der Rechnungslegung. Eine vergleichende Untersuchung unterschiedlicher institutioneller Ausgestaltungen des nationalen und internationalen Standardsetzungsprozesses, Zürich.

Aho, J. A. (1985): Rhetoric and the Invention of Double Entry Bookkeeping, in: Rhetorica: A Journal of the History of Rhetoric, 3. Jg., Nr. 1, S. 21–43.

AICPA (1973): Objectives of Financial Statements, New York.

AICPA (1981): Statement of Position 81-1, Accounting for Performance of Construction-Type and Certain Production-Type Contracts (zitiert als SOP-81-1), abrufbar unter: https://www.fasb.org/jsp/FASB/Document_C/DocumentPage?cid=1176156441924&accepted Disclaimer=true (zuletzt abgerufen am 28.11.2021).

Alexander, David/Archer, Simon (2003): On economic reality, representational faithfulness and the 'true and fair override', in: Accounting and Business Research, 33. Jg., Nr. 1, S. 3–17.

Alexander, David/Brébisson, Hélène de/Circa, Cristina/Eberhartinger, Eva/Fasiello, Roberta/Grottke, Markus/Krasodomska, Joanna (2018): Philosophy of language and accounting, in: Accounting, Auditing & Accountability Journal, 31. Jg., Nr. 7, S. 1957–1980.

Allen, Abigail M. (2018): Agenda Setting at the FASB. Evidence from the Role of the FASAC, Working Paper, Marriott School of Management, Brigham Young University.

Allen, Myria W./Caillouet, Rachel H. (1994): Legitimation endeavors. Impression management strategies used by an organization in crisis, in: Communication Monographs, 61. Jg., Nr. 1, S. 44–62.

Amernic, Joel (2013): Perspectives on the role of metaphor, in: The Routledge Companion to Accounting Communication, hrsg. v. L. Jack u. a., Hoboken, S. 76–93.

Amernic, Joel/Craig, Russell (2009): Understanding accounting through conceptual metaphor. ACCOUNTING IS AN INSTRUMENT?, in: Critical Perspectives on Accounting, 20. Jg., Nr. 8, S. 875–883.

André, Paul/Cazavan-Jeny, Anne/Dick, Wolfgang/Richard, Chrystelle/Walton, Peter (2009): Fair Value Accounting and the Banking Crisis in 2008. Shooting the Messenger, in: Accounting in Europe, 6. Jg., Nr. 1, S. 3–24.

© Der/die Herausgeber bzw. der/die Autor(en) 2022
A. Jendreck, *Die Rolle von Unternehmen im IFRS-Standardsetzungsprozess,*
Rechnungswesen und Unternehmensüberwachung,
https://doi.org/10.1007/978-3-658-36129-7

Archer, Simon (1997): The ASB's Exposure Draft Statement of Principles. A Comment, in: Accounting and Business Research, 27. Jg., Nr. 3, S. 229–241.

Aristoteles/transl. by H. C. Lawson-Tancred (1991): The art of rhetoric, London.

Auste, Torben (2011): Einfluss von Lobbying auf den IFRS-Standardsetzungsprozess, Frankfurt am Main.

Bach, Heike/Berger, Jens (2020): IASB-Vorschläge zur Neufassung von IAS 1 – großer Wurf oder nur Kosmetik?, in: BB, 75. Jg., Nr. 11, S. 619–623.

Bach, Heike/Schreiber, Stefan M. (2019): Modernisierung des Konzepts der Wesentlichkeit durch den IASB, in: KoR, 19. Jg., Nr. 6, S. 268–273.

Bacher, David F. (2006): Die Leistungsfähigkeit des handelsrechtlichen Jahresabschlusses und des IFRS-Jahresabschlusses deutscher Erstversicherungsunternehmen: eine kritische Analyse aus der Sicht von Eigentümern und Versicherungsnehmern, Universität Hohenheim.

Baetge, Jörg/Celik, Aydin (2014): Umsatzerlöse nach IFRS 15 – ein inkonsistenter Ansatz, in: IRZ, 9. Jg., Nr. 10, S. 365–367.

Ballwieser, Wolfgang (2005): Die Konzeptionslosigkeit des International Accounting Standards Board (IASB), in: Festschrift für Volker Röhricht zum 65. Geburtstag – Gesellschaftsrecht – Rechnungslegung – Sportrecht, hrsg. v. G. Crezelius u. a., Köln, S. 727–745.

Ballwieser, Wolfgang (2014): Ansätze und Ergebnisse einer ökonomischen Analyse des Rahmenkonzepts zur Rechnungslegung, in: ZfbF, 66. Jg., Nr. 5/6, S. 451–476.

Ballwieser, Wolfgang (2018): Fragwürdige Bilanzen – 1948, heute und in Zukunft?, in: DB, 71. Jg., Nr. 1/2, S. 1–8.

Bamber, Matthew/McMeeking, Kevin (2016): An examination of international accounting standard-setting due process and the implications for legitimacy, in: The British Accounting Review, 48. Jg., Nr. 1, S. 59–73.

Barckow, Andreas (2011): IASB und FASB entdecken zunehmend Unterschiede in ihren Sichtweisen, in: BB, 66. Jg., Nr. 25, Die erste Seite.

Barker, Richard (2006): Balance Sheet Oriented Financial Reporting: Applying the Conceptual Framework of the IASB, in: IFRS in Rechnungswesen und Controlling, in: IFRS in Rechnungswesen und Controlling, hrsg. v. C. Börsig, Stuttgart, S. 169–176.

Barker, Richard (2015): Conservatism, prudence and the IASB's conceptual framework, in: Accounting and Business Research, 45. Jg., Nr. 4, S. 514–538.

Barker, Richard/McGeachin, Anne (2015): An Analysis of Concepts and Evidence on the Question of Whether IFRS Should be Conservative, in: Abacus, 51. Jg., Nr. 2, S. 169–207.

Barker, Richard/Teixeira, Alan (2018): Gaps in the IFRS Conceptual Framework, in: Accounting in Europe, 15. Jg., Nr. 2, S. 153–166.

Baudot, Lisa (2018): On Commitment Toward Knowledge Templates in Global Standard Setting. The Case of the FASB-IASB Revenue Project, in: Contemporary Accounting Research, 35. Jg., Nr. 2, S. 657–695.

Baudot, Lisa/Roberts, Robin W./Wallace, Dana M. (2017): An Examination of the U.S. Public Accounting Profession's Public Interest Discourse and Actions in Federal Policy Making, in: Journal of Business Ethics, 142. Jg., Nr. 2, S. 203–220.

Baumann, Rainer (2006): Der Wandel des deutschen Multilateralismus. Eine diskursanalytische Untersuchung deutscher Aussenpolitik, Baden-Baden.

Beams, Floyd A. (1969): Indications of Pragmatism and Empiricism in Accounting Thought., in: The Accounting Review, 44. Jg., Nr. 2, S. 382–388.

Beason, Larry (1991): Strategies for Establishing an Effective Persona. An Analysis of Appeals to Ethos in Business Speeches, in: Journal of Business Communication, 28. Jg., Nr. 4, S. 326–346.

Beattie, Vivien (2014): Accounting narratives and the narrative turn in accounting research. Issues, theory, methodology, methods and a research framework, in: The British Accounting Review, 46. Jg., Nr. 2, S. 111–134.

Beaver, William H. (1989): Financial reporting: An accounting revolution, 2. Aufl., Englewood Cliffs, NJ.

Beisse, Heinrich (1984): Zum Verhältnis von Bilanzrecht und Betriebswirtschaftslehre, in: StuW, 61. Jg., Nr. 1, S. 1–14.

Beisse, Heinrich (1990): Rechtsfragen der Gewinnung von GoB, in: BFuP, 42. Jg., Nr. 6, S. 499–514.

Beisse, Heinrich (1994): Zum neuen Bild des Bilanzrechtssystems, in: Bilanzrecht und Kapitalmarkt – Festschrift zum 65. Geburtstag von Professor Dr. Dr. h.c. Dr. h.c. Adolf Moxter, hrsg. v. W. Ballwieser u. a., Düsseldorf, S. 3–31.

Beisse, Heinrich (1997): Wandlungen der Grundsätze ordnungsmäßiger Bilanzierung. Hundert Jahre "GoB", in: Gedächtnisschrift für Brigitte Knobbe-Keuk, hrsg. v. W. Schön, Köln, S. 385–409.

Bender, Christian (2005): Umsatzerfassung nach US-GAAP und IFRS. Konzeption Problembereiche Lösungsansätze, Wiesbaden.

Bennett, Bruce/Bradbury, Michael/Prangnell, Helen (2006): Rules, principles and judgments in accounting standards, in: Abacus, 42. Jg., Nr. 2, S. 189–204.

Benston, George J./Bromwich, Michael/Wagenhofer, Alfred (2006): Principles- versus rules-based accounting standards. The FASB's standard setting strategy, in: Abacus, 42. Jg., Nr. 2, S. 165–188.

Beresford, Dennis R. (1988): The "Balancing Act" in Setting Accounting Standards, in: Accounting Horizons, 2. Jg., Nr. 1, S. 1–7.

Berndt, Thomas (2005): Wahrheits- und Fairnesskonzeptionen in der Rechnungslegung, Stuttgart.

Beyhs, Oliver/Kühne, Erhard/Zülch, Henning (2012): Abschlussprüfung und DPR-Verfahren – Darstellung und Würdigung der Verfahrensunterschiede, in: WPg, 65. Jg., Nr. 12, S. 650–660.

Biener, Herbert (1996): Fachnormen statt Rechtsnormen – Ein Beitrag zur Deregulierung der Rechnungslegung, in: Rechnungslegung – warum und wie – Festschrift für Hermann Clemm zum 70. Geburtstag, hrsg. v. W. Ballwieser u. a., München, S. 60–79.

Biondi, Yuri/Tsujiyama, Eiko/Glover, Jonathan/Jenkins, Nicole T./Jorgensen, Bjorn/Lacey, John/Macve, Richard (2014): 'Old Hens Make the Best Soup'. Accounting for the Earning Process and the IASB/FASB Attempts to Reform Revenue Recognition Accounting Standards, in: Accounting in Europe, 11. Jg., Nr. 1, S. 13–33.

Birt, Jacqueline/Hellman, Niclas/Jorissen, Ann/Mason, Stephani/Paananen, Mari (2016): What Is the Way Forward for IASB's Research Programme under the Evidence-Supported Approach? Some Analyses and Comments Based on the 2015 Agenda Consultation, in: Accounting in Europe, 13. Jg., Nr. 2, S. 269–283.

Böcking, Hans-Joachim/Gros, Marius/Wirth, Willy (2019): Privater Standardsetzer als oberste Instanz in Deutschland und Europa? Zugleich Erwiderung zu Lüdenbach/Freiberg, DB 2019 S. 2305, in: DB, 72. Jg., Nr. 48, S. 2644–2647.

Bockmann, Roland (2012): Internationale Koordinierung nationaler Enforcement-Aktivitäten, Wiesbaden.

Botzem, Sebastian (2010): Standards der Globalisierung, Freie Universität Berlin.

Botzem, Sebastian (2014): Transnational standard setting in accounting: Organizing expertise-based self-regulation in times of crises, in: Accounting, Auditing & Accountability Journal, 27. Jg., Nr. 6, S. 933–955.

Botzem, Sebastian/Dobusch, Leonhard (2012): Standardization Cycles. A Process Perspective on the Formation and Diffusion of Transnational Standards, in: Organization Studies, 33. Jg., Nr. 5–6, S. 737–762.

Botzem, Sebastian/Hofmann, Jeanette (2009): Dynamiken transnationaler Governance – Grenzübergreifende Normsetzung zwischen privater Selbstregulierung und öffentlicher Hierarchie, in: Governance als Prozess – Koordinationsformen im Wandel, hrsg. v. S. Botzem u. a., Baden-Baden, S. 225–249.

Botzem, Sebastian/Quack, Sigrid (2006): Contested rules and shifting boundaries: International standard setting in accounting, in: Transnational Governance: institutional dynamics of regulation, hrsg. v. M.-L. Djelic/K. Sahlin-Andersson, Cambridge, S. 266–286.

Botzem, Sebastian/Quack, Sigrid/Zori, Solomon (2017): International Accounting Standards in Africa: Selective Recursivity for the 'Happy Few'?, in: Global Policy, 8. Jg., Nr. 4, S. 553–562.

Bozanic, Zahn/Dirsmith, Mark W./Huddart, Steven (2012): The social constitution of regulation. The endogenization of insider trading laws, in: Accounting, Organizations and Society, 37. Jg., Nr. 7, S. 461–481.

Bradbury, Michael E. (2007): An Anatomy of an IFRIC Interpretation, in: Accounting in Europe, 4. Jg., Nr. 2, S. 109–122.

Bradbury, Michael E./Harrison, Julie A. (2012): An Analysis of the IASB's Dissenting Opinions, Working Paper, Massey University/University of Auckland.

Bradbury, Michael E./Harrison, Julie A. (2015): The FASB's Dissenting Opinions, in: Accounting Horizons, 29. Jg., Nr. 2, S. 363–375.

Bradbury, Michael E./Schröder, Laura B. (2012): The content of accounting standards. Principles versus rules, in: The British Accounting Review, 44. Jg., Nr. 1, S. 1–10.

Brand, Alexander (2012): Medien – Diskurs – Weltpolitik, Bielefeld.

Bromwich, Michael/Hopwood, Anthony G. (1983): Some issues in accounting standard setting: an introductory essay, in: Accounting Standard Setting – An International Perspective, hrsg. v. M. Bromwich/A. G. Hopwood, London u. a., S. v–xxiv.

Brown, Lawrence D./Feroz, Ehsan H. (1992): DOES THE FASB LISTEN TO CORPORATIONS?, in: Journal of Business Finance & Accounting, 19. Jg., Nr. 5, S. 715–731.

Brown, Paul R. (1982): FASB Responsiveness to Corporate Input, in: Journal of Accounting, Auditing & Finance, 5. Jg., Nr. 4, S. 282–290.

Brown, Philip R. (2013): How Can We Do Better?, in: Accounting Horizons, 27. Jg., Nr. 4, S. 855–859.

Brücks, Michael/Ehrcke, Heiko/Grote, Andreas/Pilhofer, Jochen (2017): Anwendungs- und Auslegungsfragen zu IFRS 15 am Beispiel der Telekommunikationsbranche (Teil 1) – Anwendung des Portfolio Approach, Berücksichtigung von Finanzierungskomponenten, Prinzipal-Agent-Transaktionen –, in: KoR, 17. Jg., Nr. 4, S. 179–186.

Brune, Jens W. (2016b): Implementierung der Erlöserfassungsregelungen des IFRS 15 – Herausforderungen in der praktischen Umsetzung aus der Sicht betroffener Unternehmen, in: IRZ, 11. Jg., Nr. 1, S. 19–26.

Brune, Jens W. (2016): § 9. Fertigungsaufträge, in: Beck'sches IFRS-Handbuch, hrsg. v. D. Driesch u. a., 5. Aufl., München.

Burchell, Stuart/Clubb, Colin/Hopwood, Anthony/Hughes, John/Nahapiet, Janine (1980): The roles of accounting in organizations and society, in: Accounting, Organizations and Society, 5. Jg., Nr. 1, S. 5–27.

Burggraaff, J. A. (1983): The political dimensions of accounting standards setting in Europe, in: Accounting Standard Setting – An International Perspective, hrsg. v. M. Bromwich/A. G. Hopwood, London u. a., S. 1–12.

Burlaud, Alain/Colasse, Bernard (2011): International Accounting Standardisation. Is Politics Back?, in: Accounting in Europe, 8. Jg., Nr. 1, S. 23–47.

Busch, Julia/Zwirner, Christian (2018): Geplante Änderungen an IAS 1 und IAS 8 – Wesentlichkeit sowie Rechnungslegungsmethoden und Schätzungen, in: IRZ, 13. Jg., Nr. 1, S. 12–15.

Camfferman, Kees/Zeff, Stephen A. (2007): Financial Reporting and Global Capital Markets. A History of the International Accounting Standards Committee 1973–2000, Oxford.

Camfferman, Kees/Zeff, Stephen A. (2015): Aiming for global accounting standards, Oxford.

Camfferman, Kees/Zeff, Stephen A. (2018): The Challenge of Setting Standards for a Worldwide Constituency. Research Implications from the IASB's Early History, in: European Accounting Review, 27. Jg., Nr. 2, S. 289–312.

Capps, Greg/Koonce, Lisa/White, Brian J. (2017): Example-Based Reasoning and Fact-Weighting Guidance in Accounting Standards, in: Contemporary Accounting Research, 34. Jg., Nr. 1, S. 582–600.

Carter, Pippa/Jackson, Norman (2004): For the Sake of Argument. Towards an Understanding of Rhetoric as Process, in: Journal of Management Studies, 41. Jg., Nr. 3, S. 469–491.

Chapman, Christopher S./Cooper, David J./Miller, Peter (2009): Linking Accounting, Organizations, and Institutions, in: Accounting, organizations, and institutions – Essays in honour of Anthony Hopwood, hrsg. v. C. S. Chapman/A. G. Hopwood, Oxford, S. 1–29.

Chatfield, Michael (1977): A history of accounting thought, Huntington NY.

Cheney, George/Christense, Lars T./Conrad, Charles/Lair, Daniel J. (2008): Corporate Rhetoric as Organizational Discourse, in: The SAGE handbook of organizational discourse, hrsg. v. D. Grant, London, S. 79–103.

Cho, Charles H./Roberts, Robin W./Patten, Dennis M. (2010): The language of US corporate environmental disclosure, in: Accounting, Organizations and Society, 35. Jg., Nr. 4, S. 431–443.

Christ, Andreas D. (2014): Verbriefungsplattformen nach IFRS, Wiesbaden.

Christensen, John (2010): Conceptual frameworks of accounting from an information perspective, in: Accounting and Business Research, 40. Jg., Nr. 3, S. 287–299.

Clor-Proell, Shana/Nelson, Mark W. (2007): Accounting Standards, Implementation Guidance, and Example-Based Reasoning, in: Journal of Accounting Research, 45. Jg., Nr. 4, S. 699–730.

Cockcroft, Robert/Cockcroft, Susan M. (1992): Persuading people. An introduction to rhetoric, Basingstoke.

Coenenberg, Adolf G./Straub, Barbara (2008): Rechenschaft vs. Enscheidungsunterstützung: Harmonie oder Disharmonie der Rechnungszwecke, in: KoR, 8. Jg., Nr. 1, S. 17–26.

Collett, Peter (1995): Standard Setting and Economic Consequences. An Ethical Issue, in: Abacus, 31. Jg., Nr. 1, S. 18–30.

Cooper, David J./Sherer, Michael J. (1984): The value of corporate accounting reports. Arguments for a political economy of accounting, in: Accounting, Organizations and Society, 9. Jg., Nr. 3–4, S. 207–232.

Cornelissen, Joep P./Holt, Robin/Zundel, Mike (2011): The Role of Analogy and Metaphor in the Framing and Legitimization of Strategic Change, in: Organization Studies, 32. Jg., Nr. 12, S. 1701–1716.

Cortese, Corinne (2011): Standardizing oil and gas accounting in the US in the 1970s. Insights from the perspective of regulatory capture, in: Accounting History, 16. Jg., Nr. 4, S. 403–421.

Cortese, Corinne/Irvine, Helen (2010): Investigating international accounting standard setting. The black box of IFRS 6, in: Research in Accounting Regulation, 22. Jg., Nr. 2, S. 87–95.

Cortese, Corinne L./Irvine, Helen J./Kaidonis, Mary A. (2010): Powerful players. How constituents captured the setting of IFRS 6, an accounting standard for the extractive industries, in: Accounting Forum, 34. Jg., Nr. 2, S. 76–88.

Czada, Roland (1998): Neuere Entwicklung der Politikfeldananalyse, in: Kongreßbeiträge zur Politischen Soziologie, Politische Ökonomie und Politikfeldanalyse, hrsg. v. U. von Alemann/R. Czada, Hagen, S. 49–67.

Dehmel, Inga/Hommel, Michael/Kunkel, Tessa (2018): Conceptual Framework for Financial Reporting 2018 auf dem Prüfstand, in: BB, 73. Jg., Nr. 30, S. 1706–1710.

Dennis, Ian (2018): What is a Conceptual Framework for Financial Reporting?, in: Accounting in Europe, 15. Jg., Nr. 3, S. 374–401.

Dennis, Ian (2019): The Conceptual Framework – A 'Long and Winding Road' …, in: Accounting in Europe, 16. Jg., Nr. 1, S. 1–34.

Deutsche Börse (2019): Leitfaden zu den Aktienindizes der Deutsche Börse AG, abrufbar unter: https://www.dax-indices.com/document/News/2019/June/Equity_L_9_2_4_d.pdf (zuletzt abgerufen am 28.11.2021).

Dick, Wolfgang/Walton, Peter (2007): The IASB Agenda – A Moving Target, in: Australian Accounting Review, 17. Jg., Nr. 2, S. 8–17.

Diez, Thomas (1999): Die EU lesen. Diskursive Knotenpunkte in der britischen Europadebatte, Wiesbaden.

Dillard, Jesse F./Rigsby, John T./Goodman, Carrie (2004): The making and remaking of organization context, in: Accounting, Auditing & Accountability Journal, 17. Jg., Nr. 4, S. 506–542.

Dobler, Michael (2014): Stolpersteine auf dem Weg zu branchenspezifischen IFRS. Eine Analyse des Projekts Extractive Activities, in: Rechnungslegung, Prüfung und Unternehmensbewertung – Festschrift zum 65. Geburtstag von Professor Dr. Dr. h.c. Wolfgang Ballwieser, hrsg. v. M. Dobler, Stuttgart, S. 73–94.

Döllerer, Georg (1959): Grundsätze ordnungsmäßiger Bilanzierung, deren Entstehung und Ermittlung, in: BB, 14. Jg., Nr. 34, S. 1217–1221.

Driesch, Dirk (2016a): § 1. Rechtlicher und organisatorischer Rahmen der Rechnungslegung nach IFRS, in: Beck'sches IFRS-Handbuch, hrsg. v. D. Driesch u. a., 5. Aufl., München.

Driesch, Dirk (2016b): § 45. Änderungen der Bilanzierungs- und Bewertungsmethoden, Änderungen von Schätzungen und Fehlerberichtigungen, in: Beck'sches IFRS-Handbuch, hrsg. v. D. Driesch u. a., 5. Aufl., München.

Durocher, Sylvain/Fortin, Anne (2011): Practitioners' participation in the accounting standard-setting process, in: Accounting and Business Research, 41. Jg., Nr. 1, S. 29–50.

Durocher, Sylvain/Fortin, Anne/Côté, Louise (2007): Users' participation in the accounting standard-setting process: A theory-building study, in: Accounting, Organizations and Society, 32. Jg., 1–2, S. 29–59.

Duval, Anne-Marie/Gendron, Yves/Roux-Dufort, Christophe (2015): Exhibiting nongovernmental organizations. Reifying the performance discourse through framing power, in: Critical Perspectives on Accounting, 29. Jg., S. 31–53.

Ebeling, Ralf M./Fröbel, Sebastian (2019): Die Bewertung eines Leasingverhältnisses bei Vorliegen nichtabzugsfähiger Vorsteuerbeträge, in: IRZ, 14. Jg., Nr. 4, S. 157–158.

Edelman, Lauren B. (2016): Working law. Courts corporations and symbolic civil rights, Chicago.

Edelman, Lauren B./Uggen, Christopher/Erlanger, Howard S. (1999): The Endogeneity of Legal Regulation. Grievance Procedures as Rational Myth, in: American Journal of Sociology, 105. Jg., Nr. 2, S. 406–454.

Effects Analysis Consultative Group (2014): Report to the Trustees of the IFRS Foundation, London.

EFRAG (2014): EUROPEAN FIELD-TEST OF THE IASB'S EXPOSURE DRAFTREVENUE FROM CONTRACTS WITH CUSTOMERS, LONG-TERM CONTRACTS I, abrufbar unter: https://www.efrag.org/Assets/Download?assetUrl=%2Fsites%2Fwebpublishing%2FProject%20Documents%2F250%2FFeedback_statement_Long-term_I_-_120602.pdf (zuletzt abgerufen am 28.11.2021).

Elbannan, Mohamed/McKinley, William (2006): A theory of the corporate decision to resist FASB standards. An organization theory perspective, in: Accounting, Organizations and Society, 31. Jg., Nr. 7, S. 601–622.

Eppler, Martin J./Mengis, Jeanne (2004): The Concept of Information Overload. A Review of Literature from Organization Science, Accounting, Marketing, MIS, and Related Disciplines, in: The Information Society, 20. Jg., Nr. 5, S. 325–344.

Erb, Carsten/Pelger, Christoph (2013): Auf dem Weg zum neuen Rahmenkonzept der IFRS-Rechnungslegung, in: KoR, 13. Jg., Nr. 11, S. 517–524.

Erb, Carsten/Pelger, Christoph (2015a): "Twisting words"? A study of the construction and reconstruction of reliability in financial reporting standard-setting, in: Accounting, Organizations and Society, 40. Jg., S. 13–40.

Erb, Carsten/Pelger, Christoph (2015b): Welche Vorstellungen hat der IASB vom neuen Rahmenkonzept?, in: WPg, 68. Jg., Nr. 20, S. 1058–1064.

Erb, Carsten/Pelger, Christoph (2018a): Potenzielle Praxisimplikationen des neuen Rahmen-konzepts des IASB, in: IRZ, 13. Jg., Nr. 7/8, S. 327–331.

Erb, Carsten/Pelger, Christoph (2018b): Das neue Rahmenkonzept des IASB, in: WPg, 71. Jg., Nr. 14, S. 872–878.

ESMA (2018): European common enforcement priorities for 2018 annual financial reports, Paris.

Euler, Roland (1989): Grundsätze ordnungsmäßiger Gewinnrealisierung, Düsseldorf.

Euler, Roland (1997): Bilanzrechtstheorie und internationale Rechnungslegung, in: Handels-bilanzen und Steuerbilanzen – Festschrift zum 70. Geburtstag von Heinrich Beisse, hrsg. v. W. D. Budde/H. Beisse, Düsseldorf, S. 171–188.

Euler, Roland (2002): Paradigmenwechsel im handelsrechtlichen Einzelabschluss: Von den GoB zu den IAS?, in: BB, 57. Jg., Nr. 17, 875–881.

Ewert, Ralf/Wagenhofer, Alfred (2012b): Earnings management, conservatism and earnings quality, Boston, Delft.

Ewert, Ralf/Wagenhofer, Alfred (2012a): Using Academic Research for the Post-Implementation Review of Accounting Standards. A Note, in: Abacus, 48. Jg., Nr. 2, S. 278–291.

Fairclough, Norman (2003): Analysing discourse, London.

FASB (2003): EITF 00–21 Revenue Arrangements with Multiple Deliverables, Norwalk (zitiert als EITF 00–21).

FASB (2009): ASC 605–25 Revenue Recognition Multiple-Deliverable Revenue Arrange-ments, Norwalk (zitiert als ASC 605–25).

FASB (2010): Statement of Financial Accounting Concepts No. 8, Conceptual Framework for Financial Reporting, Norwalk.

FASB (2020): ASC 105 GENERALLY ACCEPTED ACCOUNTING PRINCIPLES, Nor-walk (zitiert als ASC 105).

Fehrenbach, Yvonne/Schulte, Muriel (2018): Wesentlichkeitsabwägungen im Rahmen der IFRS 16-Implementierung, in: BB, 73. Jg., Nr. 26, S. 1515–1519.

Feldhoff, Michael (1994): Staat und Rechnungslegung – eine regulierungstheoretische Per-spektive –, in: WPg, 47. Jg., Nr. 15–16, S. 529–535.

Fischer, Klemens H. (2007): Die Legitimation von supranationalen Organisationen, in: Zeit-schrift für öffentliches Recht, 62. Jg., Nr. 3, S. 323–370.

Florstedt, Tim/Wüstemann, Jens/Wüstemann, Sonja (2015): Wirtschaftliche Betrachtungs-weise und europäische Bilanzsteuerrechtsordnung, in: StuW, 92. Jg., Nr. 4, S. 374–385.

Fogarty, Timothy J. (1992): Financial Accounting Standard Setting as an Institutionalized Action Field: Constraints, Opportunities and Dilemmas, in: Journal of Accounting and Public Policy, 11. Jg., Nr. 4, S. 331–355.

Fogarty, Timothy J. (1994): Structural-Functionalism and Financial Accounting. Standard Setting in the US, in: Critical Perspectives on Accounting, 5. Jg., Nr. 3, S. 205–226.

Fogarty, Timothy J./Hussein, Mohamed E.A./Ketz, J. E. (1994): Political Aspects of Finan-cial Accounting Standard Setting in the USA, in: Accounting, Auditing & Accountability Journal, 7. Jg., Nr. 4, S. 24–46.

Foster, John M./Johnson, Todd L. (2001): Why Does the FASB Have a Conceptual Fra-mework?, abrufbar unter: https://www.fasb.org/articles&reports/conceptual_framework_uti_aug_2001.pdf (zuletzt abgerufen am 28.11.2021).

Foucault, Michel (1994): Archäologie des Wissens, Frankfurt am Main.

Francis, Jere R. (1987): Lobbying against proposed accounting standards. The case of employers' pension accounting, in: Journal of Accounting and Public Policy, 6. Jg., Nr. 1, S. 35–57.

Fülbier, Rolf U. (2004): Wissenschaftstheorie und Betriebswirtschaftslehre, in: WiSt, Nr. 5, S. 266–271.

Fülbier, Rolf U./Hitz, Jörg-Markus/Sellhorn, Thorsten (2009): Relevance of Academic Research and Researchers' Role in the IASB's Financial Reporting Standard Setting, in: Abacus, 45. Jg., Nr. 4, S. 455–492.

Fülbier, Rolf U./Weller, Manuel (2008): Normative Rechnungslegungsforschung im Abseits? Einige wissenschaftstheoretische Anmerkungen, in: Journal for General Philosophy of Science, 39. Jg., Nr. 2, S. 351–382.

Fürwentsches, Jan (2010): Gewinnrealisierung für Mehrkomponentenverträge nach IFRS, Wiesbaden.

Gadamer, Hans-Georg (2010): Wahrheit und Methode: Grundzüge einer philosophischen Hermeneutik, 7. Aufl., Tübingen.

Gassen, Joachim/Fischkin, Michael/Hill, Verena (2008): Das Rahmenkonzept-Projekt des IASB und des FASB: eine normendeskriptive Analyse des aktuellen Stands, in: WPg, 61. Jg., Nr. 18, S. 874–882.

Gavens, John J./Carnegie, Garry D./Gibson, Robert W. (1989): COMPANY PARTICIPATION IN THE AUSTRALIAN ACCOUNTING STANDARDS SETTING PROCESS, in: Accounting & Finance, 29. Jg., Nr. 2, S. 47–58.

Georgiou, George (2004): Corporate Lobbying on Accounting Standards: Methods, Timing and Perceived Effectiveness, in: Abacus, 40. Jg., Nr. 2, S. 219–237.

Georgiou, George (2005): Investigating Corporate Management Lobbying in the U.K. Accounting Standard-Setting Process: A Multi-Issue/Multi-Period Approach, in: Abacus, 41. Jg., Nr. 3, S. 323–347.

Georgiou, George (2010): The IASB standard-setting process: Participation and perceptions of financial statement users, in: The British Accounting Review, 42. Jg., Nr. 2, S. 103–118.

Giddens, Anthony (1997): Die Konstitution der Gesellschaft, 3. Aufl., Frankfurt.

Giner, Begoña/Arce, Miguel (2012): Lobbying on Accounting Standards: Evidence from IFRS 2 on Share-Based Payments, in: European Accounting Review, 21. Jg., Nr. 4, S. 655–691.

Gipper, B./Lombardi, B. J./Skinner, D. J. (2013): The politics of accounting standard-setting. A review of empirical research, in: Australian Journal of Management, 38. Jg., Nr. 3, S. 523–551.

Gjesdal, Froystein (1981): Accounting for Stewardship, in: Journal of Accounting Research, 19. Jg., Nr. 1, S. 208–231.

Gläser, Jochen/Laudel, Grit (2004): Experteninterviews und qualitative Inhaltsanalyse als Instrumente rekonstruierender Untersuchungen, Wiesbaden.

Global Preparers Forum (2017): Constitution, abrufbar unter: https://www.ifrs.org/content/dam/ifrs/groups/gpf/gpf-constitution-march-2017.pdf (zuletzt abgerufen am 28.11.2021).

Gloy, Karen (2004): Wahrheitstheorien. Eine Einführung, Tübingen.

Gore, Pelham (1992): The FASB conceptual framework project 1973–1985. An analysis, Manchester.

Grau, Andreas (2002): Gewinnrealisierung nach International Accounting Standards, Wiesbaden.

Green, Sandy E. (2004): A Rhetorical Theory of Diffusion, in: The Academy of Management Review, 29. Jg., Nr. 4, S. 653–669.

Große, Jan-Velten (2020a): Limited Amendments to IFRS – klein, aber zahlreich. – Ein 12-Monats-Bericht aus der IFRS-Werkstatt (Teil 1) –, in: KoR, 20. Jg., Nr. 7–8, S. 301–304.

Große, Jan-Velten (2020b): Limited Amendments to IFRS – klein, aber zahlreich. – Ein 12-Monats-Bericht aus der IFRS-Werkstatt (Teil 2) –, in: KoR, 20. Jg., Nr. 9, S. 364–365.

Grote, Andreas/Hold, Christiane/Pilhofer, Jochen (2012): Führt der Re-Exposure Draft ED/2011/6 zu gravierenden Änderungen der Umsatzrealisierung oder wird der Berg eine Maus gebären?, in: KoR, 12. Jg., Nr. 3, S. 105–113.

Grote, Andreas/Hold, Christiane/Pilhofer, Jochen (2014): IFRS 15: Die neuen Vorschriften zur Umsatz- und Gewinnrealisierung – Paradigmenwechsel oder Viel Lärm um Nichts? (Teil 1), in: KoR, 14. Jg., Nr. 9, S. 405–415.

Guerreiro, Marta S./Rodrigues, Lúcia L./Craig, Russell (2014): Institutional Change of Accounting Systems. The Adoption of a Regime of Adapted International Financial Reporting Standards, in: European Accounting Review, 24. Jg., Nr. 2, S. 379–409.

Habermas, Jürgen (1973): Legitimationsprobleme im Spätkapitalismus, Frankfurt am Main.

Hajer, Maarten A. (1993): Discourse Coalitions and the Institutionalization of Practice: The Case of Acid Rain in Britain, in: The Argumentative Turn in Policy Analysis and Planning, hrsg. v. F. Fischer/J. Forester, Durham, N.C, S. 43–76.

Hajer, Maarten A. (1995): The politics of environmental discourse, Oxford.

Hajer, Maarten A. (1997): Ökologische Mordernisierung als Sprachspiel. Eine institutionell-konstruktivistische Perspektive zum Umweltdiskurs und zum institutionellen Wandel, in: Soziale Welt, 48. Jg., Nr. 2, S. 107–131.

Hajer, Maarten A. (2006): Doing discourse analysis: coalitions, practices, meaning, in: Words matter in policy and planning – Discourse theory and method in the social sciences, hrsg. v. M. van den Brink/T. Metze, Utrecht, S. 65–74.

Haller, Axel/Nobes, Christopher/Cairns, David/Hjelström, Anja/Moya, Soledad/Page, Michael/Walton, Peter (2012): The Effects of Accounting Standards – A Comment, in: Accounting in Europe, 9. Jg., Nr. 2, S. 113–125.

Halliday, Terence C./Carruthers, Bruce G. (1998): Rescuing business. The making of corporate bankruptcy law in England and the United States, Oxford.

Halliday, Terence C./Carruthers, Bruce G. (2007): The Recursivity of Law: Global Norm Making and National Lawmaking in the Globalization of Corporate Insolvency Regimes, in: American Journal of Sociology, 112. Jg., Nr. 4, S. 1135–1202.

Hansen, Thomas B. (2011): Lobbying of the IASB: An Empirical Investigation, in: Journal of International Accounting Research, 10. Jg., Nr. 2, S. 57–75.

Hartz, Ronald/Fassauer, Gabriele (2017): Diskursanalyse in der Organisationsforschung, in: Handbuch Empirische Organisationsforschung, hrsg. v. S. Liebig u. a., Wiesbaden, S. 467–489.

Hassemer, Winfried (1967): Tatbestand und Typus, Köln u. a.

Hassemer, Winfried (1986): Juristische Hermeneutik, in: Archiv für Rechts- und Sozialphilosophie, 72. Jg., Nr. 2, S. 195–212.

Healy, Paul M./Wahlen, James M. (1999): A Review of the Earnings Management Literature and Its Implications for Standard Setting, in: Accounting Horizons, 13. Jg., Nr. 4, S. 365–383.

Hebestreit, Gernot/Teitler-Feinberg, Evelyn (2018): Weg von der Checkliste, hin zum Judgement, in: IRZ, 13. Jg., Nr. 3, S. 143–148.

Heintges, Sebastian/Hoffmann, Tim/Usinger, Rainer (2015): IFRS 15: Spagat zwischen rechtlicher und wirtschaftlicher Sicht der Umsatzrealisierung. Erfahrungen aus der Anwendung, in: WPg, 68. Jg., Nr. 12, S. 570–582.

Hendriksen, Eldon S./van Breda, Michael F. (1992): Accounting Theory, 5. Aufl., Homewood.

Hennrichs, Joachim (2009): Fehlerbegriff und Fehlerbeurteilung im Enforcementverfahren, in: DStR, 47. Jg., Nr. 28, S. 1446–1451.

Hennrichs, Joachim (2014): Einführung in die Rechnungslegung nach International Financial Reporting Standards. V. Auslegung der IFRS im europäischen Rechtsraum, in: Münchener Kommentar zum Bilanzrecht, hrsg. v. J. Hennrichs u. a., München.

Herz, Robert H. (2006): Reducing Complexity and Maintaining High-Quality Financial Reporting, in: Financial Executive, 22. Jg., Nr. 2, S. 21–22.

Herz, Robert H. (2014): Accounting changes, Durham, NC.

Hettich, Silvia (2006): Zweckadäquate Gewinnermittlungsregeln, Frankfurt am Main.

Higgins, Colin/Walker, Robyn (2012): Ethos, logos, pathos. Strategies of persuasion in social/environmental reports, in: Accounting Forum, 36. Jg., Nr. 3, S. 194–208.

Hines, Ruth D. (1988): Financial accounting. In communicating reality, we construct reality, in: Accounting, Organizations and Society, 13. Jg., Nr. 3, S. 251–261.

Hines, Ruth D. (1989): Financial Accounting Knowledge, Conceptual Framework Projects and the Social Construction of the Accounting Profession, in: Accounting, Auditing & Accountability Journal, 2. Jg., Nr. 2, S. 72–92.

Hines, Ruth D. (1991): The FASB's conceptual framework, financial accounting and the maintenance of the social world, in: Accounting, Organizations and Society, 16. Jg., Nr. 4, S. 313–331.

Hoffmann, Sebastian (2011): Lobbying im Rahmen der Entstehung von Rechnungslegungsnormen, Leipzig.

Hoffmann, Sebastian/Detzen, Dominic (2012): Das Joint Conceptual Framework von IASB und FASB – Praktische Implikationen aus dem Abschluss der Phase A für kapitalmarktorientierte Unternehmen, in: KoR, 12. Jg., Nr. 2, S. 53–55.

Hoffmann, Sebastian/Zülch, Henning (2014): Lobbying on accounting standard setting in the parliamentary environment of Germany, in: Critical Perspectives on Accounting, 25. Jg., Nr. 8, S. 709–723.

Holder, Anthony D./Karim, Khondkar E./Lin, Karen J./Woods, Maef (2013): A content analysis of the comment letters to the FASB and IASB. Accounting for contingencies, in: Advances in Accounting, 29. Jg., Nr. 1, S. 134–153.

Holt, Robin/Macpherson, Allan (2010): Sensemaking, rhetoric and the socially competent entrepreneur, in: International Small Business Journal: Researching Entrepreneurship, 28. Jg., Nr. 1, S. 20–42.

Homann, Karl (1999): Die Legitimation von Institutionen, in: Handbuch der Wirtschaftsethik – Band 2: Ethik wirtschaftlicher Ordnungen, hrsg. v. W. Korff, Gütersloh, S. 50–95.

Homfeldt, Niklas B. (2013): Interessengeleitete Rechnungslegung. Internationale Angleichung und politische Ökonomie am Beispiel des "fair value", Wiesbaden.

Hommel, Michael (2003): ED 5: Der neue Standardentwurf für Versicherungsverträge – ein
Placebo mit Nebenwirkungen, in: BB, 58. Jg., Nr. 40, S. 2114–2120.

Hommel, Michael/Schmitz, Stefanie/Wüstemann, Sonja (2009): Discussion Paper „Revenue
Recognition" – Misstrauensvotum gegen den Fair Value?, in: BB, 64. Jg., Nr. 8, S. 374–
378.

Hoogervorst, Hans (2011): The IAS Plus Interviews – Hans Hoogervorst, New IASB
Chairman, abrufbar unter: https://www.iasplus.com/en/news/2011/July/the-ias-plus-int
erviews-hans-hoogervorst-new-iasb-chairman (zuletzt abgerufen am 28.11.2021).

Hoogervorst, Hans (2012a): The imprecise world of accounting, abrufbar unter: https://
www.iasplus.com/en/news/2012/june/speech-by-hans-hoogervorst-on-the-imprecise-
world-of-accounting (zuletzt abgerufen am 28.11.2021).

Hoogervorst, Hans (2012b): Speech in Mexico, abrufbar unter: http://www.cinif.org.mx/ima
genes/archivos/seminario_tecnicoMzo2012/Hans_Hoogervorst_Ingles.pdf (zuletzt abgerufen am 28.11.2021).

Hopf, Michael (1983): Informationen für Märkte und Märkte für Informationen, Frankfurt
am Main.

Howieson, Bryan A. (2009): Agenda formation and accounting standards setting. Lessons
from the standards setters, in: Accounting & Finance, 49. Jg., Nr. 3, S. 577–598.

Huber, Peter M. (2008): Rechnungslegung und Demokratie, in: Archiv des öffentlichen
Rechts, 133. Jg., Nr. 3, S. 389–403.

Hüfner, Bernd/Meyer, Iris (2018): Warum das IASB-Standardsetzungsverfahren an der
gewünschten Diversität scheitert – eine Betroffenheits- und Beteiligungsanalyse am Beispiel des ED/2016/6, in: KoR, 18. Jg., Nr. 4, S. 165–172.

Hussein, Mohamed E./Ketz, J. E. (1991): Accounting standards-setting in the U.S. An analysis of power and social exchange, in: Journal of Accounting and Public Policy, 10. Jg.,
Nr. 1, S. 59–81.

IASB (2004): IASB Update, October 2004, London.

IASB (2007): International Financial Reporting Standard for Small and Medium-sized
Entities – Field tests during the exposure period, abrufbar unter: http://archive.ifrs.org/
Current-Projects/IASB-Projects/Small-and-Medium-sized-Entities/Pages/Field-Test-of-
SME-Exposure-Draft.aspx (zuletzt abgerufen am 26.08.2020).

IASB (2008): Discussion Paper Preliminary Views on Revenue Recognition in Contracts
with Customers, London (zitiert als DP (2008)).

IASB (2009): Insurance Contracts Project – Field Testing Instructions, abrufbar unter:
https://www.ifrs.org/content/dam/ifrs/project/insurance-contracts/field-work/field-work-
round-1/field-test-instructions.pdf (zuletzt abgerufen am 28.11.2021).

IASB (2010): Exposure Draft ED/2010/6, Revenue from Contracts with Customers, London
(zitiert als ED (2010)).

IASB (2010): Exposure Draft ED/2010/6 – Basis for Conclusions, Revenue from Contracts
with Customers, London (zitiert als ED BC (2010)).

IASB (2011): Exposure Draft ED/2011/6, Revenue from Contracts with Customers, London
(zitiert als Re-ED (2011)).

IASB (2011): Exposure Draft ED/2011/6 – Basis for Conclusions, Revenue from Contracts
with Customers, London (zitiert als Re-ED BC (2011)).

IASB (2012): Feedback Statement: Agenda Consultation 2011, London.

IASB (2014): IASB Update, October 2014, London.

IASB (2015): Exposure Draft ED/2015/6, Clarifications to IFRS 15, London (zitiert als ED Clarifications).

IASB (2015): Report and Feedback Statement: Post-implementation Review of IFRS 3 Business Combinations, London.

IASB (2016a): IASB Work Plan 2017–2021 – Feedback Statement on the 2015 Agenda Consultation, London.

IASB (2016b): IASB Update, May 2016, London.

IASB (2016c): Effects Analysis IFRS 16 Leases, London.

IASB (2017): IFRS Practice Statement 2, Making Materiality Judgement, London (zitiert als IFRS Practice Statement 2).

IASB (2017): Annual Improvements to IFRS Standards 2015–2017 Cycle, London.

IASB (2018): Conceptual Framework for Financial Reporting, London (zitiert als CF (2018)).

IASB (2018): Conceptual Framework for Financial Reporting – Basis for Conclusions, London (zitiert als CF (2018), BC).

IASB (2018a): Amendments to References to the Conceptual Framework in IFRS Standards, London.

IASB (2018b): Report and Feedback Statement: Post-implementation Review of IFRS 13 Fair Value Measurement, London.

IASB (2019): ED/2019/4 Basis for Conclusions, Amendments to IFRS 17, London.

IASB (2020): Annual Improvements to IFRS Standards 2018–2020, London.

IASB (2020): IAS 1 Darstellung des Abschlusses, Basis for Conclusions, London (zitiert als IAS 1.BC).

IASB (2020): IAS 8 Rechnungslegungsmethoden, Änderungen von rechnungslegungsbezogenen Schätzungen und Fehler, Basis for Conclusions, London (zitiert als IAS 8.BC).

IASB (2020): IFRS 9 Finanzinstrumente, Basis for Conclusions, London (zitiert als IFRS 9.BC).

IASB (2020): IFRS 15 Erlöse aus Verträgen mit Kunden, Basis for Conclusions, London (zitiert als IFRS 15.BC).

IASB (2020): IFRS 16 Leasingverhältnisse, Basis for Conclusions, London (zitiert als IFRS 16.BC).

IASB (2020): IFRS 17 Versicherungsverträge, London (zitiert als IFRS 17).

IASB (2020): IFRS 17 Versicherungsverträge, Basis for Conclusions, London (zitiert als IFRS 17.BC).

IASC (1989): FRAMEWORK FOR THE PREPARATION AND PRESENTATION OF FINANCIAL STATEMENTS, London (zitiert als Framework (1989)).

IFRS Foundation (2019): Preface to IFRS Standards, London (zitiert als Preface (2019)).

IFRS Foundation (2020): Constitution, London (zitiert als IFRS Constitution).

IFRS Foundation (2020): Due Process Handbook, London (zitiert als Due Process Handbook).

IFRS Interpretations Committee (2014): IFRIC Update, May 2014, London.

IFRS Interpretations Committee (2016): IFRIC Update, March 2016, London.

IFRS Interpretations Committee (2018): IFRIC Update, March 2018, London.

IFRS Interpretations Committee (2019a): IFRIC Update, January 2019, London.

IFRS Interpretations Committee (2019b): IFRIC Update, June 2019, London.

Ijiri, Yuji (1975): Theory of Accounting Measurement, Sarasota.

James, William (1992): Der Wahrheitsbegriff des Pragmatismus (1907), in: Wahrheitstheorien – Eine Auswahl aus den Diskussionen über Wahrheit im 20. Jahrhundert, hrsg. v. G. Skirbekk, 6. Aufl., Frankfurt am Main, S. 35–58.

Jiang, John/Wang, Isabel Y./Wangerin, Daniel D. (2018): How does the FASB make decisions? A descriptive study of agenda-setting and the role of individual board members, in: Accounting, Organizations and Society, 71. Jg., S. 1–17.

Jödicke, Ralf (2008): Regelungslücken nach IFRS/IAS : Vorgehensweise und empirische Analyse am Beispiel von Stock Options und Versicherungsverträgen, Ruhr-Universität Bochum.

Johnson, Todd L./Swieringa, Robert J. (1996): Commentary. Anatomy of an Agenda Decision: Statement No. 115, in: Accounting Horizons, 10. Jg., Nr. 2, S. 149–179.

Jorissen, Ann/Lybaert, Nadine/Orens, Raf/van der Tas, Leo (2012): Formal Participation in the IASB's Due Process of Standard Setting. A Multi-issue/Multi-period Analysis, in: European Accounting Review, 21. Jg., Nr. 4, S. 693–729.

Jorissen, Ann/Lybaert, Nadine/Orens, Raf/van der Tas, Leo (2013): A geographic analysis of constituents' formal participation in the process of international accounting standard setting. Do we have a level playing field?, in: Journal of Accounting and Public Policy, 32. Jg., Nr. 4, S. 237–270.

Joyce, Edward J./Libby, Robert/Sunder, Shyam (1982): Using the FASB's Qualitative Characteristics in Accounting Policy Choices, in: Journal of Accounting Research, 20. Jg., Nr. 2, S. 654–675.

Jupe, Robert E. (2000): SELF-REFERENTIAL LOBBYING OF THE ACCOUNTING STANDARDS BOARD. THE CASE OF FINANCIAL REPORTING STANDARD NO. 1, in: Critical Perspectives on Accounting, 11. Jg., Nr. 3, S. 337–359.

Kallendorf, Craig/Kallendorf, Carol (1985): The Figures of Speech, Ethos, and Aristotle: Notes Toward a Rhetoric of Business Communication, in: The Journal of Business Communication, 22. Jg., Nr. 1, S. 35–50.

Kam, Vernon (1990): Accounting theory, 2. Aufl., New York.

Keller, Reiner (2008): Diskurse und Dispositive analysieren: die wissenssoziologische Diskursanalyse als Beitrag zu einer wissensanalytischen Profilierung der Diskursforschung, in: Historical Social Research, 33. Jg., Nr. 1, S. 73–107.

Keller, Reiner (2011): Diskursforschung. Eine Einführung für SozialwissenschaftlerInnen, 4. Aufl., Wiesbaden.

Kelly, Lauren (1982): Corporate lobbying and changes in financing or operating activities in reaction to FAS No. 8, in: Journal of Accounting and Public Policy, 1. Jg., Nr. 2, S. 153–173.

Kelly, Lauren (1985): Corporate Management Lobbying on FAS No. 8. Some Further Evidence, in: Journal of Accounting Research, 23. Jg., Nr. 2, S. 619.

Kenny, Sara Y./Larson, Robert K. (1993): Lobbying behaviour and the development of international accounting standards, in: European Accounting Review, 2. Jg., Nr. 3, S. 531–554.

Kerchner, Brigitte/Schneider, Silke (2006): „Endlich Ordnung in der Werkzeugkiste". Zum Potenzial der Foucaultschen Diskursanalyse für die Politikwissenschaft – Einleitung, in: Foucault: Diskursanalyse der Politik – Eine Einführung, hrsg. v. B. Kerchner/S. Schneider, Wiesbaden, S. 9–30.

Kirchhof, Ferdinand (2008): Außerstaatliche Normsetzung am Beispiel von IFRS: Perspektiven und rechtliche Probleme, in: Kapitalmarktgesetzgebung im europäischen Binnenmarkt, hrsg. v. K. J. Hopt, Tübingen, S. 167–180.

Kirchner, Christian (2005): Zur Interpretation von internationalen Rechnungslegungsstandards: das Problem ‚hybrider Rechtsfortbildung‘, in: Kritisches zu Rechnungslegung und Unternehmensbesteuerung – Festschrift zur Vollendung des 65. Lebensjahres von Theodor Siegel, hrsg. v. D. Schneider u. a., Berlin, S. 201–2018.

Kirchner, Christian/Schmidt, Martin (2005): Private Law-Making: IFRS. – Problems of Hybrid Standard Setting -, in: International standards and the law, hrsg. v. P. Nobel/K. W. Abbott, Berne, S. 67–82.

Kirchner, Christian/Schmidt, Matthias (2006): Hybride Regelsetzung im Recht der Unternehmensrechnungslegung – Fehlentwicklungen im europäischen Gemeinschaftsrecht, in: BFuP, 58. Jg., Nr. 4, 387–407.

Kirsch, Hanno (2018): Bedeutung der qualitativen Anforderungen an die Finanzberichterstattung für Ansatz, Ausbuchung, Bewertung und die Struktur der Ergebnisrechnung, in: DStZ, 106. Jg., Nr. 17, S. 618–627.

Klein, Malte/Fülbier, Rolf U. (2018): Inside the Black Box of IASB Standard Setting. Evidence from Board Meeting Audio Playbacks on the Amendment of IAS 19 (2011), in: Accounting in Europe, 74. Jg., Nr. 3, S. 1–43.

Königsgruber, Roland (2009): Lobbying bei der Rechnungslegungsstandardsetzung. Ein Literaturüberblick, in: ZfB, 79. Jg., Nr. 11, S. 1309–1329.

Konold, Dominik/Müller, Maik (2015): Umsatzrealisierung bei Mehrkomponentenverträgen nach IFRS 15. Der Fall – die Lösung, in: IRZ, 10. Jg., Nr. 1, S. 5–7.

Kovermann, Jost/Velte, Patrick (2017): IFRIC 23 – Mehr Sicherheit in der Bilanzierung von Ertragsteuern nach IAS 12, in: IRZ, 12. Jg., Nr. 10, S. 405–409.

Krippendorff, Klaus (2013): Content analysis. An introduction to its methodology, 3. Aufl., Los Angeles u. a.

Kruse, Heinrich W. (1978): Grundsätze ordnungsmäßiger Buchführung, 3. Aufl., Köln.

Kuckartz, Udo (2018): Qualitative Inhaltsanalyse. Methoden, Praxis, Computerunterstützung, 4. Aufl., Weinheim/Basel.

Kurz, Gerhard (2009): Das IASB und die Regulierung der Rechnungslegung in der EU. Eine Analyse von Legitimation und Lobbying, Frankfurt am Main.

Kurze, Kristina (2018): Die Etablierung der Energiepolitik für Europa, Wiesbaden.

Küting, Karlheinz (2011): Unbestimmte Rechtsbegriffe im HGB und in den IFRS: Konsequenzen für Bilanzpolitik und Bilanzanalyse, in: BB, 66. Jg., Nr. 34, S. 2091–2095.

Küting, Karlheinz/Ranker, Daniel (2004): Tendenzen zur Auslegung der endorsed IFRS als sekundäres Gemeinschaftsrecht, in: BB, 59. Jg., Nr. 46, S. 2510–2515.

Küting, Karlheinz/Turowski, Philipp/Pilhofer, Jochen (2001): Umsatzrealisation im Zusammenhang mit Mehrkomponentenveträgen. – Aktuelle Entwicklungstendenzen in der US-amerikanischen Rechnungslegung -, in: WPg, 54. Jg., Nr. 6, S. 305–317.

Küting, Karlheinz/Weber, Claus-Peter/Keßler, Marco/Metz, Christian (2007): Der Fehlerbegriff in IAS 8 als Maßstab zur Beurteilung einer regelkonformen Normanwendung. Auswirkungen der Wesentlichkeit auf die Fehlerbeurteilung, in: DB, 60. Jg., Beilage 7, S. 1–20.

Kwok, Chee C. W./Sharp, David (2005): Power and international accounting standard setting, in: Accounting, Auditing & Accountability Journal, 18. Jg., Nr. 1, S. 74–99.

La Torre, Matteo/Dumay, John/Rea, Michele A./Abhayawansa, Subhash (2020): A journey towards a safe harbour. The rhetorical process of the International Integrated Reporting Council, in: The British Accounting Review, 52. Jg., Nr. 2, 100836 (1–22).

Lam, Siu (2016): Externe Finanzberichterstattung von Umsatzerlösen nach IFRS 15. Bilanzrechtliche Analyse und praktische Auswirkungen, Berlin.

Larenz, Karl (1991): Methodenlehre der Rechtswissenschaft, 6. Aufl., Berlin.

Larson, Robert K. (1997): Corporate Lobbying of the International Accounting Standards Committee, in: Journal of International Financial Management and Accounting, 8. Jg., Nr. 3, S. 175–203.

Larson, Robert K./Brown, Karen L. (2001): Lobbying of the International Accounting Standards Committee: The Case of Construction Contracts, in: Advances in International Accounting, 14. Jg., S. 47–73.

Larson, Robert K./Herz, Paul J. (2013): A Multi-Issue/Multi-Period Analysis of the Geographic Diversity of IASB Comment Letter Participation, in: Accounting in Europe, 10. Jg., Nr. 1, S. 99–151.

Lee, Thomas A. (2006a): Cunning Plans, Spinners, and Ideologues: Blackadder and Baldrick Try Accounting for Economic Reality, in: Accounting and the Public Interest, 6. Jg., Nr. 1, S. 45–50.

Lee, Thomas A. (2006b): The FASB and Accounting for Economic Reality, in: Accounting and the Public Interest, 6. Jg., Nr. 1, S. 1–21.

Lee, Thomas A. (2015): Accounting and the decision usefulness framework, in: The Routledge companion to financial accounting theory, hrsg. v. S. Jones, London,/New York, S. 110–128.

Lennard, Andrew (2007): Stewardship and the Objectives of Financial Statements. A Comment on IASB's Preliminary Views on an Improved Conceptual Framework for Financial Reporting: The Objective of Financial Reporting and Qualitative Characteristics of Decision-Useful Financial Reporting Information 1, in: Accounting in Europe, 4. Jg., Nr. 1, S. 51–66.

Leuz, Christian (2010): Different approaches to corporate reporting regulation. How jurisdictions differ and why, in: Accounting and Business Research, 40. Jg., Nr. 3, S. 229–256.

Link, Robert (2018): Anwendung von Wesentlichkeit in der Finanzberichterstattung – Möglichkeiten und Fallstricke vor dem Hintergrund des IFRS Practice Statement 2, in: BB, 73. Jg., Nr. 4, S. 171–175.

Livesey, S. M. (2001): Eco-Identity as Discursive Struggle. Royal Dutch/Shell, Brent Spar, and Nigeria, in: Journal of Business Communication, 38. Jg., Nr. 1, S. 58–91.

Ljubicic, Marko (2019): Der Exposure Draft des IASB zur Anpassung von IAS 8 hinsichtlich freiwilliger Änderungen von Bilanzierungsmethoden (ED/2018/1) – Eine systematische Auswertung der Comment Letter –, in: KoR, 19. Jg., Nr. 3, S. 137–142.

Loux, Michael J. (2006): Metaphysics: A Contemporary Introduction, 3. Aufl., New York.

Lüdenbach, Norbert/Freiberg, Jens (2019b): Der Fehlerbegriff zwischen Konsens, Dissens und offenen Fragen – Replik zu Böcking/Gros/Wirth, DB 2019 S. 2644, in: DB, 72. Jg., Nr. 48, S. 2647–2648.

Lüdenbach, Norbert/Freiberg, Jens (2019a): Der objektive Fehlerbegriff des OLG Frankfurt – Eine deutsche Fehlinterpretation der IFRS?, in: DB, 72. Jg., Nr. 42, S. 2305–2309.

Lüdenbach, Norbert/Hoffmann, Wolf-Dieter/Freiberg, Jens (2016): Haufe IFRS-Kommentar, 14. Aufl., Freiburg, München, Freiburg im Breisgau.

Lukka, Kari (1990): Ontology and accounting. The concept of profit, in: Critical Perspectives on Accounting, 1. Jg., Nr. 3, S. 239–261.

Lupu, Ioana/Sandu, Raluca (2017): Intertextuality in corporate narratives. A discursive analysis of a contested privatization, in: Accounting, Auditing & Accountability Journal, 30. Jg., Nr. 3, S. 534–564.

Luttermann, Claus (1999): Bilanzrecht in den USA und internationale Konzernrechnungslegung, Tübingen.

Macintosh, Norman B. (2009): Accounting and the Truth of Earnings Reports: Philosophical Considerations, in: European Accounting Review, 18. Jg., Nr. 1, S. 141–175.

Macve, Richard (1997): A Conceptual Framework for Financial Accounting and Reporting. Vision, Tool, or Threat?, London.

Madsen, Paul E. (2013): Evaluating Accounting Standards. A Comment on Ramanna's 'The International Politics of IFRS Harmonization', in: Accounting, Economics and Law, 3. Jg., Nr. 2, S. 77–92.

Maier, Andreas (2008): Rahmenkonzept zur Abwägung von Kosten und Nutzen im Standardsetzungsprozess der internationalen Rechnungslegung, Bamberg.

Malets, Olga/Quack, Sigrid (2017): Varieties of Recursivity in Transnational Governance, in: Global Policy, 8. Jg., Nr. 3, S. 333–342.

Marton, Jan/Wagenhofer, Alfred (2010): Comment on the IASB Discussion Paper 'Preliminary Views on Revenue Recognition in Contracts with Customers', in: Accounting in Europe, 7. Jg., Nr. 1, S. 3–13.

Masocha, Walter/Weetman, Pauline (2007): Rhetoric in standard setting. The case of the going-concern audit, in: Accounting, Auditing & Accountability Journal, 20. Jg., Nr. 1, S. 74–100.

Mattessich, Richard (1995): Critique of accounting. Examination of the foundations and normative structure of an applied discipline, University of Michigan.

Mattessich, Richard (2014): Reality and accounting. Ontological explorations in the economic and social sciences, London.

Mayring, Philipp (2005): Neuere Entwicklungen in der qualitativen Forschung und der Qualitativen Inhaltsanalyse, in: Die Praxis der Qualitativen Inhaltsanalyse, hrsg. v. P. Mayring/M. Gläser-Zikuda, Weinheim, Basel, S. 7–19.

Mayring, Philipp (2015): Qualitative Inhaltsanalyse. Grundlagen und Techniken, 12. Aufl., Weinheim.

McGregor, Warren/Street, Donna L. (2007): IASB and FASB Face Challenges in Pursuit of Joint Conceptual Framework, in: Journal of International Financial Management and Accounting, 18. Jg., Nr. 1, S. 39–51.

McLeay, Stuart/Ordelheide, Dieter/Young, Steven (2000): Constituent lobbying and its impact on the development of financial reporting regulations: evidence from Germany, in: Accounting, Organizations and Society, 25. Jg., Nr. 1, S. 79–98.

Mekat, Martin C. (2009): Der Grundsatz der Wesentlichkeit in Rechnungslegung und Abschlussprüfung, Baden-Baden.

Merkt, Hanno (2014): Das IFRS Conceptual Framework aus regelungsmethodischer Sicht, in: ZfbF, 66. Jg., Nr. 5–6, S. 477–504.

Meyer, Marco (2019): Definition eines Geschäftsbetriebs nach IFRS 3 – Auswirkungen auf die Bilanzierungspraxis, in: BB, 74. Jg., Nr. 24, S. 1387–1390.

Michael, Lothar (2005): Private Standardsetter und demokratisch legitimierte Rechtsetzung, in: Demokratie in Europa, hrsg. v. H. Bauer u. a., Tübingen, S. 431–456.

Miller, Anthony D./Oldroyd, David (2018): Does Stewardship Still Have A Role?, in: Accounting Historians Journal, 45. Jg., Nr. 1, S. 69–82.

Moldovan, Rucsandra (2014): Post-Implementation Reviews for IASB and FASB Standards. A Comparison of the Process and Findings for the Operating Segments Standards, in: Accounting in Europe, 11. Jg., Nr. 1, S. 113–137.

Morley, Julia (2016): Internal lobbying at the IASB, in: Journal of Accounting and Public Policy, 35. Jg., Nr. 3, S. 224–255.

Morunga, Maria/Bradbury, Michael (2012): The Impact of IFRS on Annual Report Length, in: Australasian Accounting, Business and Finance Journal, 6. Jg., Nr. 5, S. 47–62.

Moxter, Adolf (1976): Fundamentalgrundsätze ordnungsmässiger Rechenschaft, in: Bilanzfragen – Festschrift zum 65. Geburtstag von Ulrich Leffson, hrsg. v. J. Baetge, Düsseldorf, S. 87–100.

Moxter, Adolf (2003): Grundsätze ordnungsgemäßer Rechnungslegung, Düsseldorf.

Müller, Welf (2015): Internationale Rechnungslegungsgrundsätze als Rechtsquellen besonderer Art und ihre Auslegung, in: Festschrift für Wilhelm Haarmann, hrsg. v. J. Blumenberg/W. Haarmann, Düsseldorf, S. 741–761.

Murphy, Tim/O'Connell, Vincent/Ó hÓgartaigh, Ciarán (2013): Discourses surrounding the evolution of the IASB/FASB Conceptual Framework. What they reveal about the "living law" of accounting, in: Accounting, Organizations and Society, 38. Jg., Nr. 1, S. 72–91.

Najderek, Anne (2009): Harmonisierung des europäischen Bilanzrechts, Wiesbaden.

Nardmann, Hendrik/Geberth, Silvia/Haussmann, Kai (2016): Die Klarstellungen des IASB zu IFRS 15 – eine Hilfe für die Praxis?, in: KoR, 16. Jg., Nr. 7/8, S. 321–325.

Nerlich, Christoph (2007): Entwicklung einer Auslegungsmethodik für IFRS im EU-Kontext, Düsseldorf.

Neumann, Daniela (2016): Das Ehrenamt nutzen. Zur Entstehung einer staatlichen Engagementpolitik in Deutschland, Bielefeld.

Nielsen, Christian/Madsen, Mona T. (2009): Discourses of transparency in the intellectual capital reporting debate. Moving from generic reporting models to management defined information, in: Critical Perspectives on Accounting, 20. Jg., Nr. 7, S. 847–854.

Nonhoff, Martin (2006): Politischer Diskurs und Hegemonie. Das Projekt „Soziale Marktwirtschaft", Bielefeld.

Nørreklit, Hanne (2003): The Balanced Scorecard. What is the score? A rhetorical analysis of the Balanced Scorecard, in: Accounting, Organizations and Society, 28. Jg., Nr. 6, S. 591–619.

Nösberger, Thomas (2008): IASB/FASB Joint Project: Revenue Recognition. Wird der Berg eine Maus gebären?, in: IRZ, 3. Jg., Nr. 10, S. 459–462.

Okamoto, Noriaki (2017): Norm entrepreneur lobbying and persuasion. A case study involving the IASB'S modification of an exposure draft, in: Research in Accounting Regulation, 29. Jg., Nr. 2, S. 129–138.

O'Keefe, Terrence B./Soloman, Soloman Y. (1985): Do Managers Believe the Efficient Market Hypothesis? Additional Evidence, in: Accounting and Business Research, 15. Jg., Nr. 58, S. 67–79.

Ordelheide, Dieter (1997): Regulierung der Rechnungslegung – Ökonomische 'Zwänge' und kulturelle Unterschiede, in: Interkulturelles Management – Theoretische Fundierung und funktionsbereichsspezifische Konzepte, hrsg. v. J. Engelhard, Wiesbaden, S. 235–259.

Ordelheide, Dieter (1998): Zur politischen Ökonomie der Rechnungslegung, in: Rechnungslegung und Steuern international – Zfbf / Tagung des Ausschusses Unternehmensrechnung im Verein für Socialpolitik am 9. und 10. Mai 1997 in Evelle/Frankreich, hrsg. v. W. Ballwieser/T. Schildbach, Düsseldorf u. a., S. 1–16.

Orens, Raf/Jorissen, Ann/Lybaert, Nadine/van der Tas, Leo (2011): Corporate Lobbying in Private Accounting Standard Setting: Does the IASB have to Reckon with National Differences?, in: Accounting in Europe, 8. Jg., Nr. 2, S. 211–234.

Ortmann, Günther/Sydow, Jörg/Windeler, Arnold (2000): Organisation als reflexive Strukturation, in: Theorien der Organisation, hrsg. v. G. Ortmann u. a., Wiesbaden, S. 315–354.

Ortmann, Günther/Zimmer, Marco (2001): Strategisches Management, Recht und Politik, in: Strategie und Strukturation, hrsg. v. G. Ortmann/J. Sydow, Wiesbaden, S. 300–349.

Pàllinger, Zoltàn T. (2005): Problemlöser oder Problemerzeuger – Über die Leistungsfähigkeit politischer Systeme, Beiträge Nr. 26/2005, Lichtenstein.

Peasnell, K. V. (1982): The Function of a Conceptual Framework for Corporate Financial Reporting, in: Accounting and Business Research, 12. Jg., Nr. 48, S. 243–256.

Pelger, Christoph (2009): Entscheidungsnützlichkeit in neuem Gewand: Der Exposure Draft zur Phase A des Conceptual Framework-Projekts, in: KoR, 9. Jg., Nr. 3, S. 156–163.

Pelger, Christoph (2012): Integration von externer und interner Unternehmensrechnung, Frankfurt am Main.

Pelger, Christoph (2016): Practices of standard-setting – An analysis of the IASB's and FASB's process of identifying the objective of financial reporting, in: Accounting, Organizations and Society, 50. Jg., S. 51–73.

Pelger, Christoph (2020): The Return of Stewardship, Reliability and Prudence – A Commentary on the IASB's New Conceptual Framework, in: Accounting in Europe, 17. Jg., Nr. 1, S. 33–51.

Pelger, Christoph/Spieß, Nicole (2016): On the IASB's construction of legitimacy – the case of the agenda consultation project, in: Accounting and Business Research, 47. Jg., Nr. 1, S. 64–90.

Pellens, Bernhard/Jödicke, Dirk/Jödicke, Ralf (2007): Anwendbarkeit nicht freigegebener IFRS innerhalb der EU, in: BB, 62. Jg., Nr. 46, S. 2503–2507.

Pilhofer, Jochen/Bösser, Jörg/Düngen, Jens (2010): Die Umsatzrealisierung von Mehrkomponentenverträgen außerhalb der Softwarebranche im IFRS-Normsystem – Schließung von Regelungslücken durch Adaption von EITF 00–21 bzw. EITF 08–1, in: WPg, 63. Jg., Nr. 2, S. 78–91.

Pollmann, René/Cholodov, Oxana/Kümpel, Thomas (2017): IFRS 15 in der Energiebranche – Umgang mit Leistungsverpflichtungen in Energielieferverträgen, in: IRZ, 12. Jg., Nr. 5, S. 209–214.

Posner, Richard A. (1974): Theories of Economic Regulation, in: The Bell Journal of Economics and Management Science, 5. Jg., Nr. 2, S. 335–358.

Power, Michael (1993): On the idea of a conceptual framework for financial reporting, in: Philosophical perspectives on accounting – Essays in honour of Edward Stamp, hrsg. v. M. J. Mumford, S. 44–61.

Prakash, Prem/Rappaport, Alfred (1977): Information inductance and its significance for accounting, in: Accounting, Organizations and Society, 2. Jg., Nr. 1, S. 29–38.

Preißler, Gerald (2005): Prinzipienbasierung der Rechnungslegung nach IASIFRS?, Frankfurt am Main.

Previts, G. J./Flesher, D. L. (2015): Financial accounting and reporting in the United States of America – 1820 to 2010, in: The Routledge companion to financial accounting theory, hrsg. v. S. Jones, London/New York, S. 39–90.

Puro, Marsha (1984): Audit Firm Lobbying Before the Financial Accounting Standards Board. An Empirical Study, in: Journal of Accounting Research, 22. Jg., Nr. 2, S. 624–646.

Quack, Sigrid (2007): Legal Professionals and Transnational Law-Making. A Case of Distributed Agency, in: Organization, 14. Jg., Nr. 5, S. 643–666.

Quack, Sigrid (2009): Governance durch Praktiker: Vom privatrechtlichen Vertrag zur transnationalen Rechtsnorm, in: Governance als Prozess – Koordinationsformen im Wandel, hrsg. v. S. Botzem u. a., Baden-Baden, 575–605.

Radbruch, Gustav (1948): Die Natur der Sache als juristische Denkform, in: Festschrift zu Ehren von Rudolf Laun – Anlässlich der Vollendung seines 65. Lebensjahres, hrsg. v. G. C. Hernmarck, Hamburg, S. 157–176.

Ram, Ronita/Newberry, Susan (2017): Agenda Entrance Complexity in International Accounting Standard Setting. The Case of IFRS for SMEs, in: Abacus, 53. Jg., Nr. 4, S. 485–512.

Ranker, Daniel (2006): Immobilienbewertung nach HGB und IFRS. Auslegung Konzeption und Einzelfragen der Bilanzierung des Anlagevermögens, Berlin.

Rappaport, Alfred (1977): Economic Impact of Accounting Standards – Implications for the FASB, in: Journal of Accountancy, 143. Jg., Nr. 5, S. 89–99.

Rawls, John (1993): Eine Theorie der Gerechtigkeit, 7. Aufl., Frankfurt am Main.

Richardson, Alan J. (2008): Due Process and Standard-setting. An Analysis of Due Process in Three Canadian Accounting and Auditing Standard-setting Bodies, in: Journal of Business Ethics, 81. Jg., Nr. 3, S. 679–696.

Richardson, Alan J./Eberlein, Burkard (2011): Legitimating Transnational Standard-Setting. The Case of the International Accounting Standards Board, in: Journal of Business Ethics, 98. Jg., Nr. 2, S. 217–245.

Robb, Sean W.G./Zarzeski, Louise E.S. T. (2001): Nonfinancial disclosures across Anglo-American countries, in: Journal of International Accounting, Auditing and Taxation, 10. Jg., Nr. 1, S. 71–83.

Roberts, John/Scapens, Robert W. (1985): Accounting systems and systems of accountability – understanding accounting practices in their organisational contexts, in: Accounting, Organizations and Society, 10. Jg., Nr. 4, S. 443–456.

Röhl, Klaus F./Röhl, Hans C. (2008): Allgemeine Rechtslehre, 3. Aufl., München.

Røsok, Kjell O. (2018): The IASB's narrow user-construct, Working Paper, Norwegian School of Economics.

Rost, Peter (1991): Der internationale Harmonisierungsprozess der Rechnungslegung, Frankfurt am Main.

Ruhnke, Klaus/Nerlich, Christoph (2004): Behandlung von Regelungslücken innerhalb der IFRS, in: DB, 57. Jg., Nr. 8, S. 389–395.

Saemann, Georgia R. (1995): The Accounting Standard-Setting Due Process, Corporate Consensus, and FASB Responsiveness: Employers' Accounting for Pensions, in: Journal of Accounting, Auditing & Finance, 10. Jg., Nr. 3, S. 555–564.

Saemann, Georgia R. (1999): An Examination of Comment Letters Filed in the U.S. Financial Accounting Standard-Setting Process by Institutional Interest Groups, in: Abacus, 35. Jg., Nr. 1, S. 1–28.

Schalow, Christine M. (1995): Participation choice: the exposure draft for postretirement benefits other than pension, in: Accounting Horizons, 9. Jg., Nr. 1, S. 27–41.

Scharpf, Fritz W. (1970): Demokratietheorie zwischen Utopie und Anpassung, Konstanz.

Scharpf, Fritz W. (1999): Regieren in Europa. Effektiv und demokratisch?, Frankfurt u. a.

Scharpf, Fritz W. (2004): Legitimationskonzepte jenseits des Nationalstaats, Working Paper, Max-Planck-Institut für Gesellschaftsforschung.

Scheffler, Eberhard (2006): Auslegungs- und Ermessensfragen beim Enforcement, in: BB, 61. Jg., Beilage Nr. 14, S. 2–8.

Schick, Allen G./Gordon, Lawrence A./Haka, Susan (1990): Information overload. A temporal approach, in: Accounting, Organizations and Society, 15. Jg., Nr. 3, S. 199–220.

Schild, Marc (2018): Einbringung von Sachanlagen in eine assoziierte Unternehmung, in: DStR, 56. Jg., Nr. 22, S. 1138–1142.

Schild, Marc (2019): IFRS 15 und die Zweifelsfrage der Kombinierung von Einzelverträgen, in: KoR, 19. Jg., Nr. 1, S. 9–13.

Schipper, Katherine (2003): Principles-Based Accounting Standards, in: Accounting Horizons, 17. Jg., Nr. 1, S. 61–72.

Schipper, Katherine (2010): How can we measure the costs and benefits of changes in financial reporting standards?, in: Accounting and Business Research, 40. Jg., Nr. 3, S. 309–327.

Schipper, Katherine A./Schrand, Catherine M./Shevlin, Terry/Wilks, T. J. (2009): Reconsidering Revenue Recognition, in: Accounting Horizons, 23. Jg., Nr. 1, S. 55–68.

Schmidt, Martin (2018): Von "Zuverlässigkeit" zur "getreuen Darstellung" in der Rechnungslegung – Words, Words, mere Words?, in: BB, 73. Jg., Nr. 17, Die erste Seite.

Schmitz, Stefanie (2012): Bilanztheorie in der US-amerikanischen und internationalen Standardsetzung. Eine historische und wissenschaftstheoretische Analyse, Wiesbaden.

Schneider, Volker/Janning, Frank (2006): Politikfeldanalyse. Akteure, Diskurse und Netzwerke in der öffentlichen Politik, Wiesbaden.

Schober, Christoph (2020): Grundsätze ordnungsmäßiger Eigenkapitalbilanzierung nach GoB und IFRS. Derivate auf eigene Anteile und strukturierte Finanzinstrumente, Wiesbaden.

Schön, Wolfgang (2004): Kompetenzen der Gerichte zur Auslegung von IAS/IFRS, in: BB, 59. Jg., Nr. 14, S. 763–768.

Schoo, Lena (2013): Umsatzrealisierung nach IFRS. Entscheidungsnützlichkeit der Regelungen des Revenue-Recognition-Projektes versus der geltenden Regelungen, Lohmar.

Schreier, Margrit (2014): Varianten qualitativer Inhaltsanalyse: Ein Wegweiser im Dickicht der Begrifflichkeiten, in: Forum: Qualitative Sozialforschung, 15. Jg., Nr. 1, S. 1–18.

Schulte, Muriel (2010): Systemdenken im deutschen und französischen Handelsrecht, Wiesbaden.

Schulze–Osterloh, Joachim (2013): Das Ende des subjektiven Fehlerbegriffs bei der Anwendung von Bilanzrecht. Besprechung des Beschlusses des Großen Senats des BFH vom 31.1.2013 – GrS 1/10, BB 2013, 1006 ff., in: BB, 68. Jg., Nr. 19, S. 1131–1134.

Schulzke, Kurt S./Berger-Walliser, Gerlinde/Marchini, Pier L. (2013): Lexis Nexus Complexus: Comparative Contract Law and International Accounting. Collide in the IASB-FASB Revenue Recognition Exposure Draft, in: Vanderbilt Journal of Transnational Law, 46. Jg., Nr. 2, S. 515–580.

Schurbohm-Ebneth, Anne/Ohmen, Philipp (2015b): Implikationen von IFRS 15 für den Anlagenbau, in: KoR, 15. Jg., Nr. 1, S. 7–14.

Schurbohm-Ebneth, Anne/Viemann, Kathryn (2015a): Die Anwendung des IFRS 15 in der Automobilindustrie, in: KoR, 15. Jg., Nr. 4, S. 181–190.

Schwab-Trapp, Michael (2008): Methodische Aspekte der Diskursanalyse. Probleme der Analyse diskursiver Auseinandersetzungen am Beispiel der deutschen Diskussion über den Kosovokrieg, in: Handbuch Sozialwissenschaftliche Diskursanalyse – Band 2: Forschungspraxis, hrsg. v. R. Keller u. a., 3. Aufl., Wiesbaden, S. 171–196.

Schwab-Trapp, Michael (2011): Diskurs als soziologisches Konzept. Bausteine für eine soziologisch orientierte Diskursanalyse, in: Handbuch sozialwissenschaftliche Diskursanalyse, hrsg. v. R. Keller u. a., 3. Aufl., Wiesbaden, S. 283–307.

Searle, John R. (1997): Die Konstruktion der gesellschaftlichen Wirklichkeit, Reinbek bei Hamburg.

SEC (2003): SEC Study on Adoption by the U.S. Financial Reporting System of a Principles-Based Accounting System, abrufbar unter: https://www.sec.gov/news/press/2003-86.htm (zuletzt abgerufen am 28.11.2021).

Sellars, Wilfrid (1992): Wahrheit und Korrespondenz (1962), in: Wahrheitstheorien – Eine Auswahl aus den Diskussionen über Wahrheit im 20. Jahrhundert, hrsg. v. G. Skirbekk, 6. Aufl., Frankfurt am Main, S. 300–336.

Sessar, Christopher (2007): Grundsätze ordnungsmäßiger Gewinnrealisierung im deutschen Bilanzrecht. Objektivierung des Realisationszeitpunkts in wirtschaftlicher Betrachtungsweise, Düsseldorf.

Shapiro, Brian P. (1997): Objectivity, relativism, and truth in external financial reporting. What's really at stake in the disputes?, in: Accounting, Organizations and Society, 22. Jg., Nr. 2, S. 165–185.

Shields, Karin/Clacher, Iain/Zhang, Qi (2019): Negative Tone in Lobbying the International Accounting Standards Board, in: The International Journal of Accounting, 54. Jg., Nr. 3, 1950010 (S. 1–39).

Sillince, John A. A./Barker, James R. (2011): A Tropological Theory of Institutionalization, in: Organization Studies, 33. Jg., Nr. 1, S. 7–38.

Smith, Malcom/Taffler, Richard J. (2000): The chairman's statement. A content analysis of discretionary narrative disclosures, in: Accounting, Auditing & Accountability Journal, 13. Jg., Nr. 5, S. 624–646.

Solomons, David (1983): The Political Implications of Accounting and Accounting Standard Setting, in: Accounting and Business Research, 13. Jg., Nr. 50, S. 107–118.

Standish, Peter (2003): Evaluating National Capacity for Direct Participation in International Accounting Harmonization. France as a Test Case, in: Abacus, 39. Jg., Nr. 2, S. 186–210.

Stenka, Renata (2013): Rhetoric in international standard setting process: constructing accounting reality, Working Paper, Henley Business School, UK.

Stenka, Renata (2014): Rhetoric in International Standard Setting Process: An Interactive Process of Meaning-making in the Quest for Legitimacy, Working Paper, Henley Business School, UK.

Stenka, Renata/Jaworska, Sylvia (2019): The use of made-up users, in: Accounting, Organizations and Society, 101055 (S. 1–17).

Stenka, Renata/Taylor, Peter (2010): Setting UK standards on the concept of control. An analysis of lobbying behaviour, in: Accounting and Business Research, 40. Jg., Nr. 2, S. 109–130.

Stolowy, Hervé/Gendron, Yves/Moll, Jodie/Paugam, Luc (2019): Building the Legitimacy of Whistleblowers. A Multi-Case Discourse Analysis, in: Contemporary Accounting Research, 36. Jg., Nr. 1, S. 7–49.

Stone, Philip J. u. a. (1966): The General Inquirer: A Computer Approach to Content Analysis, Cambridge.

Storey, Reed K. (2003): The Framework of Financial Accounting Concepts and Standards, in: Accountants' handbook, hrsg. v. D. R. Carmichael/P. H. Rosenfield, 10. Aufl., New Jersey, S. 1–114.

Strauss, Anselm L./Corbin, Juliet M. (1990): Basics of qualitative research. Grounded theory procedures and techniques, Newbury Park, Calif.

Sunder, Shyam (1999): Classical, Stewardship, and Market Perspectives on Accounting: A Synthesis, in: The Japanese style of business accounting, hrsg. v. S. Sunder, S. 17–31.

Sutton, Timothy G. (1984): Lobbying of accounting standard-setting bodies in the U.K. and the U.S.A. A Downsian analysis, in: Accounting, Organizations and Society, 9. Jg., Nr. 1, S. 81–95.

Tamm Hallström, Kristina/Boström, Magnus (2010): Transnational multi-stakeholder standardization. Organizing fragile non-state authority, Cheltenham, Northampton, Mass.

Tandy, Paulette R./Wilburn, Nancy L. (1992): Constituent Participation in Standard-Setting: The FASB's First 100 Statements, in: Accounting Horizons, 6. Jg., Nr. 2, S. 47–58.

Tandy, Paulette R./Wilburn, Nancy L. (1996): The academic community's participation in standard setting: Submission of comment letters on SFAS Nos. 1–117, in: Accounting Horizons, 10. Jg., Nr. 3, S. 92–111.

Tanski, Joachim S. (2006): Bilanzpolitik und Bilanzanalyse nach IFRS. Instrumentarium Spielräume Gestaltung, München.

Technical Staff (2009a): Revenue Recognition, Comment Letter Summary, Agenda Paper 14A/119A, London.

Technical Staff (2009b): Revenue Recognition, Combination, segmentation and modification of contracts, Agenda Paper 7B/118B, London.

Technical Staff (2009c): Revenue Recognition, Allocation of the transaction price, Agenda Paper 3C/122C, London.

Technical Staff (2011a): Revenue recognition, Separating a contract, Agenda Paper 6B/135B, London.

Technical Staff (2011b): Revenue Recognition, Effect of the proposed model on telcom (and other) companies, Agenda Paper 4B/147B, London.

Technical Staff (2011b): Revenue recognition, Identifying separate performance obligations, Agenda Paper 6C/135C, London.

Technical Staff (2012a): Conceptual Framework Restarting the Project, Agenda Paper 14, London.

Technical Staff (2012b): Insurance Contracts, Agenda Paper 16E, London.

Technical Staff (2012c): Revenue Recognition, Feedback summary from comment letters and outreach, Agenda Paper 7A/160A, London.

Technical Staff (2014a): Foreign Currency Translation, Agenda Paper 8A(a), London.

Technical Staff (2014b): Conceptual Framework, Agenda Paper 10H, London.

Technical Staff (2016a): Conceptual Framework, Feedback summary – Business activities and long-term investment, Agenda Paper 10L, London.

Technical Staff (2016b): Agenda Consultation 2015, Agenda Paper 24D, London.

Technical Staff (2016c): Property, Plant and Equipment: Proceeds before Intended Use, Agenda Paper 12B, London.

Technical Staff (2017a): Right to payment for performance completed to date (IFRS15), Agenda Paper 2B, London.

Technical Staff (2017b): Revenue recognition in a real estate contract that includes the transfer of land (IFRS 15), Agenda Paper 2A, London.

Technical Staff (2018a): IBOR reform and the effects on financial reporting, Agenda Paper 19, London.

Technical Staff (2018b): Updating a reference to the Conceptual Framework (Amendments to IFRS 3), Agenda Paper 10, London.

Technical Staff (2018c), Provisions, Agenda Paper 22, London.

Technical Staff (2018d): Review of activities and functions of Advisory Groups, Agenda Paper 1D, London.

Technical Staff (2018e): IFRS 15 Revenue from Contracts with Customers–Assessment of promised goods or services, Agenda Paper 2, London.

Technical Staff (2019a): IASB Update – Follow up on issues discussed at the November 2018 GPF meeting, Agenda Paper 1A, London.

Technical Staff (2019b): Follow up on issues discussed at the November 2018 CMAC meeting, Agenda Paper AP1B, London.

Technical Staff (2020): Extractive Activities, Agenda Paper 19, London.

Teixeira, Alan (2014): The International Accounting Standards Board and Evidence-Informed Standard-Setting, in: Accounting in Europe, 11. Jg., Nr. 1, S. 5–12.

The Capital Markets Advisory Committee (2019): Charter, abrufbar unter: https://www.ifrs.org/content/dam/ifrs/groups/cmac/cmac-charter-2019.pdf (zuletzt abgerufen am 28.11.2021).

Thorell, Per/Whittington, Geoffrey (1994): The Harmonization of Accounting within the EU. Problems, Perspectives and Strategies, in: European Accounting Review, 3. Jg., Nr. 2, S. 215–239.

Tietz-Weber, Susanne (2006): Interessengruppen und Rechnungslegungsregeln. Eine Analyse des Umsetzungsprozesses der 4. EG-Richtlinie in das Bilanzrichtlinien-Gesetz, Wiesbaden.

TRG (2014): Distinct in the Context of the Contract, Agenda Paper 9, London.

TRG (2015a): Portfolio Practical Expedient and Application of Variable Consideration Constraint, Agenda Paper 38, London.

TRG (2015b): July 2015 Meeting – Summary of Issues Discussed and Next Steps, Agenda Paper 44, London.

TRG (2015c): January 2015 Meeting – Summary of Issues Discussed and Next Steps, Agenda Paper 25, London.

TRG (2015d): Series of Distinct Goods or Services, Agenda Paper 27, London.

TRG (2015e): March 2015 Meeting – Summary of Issues Discussed and Next Steps, Agenda Paper 34, London.

TRG (2015f): Allocation of the Transaction Price for Discounts and Variable Consideration, Agenda Paper 31, London.

Trombetta, Marco/Wagenhofer, Alfred/Wysocki, Peter (2012): The Usefulness of Academic Research in Understanding the Effects of Accounting Standards, in: Accounting in Europe, 9. Jg., Nr. 2, S. 127–146.

Tutticci, Irene/Dunstan, Keitha/Holmes, Scott (1994): Respondent Lobbying in the Australian Accounting Standard-setting Process: ED49, in: Accounting, Auditing & Accountability Journal, 7. Jg., Nr. 2, S. 86–104.

Upmeier, Juliane-Rebecca (2018): Mehrkomponentengeschäfte: Transportdienstleistungen als separate Leistungsverpflichtungen unter IFRS 15?, in: KoR, 18. Jg., Nr. 9, S. 365–374.

van den Eynden, Britta (2010): Wandel der Internationalen Rechnungslegung. Eine systemtheoretische Analyse, Universität Duisburg-Essen.

van Dijk, Teun A. (1997): The Study of Discourse, in: Discourse as Structure and Process – Discourse Studies: A Multidisciplinary Introduction, hrsg. v. T. A. van Dijk, London, S. 1–34.

van Mourik, Carien/Walton, Peter (2018): The European IFRS Endorsement Process – in Search of a Single Voice, in: Accounting in Europe, 15. Jg., Nr. 1, S. 1–32.

van Riper, Robert (1994): Setting standards for financial reporting. FASB and the struggle for control of a critical process, Wesport.

Vogel, Joachim (1998): Juristische Methodik, Berlin.

Wagenhofer, Alfred (2014): The role of revenue recognition in performance reporting, in: Accounting and Business Research, 44. Jg., Nr. 4, S. 349–379.

Walker, Robert G./Robinson, Peter (1993): A Critical Assessment of the Literature on Political Activity and Accounting Regulation, in: Research in Accounting Regulation, 7. Jg., S. 3–40.

Walters, Melissa/Young, Joni J. (2008): Metaphors and accounting for stock options, in: Critical Perspectives on Accounting, 19. Jg., Nr. 5, S. 805–833.

Walters-York, M. (1996): Metaphor in accounting discourse, in: Accounting, Auditing & Accountability Journal, 9. Jg., Nr. 5, S. 45–70.

Walton, Peter (2018): Discussion of Barker and Teixeira ([2018]. Gaps in the IFRS Conceptual Framework. Accounting in Europe, 15) and Van Mourik and Katsuo ([2018]. Profit or loss in the IASB Conceptual Framework. Accounting in Europe, 15), in: Accounting in Europe, 15. Jg., Nr. 2, S. 193–199.

Warnock, Keith (1992): Structure and Argument in Accounting Standards, in: Accounting and Business Research, 22. Jg., Nr. 86, S. 179–188.

Watts, Ross L. (1977): Corporate Financial Statements, A Product of the Market and Political Processes, in: Australian Journal of Management, 2. Jg., Nr. 1, S. 53–75.

Watts, Ross L. (2006): What has the invisible hand achieved?, in: Accounting and Business Research, 36. Jg., Special Issue, S. 51–61.

Watts, Ross L./Zimmerman, Jerold L. (1978): Towards a Positive Theory of the Determination of Accounting Standards, in: The Accounting Review, 53. Jg., Nr. 1, S. 112–134.

Wawrzinek, Wolfgang/Lübbig, Maike (2016): § 2. Ansatz, Bewertung und Ausweis sowie zugrunde liegende Prinzipien der IFRS, in: Beck'sches IFRS-Handbuch, hrsg. v. D. Driesch u. a., 5. Aufl., München.

Weber, Robert P. (1990): Basic content analysis, 2. Aufl., Newbury Park u. a.

Weber-Grellet, Heinrich (2013): Abschied vom subjektiven Fehlerbegriff. Anmerkungen zum Beschluss vom 31. 1. 2013, GrS 1/10, in: DStR, 51. Jg., Nr. 15, 729–733.

Weetman, P./Davie, E. S./Collins, W. (1996): Lobbying on accounting issues, in: Accounting, Auditing & Accountability Journal, 9. Jg., Nr. 1, S. 59–76.

Wendt, Alexander (1998): On constitution and causation in International Relations, in: Review of International Studies, 24. Jg., Nr. 5, S. 101–118.

Wenger, Ekkehard (1996): Kapitalmarktrecht als Resultat deformierter Anreizstrukturen, in: Regulierung und Unternehmenspolitik – Methoden und Ergebnisse der betriebswirtschaftlichen Rechtsanalyse, hrsg. v. D. Sadowski, Wiesbaden, S. 419–458.

Whittington, Geoffrey (2008): Fair Value and the IASB/FASB Conceptual Framework Project. An Alternative View, in: Abacus, 44. Jg., Nr. 2, S. 139–168.

Wich, Stefan (2009): Entfernungsverpflichtungen in der kapitalmarktorientierten Rechnungslegung der IFRS, Wiesbaden.

Williams, Paul F./Ravenscroft, Sue P. (2015): Rethinking Decision Usefulness, in: Contemporary Accounting Research, 32. Jg., Nr. 2, S. 763–788.

Winnefeld, Robert (2015): Einführung in das nationale Handels- und Steuerbilanzrecht sowie in die internationalen Rechnungslegungsgrundsätze, in: Bilanz-Handbuch, hrsg. v. R. Winnefeld, 5. Aufl., München.

Wojcik, Karl-Philipp (2008): Die internationalen Rechnungslegungsstandards IAS/IFRS als europäisches Recht, Berlin.

Wolf, Klaus D. u. a. (2010): The role of business in global governance. Corporations as norm-entrepreneurs, Basingstoke.

Wüstemann, Jens (1999): Generally accepted accounting principles, Berlin.

Wüstemann, Jens (2002): Institutionenökonomik und internationale Rechnungslegungsordnungen, Tübingen.

Wüstemann, Jens (2014): Vom Nutzen der Bilanzwissenschaft für die internationale Standardsetzung – Adolf Moxter zum 85. Geburtstag, in: BB, 69. Jg., Nr. 41, Die erste Seite.

Wüstemann, Jens/Kierzek, Sonja (2005a): Revenue Recognition under IFRS Revisited. Conceptual Models, Current Proposals and Practical Consequences, in: Accounting in Europe, 2. Jg., Nr. 1, S. 69–106.

Wüstemann, Jens/Kierzek, Sonja (2005b): Ertragsvereinnahmung im neuen Referenzrahmen von IASB und FASB – internationaler Abschied vom Realisationsprinzip?, in: BB, 60. Jg., Nr. 8, S. 427–434.

Wüstemann, Jens/Kierzek, Sonja (2007a): Transnational Legalization of Accounting: The Case of International Financial Reporting Standards, in: Law and legalization in transnational relations, hrsg. v. C. Brütsch/D. Lehmkuhl, London u. a., S. 35–57.

Wüstemann, Jens/Kierzek, Sonja (2007b): IFRS als neues Bilanzrecht für den Mittelstand? – Bilanztheoretische Erkenntnisse und Würdigung der IFRS in ihrem Lichte, in: BFuP, 59. Jg., Nr. 4, S. 358–375.

Wüstemann, Jens/Kierzek, Sonja (2007c): Normative Bilanztheorie und Grundsätze ordnungsmäßiger Gewinnrealisierung für Mehrkomponentenverträge, in: ZfbF, 59. Jg., Nr. 7, S. 882–913.

Wüstemann, Jens/Wüstemann, Sonja (2010): Why Consistency of Accounting Standards Matters. A Contribution to the Rules-Versus-Principles Debate in Financial Reporting, in: Abacus, 46. Jg., Nr. 1, S. 1–27.

Wüstemann, Jens/Wüstemann, Sonja (2011): SUBSTANCE AND FORM. An INTERDISCIPLINARY INQUIRY, Working Paper, Universität Mannheim.

Wüstemann, Jens/Wüstemann, Sonja (2014): IFRS 15: Grundsätze für die Erfassung von Umsatzerlösen aus Verträgen mit Kunden, in: WPg, 67. Jg., Nr. 18, S. 929–937.

Wüstemann, Jens/Wüstemann, Sonja/Jendreck, Annekatrin (2017a): IFRS 15, in: Rechnungslegung nach IFRS, hrsg. v. J. Baetge u. a., Stuttgart.

Wüstemann, Jens/Wüstemann, Sonja/Jendreck, Annekatrin/Schober, Christoph (2017b): Grundsätze der Identifizierung von Kundenverträgen und Leistungsverpflichtungen nach IFRS 15 – Anwendung auf Rahmenvereinbarungen und Werklieferungsverträge, in: BB, 72. Jg., Nr. 21, S. 1195–1199.

Wüstemann, Sonja (2018): Corporate Lobbying, IASB Responsiveness and Legitimacy: A Case Study on the Lobbying Failure of the Telecommunications Industry in the IFRS 15 Revenue Recognition Project, Working Paper, Europa-Universität Viadrina Frankfurt (Oder).

Yen, Alex C./Eric Hirst, D./Hopkins, Patrick E. (2007): A Content Analysis of the Comprehensive Income Exposure Draft Comment Letters, in: Research in Accounting Regulation, 19. Jg., S. 53–79.

Young, Joni J. (1994): Outlining regulatory space. Agenda issues and the FASB, in: Accounting, Organizations and Society, 19. Jg., Nr. 1, S. 83–109.

Young, Joni J. (1995): Depending an Accounting Jurisdiction. The Case of Cash Flows, in: Critical Perspectives on Accounting, 6. Jg., Nr. 2, S. 173–200.

Young, Joni J. (1996): Institutional thinking. The case of financial instruments, in: Accounting, Organizations and Society, 21. Jg., Nr. 5, S. 487–512.

Young, Joni J. (2001): Risk(ing) metaphors, in: Critical Perspectives on Accounting, 12. Jg., Nr. 5, S. 607–625.

Young, Joni J. (2003): Constructing, persuading and silencing. The rhetoric of accounting standards, in: Accounting, Organizations and Society, 28. Jg., Nr. 6, S. 621–638.

Young, Joni J. (2006): Making up users, in: Accounting, Organizations and Society, 31. Jg., Nr. 6, S. 579–600.

Young, Joni J. (2013): Devil's Advocate. The Importance of Metaphors, in: Accounting Horizons, 27. Jg., Nr. 4, S. 877–886.

Young, Joni J. (2014): Separating the Political and Technical. Accounting Standard-Setting and Purification, in: Contemporary Accounting Research, 31. Jg., Nr. 3, S. 713–747.

Zeff, Stephen A. (1978): The Rise of „Economic Consequences", in: Journal of Accountancy, 145. Jg., S. 56–63.

Zeff, Stephen A. (1999): THE EVOLUTION OF THE CONCEPTUAL FRAMEWORK FOR BUSINESS ENTERPRISES IN THE UNITED STATES, in: Accounting Historians Journal, 26. Jg., Nr. 2, S. 89–131.

Zeff, Stephen A. (2002): "Political" Lobbying on Proposed Standards. A Challenge to the IASB, in: Accounting Horizons, 16. Jg., Nr. 1, S. 43–54.

Zeff, Stephen A. (2007): Some obstacles to global financial reporting comparability and convergence at a high level of quality, in: The British Accounting Review, 39. Jg., Nr. 4, S. 290–302.

Zeff, Stephen A. (2013): The objectives of financial reporting. A historical survey and analysis, in: Accounting and Business Research, 43. Jg., Nr. 4, S. 262–327.

Zeff, Stephen A. (2016): The Trueblood Study Group on the Objectives of Financial Statements (1971–73): A historical study, in: Journal of Accounting and Public Policy, 35. Jg., S. 134–161.

Zhang, Eagle/Andrew, Jane (2016): Rethinking China: Discourse, convergence and fair value accounting, in: Critical Perspectives on Accounting, 36. Jg., S. 1–21.

Zülch, Henning/Gebhardt, Ronny/Hoffmann, Sebastian (2009): Politische Ökonomie der Rechnungslegung – Bisherige Forschungsergebnisse und künftige Forschungsperspektiven unter besonderer Berücksichtigung des Lobbyingkonzepts, in: Journal für Betriebswirtschaft, 59. Jg., Nr. 1, S. 1–29.

Verzeichnis zitierter Comment Letter

Alle Comment Letter (2009) zum Discussion Paper Preliminary Views on Revenue Recognition in Contracts with Customers (DP) sind abrufbar unter: https://www.fasb.org/jsp/FASB/CommentLetter_C/CommentLetterPage&cid=1218220137090&project_id=1660-100 (zuletzt abgerufen am 28.11.2021).

Alle Comment Letter (2010) zum Exposure Draft ED/2010/6, Revenue from Contracts with Customers (ED) sind abrufbar unter: https://www.fasb.org/jsp/FASB/CommentLetter_C/CommentLetterPage&cid=1218220137090&project_id=1820-100 (zuletzt abgerufen am 28.11.2021).

Alle Comment Letter (2012) zum Exposure Draft ED/2011/6, Revenue from Contracts with Customers (Re-ED) sind abrufbar unter: https://www.fasb.org/jsp/FASB/CommentLetter_C/CommentLetterPage&cid=1218220137090&project_id=2011-230 (zuletzt abgerufen am 28.11.2021).

Alle Comment Letter zum Exposure Draft ED/2015/6, Clarifications to IFRS 15 (ED Clarifications) sind abrufbar unter: https://www.ifrs.org/projects/completed-projects/2016/clarifications-to-ifrs-15-revenue-from-contracts-with-customers/ed-clarifications-to-ifrs-15/#view-the-comment-letters (zuletzt abgerufen am 28.11.2021).

Verzeichnis zitierter Rechtsprechung

Beschluss des OLG Frankfurt a. M. vom 04.02.2019 WpÜG 3/16, WpÜG 4/16, in: BeckRS (2019), 6427.

Beschluss des OLG Frankfurt a. M. vom 07.01.2016 WpÜG 1/15, WpÜG 2/15, in: BeckRS (2016), 8792.

Verzeichnis zitierter amtlicher Drucksachen

Verordnung (EG) Nr. 1606/2002 des Europäischen Parlaments und des Rates vom 19. Juli 2002 betreffend die Anwendung internationaler Rechnungslegungsstandards, in: Amtsblatt der Europäischen Gemeinschaften Nr. L 243/1 vom 11.09.2002 (zitiert als: IAS-Verordnung).

Verzeichnis zitierter Gesetze

IAS 1 Darstellung des Abschlusses, in: Verordnung (EG) Nr. 1274/2008 vom 17.12.2008 (ABl EU Nr. L 339 S. 3, 5); zuletzt geändert durch Verordnung (EU) 2019/2104 vom 29.11.2019 (ABl L Nr. 318 S. 74).

IAS 8 Rechnungslegungsmethoden, Änderungen von rechnungslegungsbezogenen Schätzungen und Fehler, in: Verordnung (EG) Nr. 1126/2008 vom 03. 11. 2008 (ABl EU Nr. L 320 S. 1, 34); zuletzt geändert durch Verordnung (EU) 2019/2104 vom 29.11.2019 (ABl L Nr. 318 S. 74).

IAS 16 Sachanlagen, in: Verordnung (EG) Nr. 1126/2008 vom 03. 11. 2008 (ABl EU Nr. L 320 S. 1, 72); zuletzt geändert durch Verordnung (EU) 2017/1986 vom 31.10.2017 (ABl EU Nr. L 291 S. 1).

IAS 37 Rückstellungen, Eventualverbindlichkeiten und Eventualforderungen, in Verordnung (EG) Nr. 1126/2008 vom 03. 11. 2008 (ABl EU Nr. L 320 S. 1, 241); zuletzt geändert durch Verordnung (EU) 2019/2104 vom 29.11.2019 (ABl L Nr. 318 S. 74).

IAS 38 Immaterielle Vermögenswerte, in: Verordnung (EG) Nr. 1126/2008 vom 03. 11. 2008 (ABl EU Nr. L 320 S. 1, 252); zuletzt geändert durch Verordnung (EU) 2019/2075 vom 29.11.2019 (ABl L Nr. 316 S. 10).

IFRS 15 Erlöse aus Verträgen mit Kunden, in: Verordnung (EG) Nr. 2016/1905 vom 22. 09. 2016 (ABl EU Nr. L 295 S. 19, 21); zuletzt geändert durch Verordnung (EU) 2017/1987 vom 31.10.2017 (ABl EU Nr. L 291 S. 63).

The manufacturer's authorised representative in the EU is Springer
Nature Customer Service Centre GmbH, Europaplatz 3, 69115 Heidelberg,
Germany. If you have any concerns regarding our products, please
contact ProductSafety@springernature.com

Printed and bound by CPI Group (UK) Ltd, Croydon, CR0 4YY
24/04/2026
02096345-0003